우리는 불안을 감염시키고 있는가

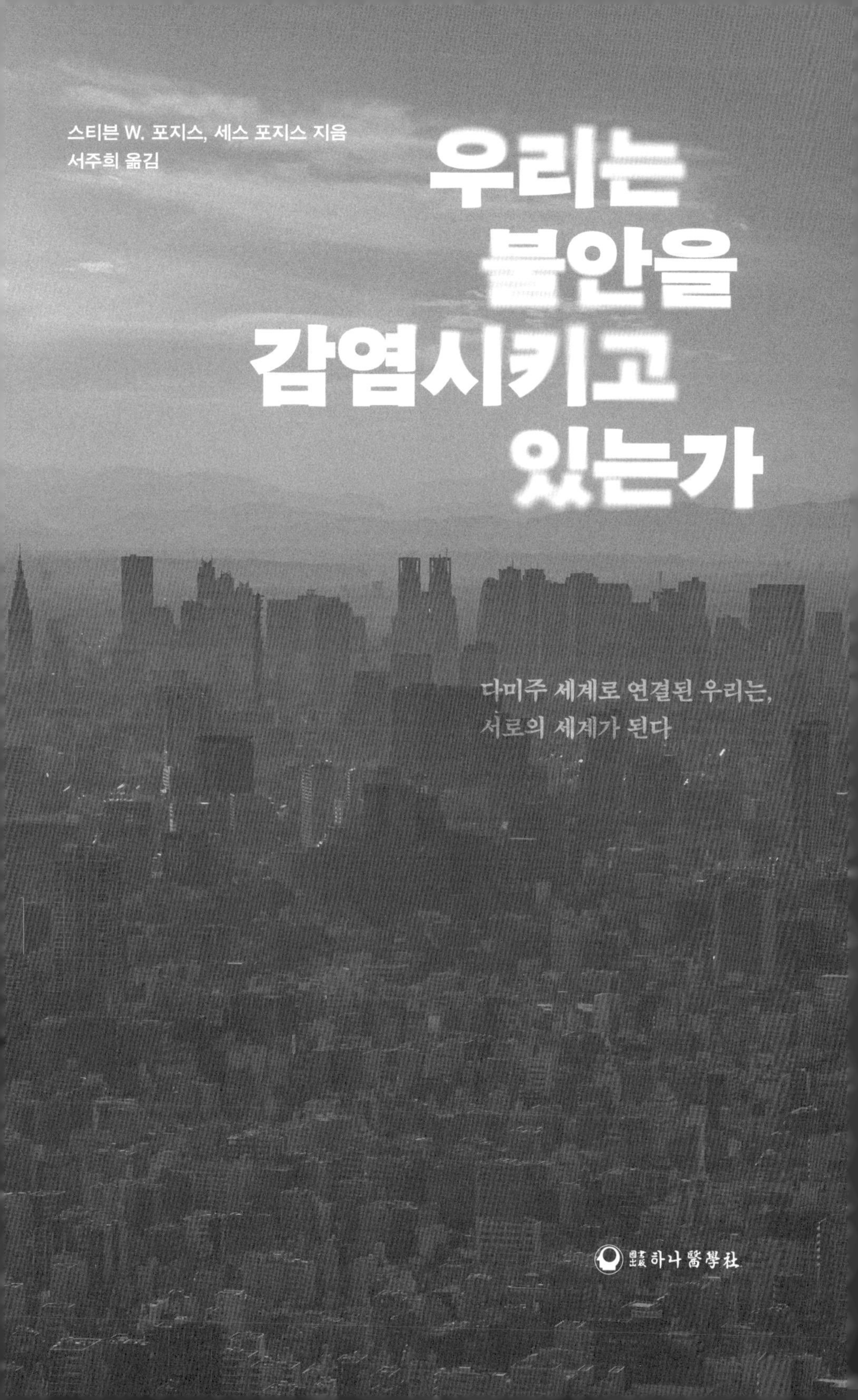

스티븐 W. 포지스, 세스 포지스 지음
서주희 옮김

우리는 불안을 감염시키고 있는가

다미주 세계로 연결된 우리는,
서로의 세계가 된다

圖書出版 하나醫學社

OUR POLYVAGAL WORLD

이 책에 쏟아진 찬사

"스티븐 포지스 박사는 정서의 지형을 구축하는 토대가 되는 인간의 사회적 · 정서적 교환 시스템의 생리적 메커니즘을 다미주 이론을 통해 밝혀 냈습니다. 『우리는 불안을 감염시키고 있는가』는 다미주 이론을 다루면서 타인의 존재가 인간 유전자에 깊이 각인되어 있다는 사실을 상기시켜 줍니다. 트라우마가 남긴 영향을 살펴볼 때, 신경계가 어떻게 반응하고 변화하며, 그것이 사건 이후 오랜 시간 동안 스트레스에 반응하는 방식에 어떤 영향을 미치는지 인식해야 합니다. 저자들은 사람들 사이의 미주신경 교환을 활용하는 것이 궁극적인 해결책임을 보여 줍니다."

- 드류 핀스키(Drew Pinsky)
내과 및 중독의학 전문의

"이 책은 다미주 이론의 혁신적인 힘과 임상적 통찰 그리고 실용적 도구를 따뜻하게 결합해 더 큰 치유와 회복력과 행복을 누리도록 안내합니다. 저자들은 아버지-아들 관계에서 얻은 경험과 배움을 솔직하게 나누며, 과학적 개념을 탁월하고 명료하게 설명합니다. 커플, 가족, 교육, 교도소 같은 다양한 상황에 적용할 수 있는 내용을 담고 있어 많은 분에게 가치 있습니다. 사회적 혼란 속에서 회복을 향해 나아가는 지금, 매우 시의적절한 보석 같은 책입니다."

– 릭 핸슨(Rick Hanson)
『12가지 행복의 법칙』 저자

"『우리는 불안을 감염시키고 있는가』는 참으로 훌륭한 책입니다. 누구나 이해하기 쉽도록 평이하고 친절한 언어로 쓰여 있습니다. 이 책은 자신의 트라우마를 이해하고 더 나은 삶을 살도록 도와줍니다. 최적의 호흡(매우 중요)과 요가(효과적) 외에도 이 책과 다미주 이론의 핵심은 인간관계가 중요하다는 것입니다. 사랑하고 신뢰하는 사람, 즉 안전하다고 느끼는 사람과의 관계보다 우리 건강에 더 심오한 유익을 주는 것은 없습니다. 특히 함께 식사하며 나누는 편안한 대화는 신경계를 가장 참여적이고 진화적으로 발전된 상태로 활성화시킬 수 있습니다. 안전의 과학에 관심 있는 분, 극단적인 방법을 쓰지 않고도 더 건강하고 나은 삶을 살고 싶어 하는 모든 분에게 이 책을 강력히 추천합니다. 두 가지 모두 해당한다면, 이 책을 반드시 읽어야 합니다."

– 다이애나 포샤(Diana Fosh)
AEDP 개발자, AEDP Institute 설립자
『고립의 해소와 고통에서 회복으로의 전환: ADEP 2.0』 편집자

"드디어 다미주 이론이라는 최신 심리학과 생리학의 중요한 진보를 직관적이고 포괄적으로 설명하는 책이 나왔습니다. 이 이론의 창시자인 스티븐 포지스 박사는 아들 세스와 함께 복잡한 현대 사회에서 다미주 이론이 인간의 안전감과 웰빙에 필수적으로 이바지한다는 점을 설득력 있게 보여 줍니다. 반드시 읽어야 할 책이며, 이 책을 읽고 나면 감사함으로 가득할 것입니다."

– 가보 마테(Gabor Maté)
『정상이라는 환상』 저자

"자기 자신을 이해하기 위한 큰 도전 중 하나는 몸과 마음 그리고 뇌가 어떻게 함께 작동하는지 이해하는 것입니다. 이 훌륭한 책에서 포지스 부자는 다미주 이론

의 핵심 개념, 그리고 자율신경계가 위협과 안전을 경험하는 방식을 일반 독자들이 쉽게 이해할 수 있도록 설명합니다. 다미주 이론은 스트레스와 트라우마가 몸에 미치는 영향을 설명하고, 자율신경계를 통해 균형을 되찾는 방법에 관한 통찰에 크게 이바지했습니다. 이는 심리 치료와 우리 삶에서 사회적 연결의 중요성을 보여 주는 데 중요한 역할을 했습니다. 자율신경계가 감정 상태를 조절하고 웰빙을 증진하는 방법을 알고 싶다면 꼭 읽어야 할 책입니다."

– 폴 길버트(Paul Gilbert)
『자비로운 마음』 저자

"저자는 다미주 이론을 일상에서 쉽게 적용할 수 있도록 간단하고 알기 쉽게 설명합니다. 실제 사례를 예로 들어 우리의 느낌은 생리적 상태에 따라 달라지며, 풍요롭고 충만한 삶을 위해 안전하다고 느끼는 것이 필수적임을 보여 줍니다. 개인적인 인식과 삶을 변화시킬 만한 이해와 더불어, 스트레스가 많은 현대 사회에서 사회적인 유대와 안전하다는 느낌을 강화하는 데 필요한 실질적인 도구를 알려 줍니다. 힘이 되고 희망이 되는 책입니다."

– 팻 오그던(Pat Ogden)
감각운동 심리치료 연구소 설립자
『감각운동 심리치료』 저자

우리에게 옥시토신이라는 선물을 준

수 카터(Sue Carter)에게

목차

"나는 생각한다. 고로 존재한다."

– 르네 데카르트

"나는 나 자신을 느낀다. 고로 존재한다."

– 다미주 이론

저자 서문

다미주 이론이란 무엇인가요?

좋은 질문입니다!

다미주 이론과 이 책의 전체 내용을 한 문장으로 요약한다면 다음과 같습니다.

> 우리가 얼마나 안전하다고 느끼는지가
> 신체적 · 정신적 건강과 행복에
> 결정적인 영향을 미칩니다.

정말 간단합니다.

우리가 안전하다고 *느낄 때*(여기서 중요한 점은 실제로 안전한 것이 아니라 안전하다고 '느끼는' 것이며, 이는 이후에도 반복해서 강조할 중요한 구분입니다) 우리의 신경계와 몸 전체는 엄청난 생리적 변화를 겪게 됩니다. 이러한 변화는 우리가 더 건강하고, 더 행복하고, 더 똑똑해지고, 더 잘 배우고, 문제를 더 잘 해결하고, 더 큰 즐거움을 누리게 하며, 더 빠르게 치유되고, 전반적으로 더 생생하게 살아 있음을 느끼게 합니다.

(매우 놀랍죠?)

이미 눈치챘겠지만, 이 모든 것의 핵심이 바로 미주신경vagus nerve입니다. 이 책의 제목인 『우리는 불안을 감염시키고 있는가our polyvagal world』에서 드러나듯이 '다poly'는 다수를 의미하고, '미주vagal'는 미주신경을 뜻합니다.

해부학 교과서를 펼쳐 보면 미주신경이 뇌신경 중 하나라는 것을 알 수 있습니다. 즉, 미주신경은 뇌간에서 시작해 신체의 주요 부위와 직접적으로 연결되는 12개의 특별한 뇌신경 중 하나입니다.

미주신경이 특별한 이유는 다른 뇌신경들과 달리 영향을 미치는 목적지가 한 곳만이 아니기 때문입니다. 예를 들어 시력을 담당하는 시신경optic nerve은 뇌간에서 눈까지 이어지지만, 다른 곳에는 거의 가지 않습니다.

반면, 미주신경은 뇌간에서 시작해 거의 몸 전체를 따라 아래로 이어지며, 장까지 연결됩니다. 이 방황하는 신경(문자 그대로 'vagus'라는 이름은 '방랑자'라는 단어와 비슷한 라틴어에서 유래)은 우리 몸의 많은 부분과 다양한 기관을 아우르기에 미주신경은 신체의 여러 시스템과 기관이 서로 소통하고 조화롭게 작용하게 하는 일종의 연결망 역할을 합니다.

우리의 몸을 각기 다른 특정 기능을 수행하는 개별적인 시스템과 섹션으로 구성된 교향곡에 비유한다면, 미주신경은 이 교향곡을 하나로 묶는 지휘자입니다. 미주신경은 신체가 응집력 있는 하나의 단위로 함께 작동하도록 공유된 연결 역할을 합니다.

미주신경을 통해 안전감과 위협감을 느끼는 것은 우리 몸 전체를 오르내리며 감정과 느낌은 물론 신체, 기관, 감각이 물리적 수준에서 작동하는 방식까지 변화시킵니다.

이제 트라우마라는 주제로 넘어가 보겠습니다. 트라우마는 오늘날 건강을 위협하는 주요한 요인 중 하나입니다.

우리는 트라우마가 만연하지만, 좀처럼 이해되지 않는 세상에 살고 있습니다. 주변에는 수많은 사람들이 침묵 속에 홀로 고통을 겪고 있으며, 트라우마 경험이 몸에 가져온 이상한 변화들을 설명하지 못하는 경우가 많습니다.

사람들은 트라우마 이후 느끼는 것에 관해 이야기할 때, 종종 이를 미스터리한 것으로 묘사하곤 합니다. 마치 그들의 경험이 독특하고 설명할 수 없는(혹은 과학적으로 이해할 수 없는) 현상인 것처럼 말입니다.

나는 내 몸을 떠났습니다.
몸 위로 떠올라
나를 닮은 다른 사람을 내려다보았습니다.

트라우마 생존자에게 그의 경험과 그것이 자신을 어떻게 변화시켰는지 말해 달라고 요청해 보세요.

아마도 하나의 일관된 이야기보다는 감각적이고 추상적인 감정과 느낌의 집합체 같은 이야기를 들을 가능성이 높습니다. 트라우마 생존자의 경우, 기억은 종종 신체 일부나 감각적 경험으로 암호화되어 새로운 방식으로 켜지고 꺼지는 매우 낯설고 이질적인 감각으로 느껴집니다. 보이는 장면과 들리는 소리, 번쩍이는 섬광, 복잡하게 얽힌 기억과 감정, 그리고 해리적 유체 이탈 경험의 조각 등 트라우마 이후 몸과 뇌가 완전히 새로운 방식으로 재구성됩니다.

자동차의 경적이 머리를 짓누르는 듯한 굉음으로 들립니다.
마치 내 귀에 확성기가 있는 것 같아요.
어떤 소리는 배경으로 희미해지지만,
다른 소리는 나를 압도하고 집어삼키며
알아볼 수 없는 흉포한 괴물로 만들어 버립니다.

트라우마는 성폭행이나 전쟁에서 살아남은 것 같은 경험에서 비롯될 수 있습니다. 단 한 번의 끔찍한 경험, 수년간 이어진 고통과 학대, 혹은 우리를 천천히 갉아먹는 일상의 작은 스트레스가 연속되는 데서 비롯될 수도 있습니다. 하지만 무엇보다 트라우마를 트라우마로 만드는 것은 그것이 우리를 새로운 방식으로 변화시키며, 그 변화가 무섭고도 좀처럼 이해되지 않는다는 점입니다. 그리고 이러한 변화는 대부분 눈에 보이지 않기에 시간이 지나면서 우리의 내면을 갉아먹도록 방치되는 경우가 많습니다. 많은 사람이 이러한 보이지 않는 그림자와 함께 살아가며, 그것을 정상으로 받아들이거나 비정상으로 치부해버리곤 합니다.

내가 나라고 생각했던 모든 것이 사라졌습니다.
이제 더는 내가 누구인지 모르겠습니다.

대부분 사람에게 트라우마는 오해받는 탈바꿈metamorphosis이며, 때로는 이야기하는 것조차 금기시됩니다. 이는 낯선 여정과 같아서 단어로는 다 표현할 수 없습니다. 소리가 다르게 들리고, 맛도 다르게 느껴집니다. 한때 설렘과 기쁨을 주던 것들이 이제는 흐릿한 안개 속에 있는 것처럼 경험됩니다. 호흡, 소화 그리고 수많은 신체 기능이 변화를 겪습니다.

아무도 이 모든 것이 얼마나 추상적인지 이해하지 못합니다.
마치 실제가 아닌 것처럼 느껴집니다.

트라우마는 종종 단순한 심리적 문제나 혹은 머릿속에 일어나는 일로 취급되곤 합니다. 하지만 트라우마는 심리적 현상뿐 아니라 생리적 현상이기도 합니다.

무슨 뜻이냐 하면, 트라우마의 영향은 뇌에 국한되지 않고 신경계를 통해 몸 전체로 확장되어 감각하는 방식과 장기가 작동하는 방식 그리고 신체적 · 정신적 건강의 거의 모든 측면에 영향을 줍니다.

다시 말해 트라우마는 우리의 뇌뿐 아니라 몸 전체를 변화시킵니다. 다미주 이론Polyvagal Theory은 이런 변화가 어떻게 일어나는지, 그리고 이를 어떻게 다룰 수 있는지 설명합니다.

다미주 이론은 트라우마에 관해 사건 자체에서 벗어나 그것이 우리의 몸에 어떻게 스며들어 변화시키는지에 논의의 초점을 맞춥니다. 동일한 트라우마 사건을 경험한 사람 사이에서도 이러한 변화는 크게 다를 수 있으며, 이는 정말로 충격적인 경험뿐 아니라 일반적으로 '트라우마'라는 단어와 연결되지 않는 일상적인 압박에서도 올 수 있습니다.

이러한 변화는 미주신경vagus을 통해 일어납니다.

트라우마와 만연한 스트레스는 미주신경을 통해 사실상 기저질환처럼 작용함으로써 거의 모든 신체적 · 심리적 질병에 더 취약하게 만듭니다.

그리고 바로 그 미주신경을 통해 이 같은 삶에서 벗어날 길을 발견할 수 있습니다. 이 길은 트라우마의 어두운 터널 끝에서 빛을 발견하고, 끝없는 위협과 트라우마가 만연한 세상에서 치유와 행복으로 나아가는 길입니다.

이 책의 목표는 안전과 위협 그리고 트라우마가 우리를 어떻게 변화시키는지를 과학적이고 진화론적인 관점에서 설명하고, 가장 안전한 최적의 삶을 살아가도록 돕는 실용적인 정보를 제공하는 것입니다.

이 책이 여러분의 경험에 대해 '아하!'의 순간을 선사하길 바랍니다. 또 우리를 스트레스와 두려움과 불안에 시달리게 하는 세상 속에서 점점 더 행복하고, 더 건강하며, 전반적으로 더 잘 지낼 수 있는 실용적인 기술도 함께 제공할 수 있기를 바랍니다.

분명히 말하지만 이 책은 해부학 수업도, 과학의 세세한 부분을 다루는 책도 아닙니다. 다만 우리 신경계와 몸에 관한 이야기를 실제 사례와 공감할 수 있는 경험으로 풀어내 간단하고, 접근하기 쉬우며, 다른 이들과 나눌 수 있는 방식으로 생생하게 전달하고자 합니다.

이 점을 염두에 두고 다미주 이론이 무엇인지 학문적인 설명을 살짝 덧붙이겠습니다.

다미주 이론은 세상이 우리에게
얼마나 안전하거나 위협적으로 느껴지는지에 따라,
신경계와 몸이 어떻게 반응하고 변화하는지를
설명하는 새로운 모델입니다.

무슨 의미일까요?

예를 들어, 우리가 평온하고 깊이 이완된 상태에 있다고 합시다. 그러면 우리 몸의 내부 시스템은 건강, 성장, 회복을 지원하는 방식으로 작동합니다. 하지만 만약 죽을 만큼 두려움을 느끼고 있다면, 내부 장기와 기관들은 생존이라는 일시적인 목표를 향해 작동 방식을 바꿉니다.

다미주 이론의 핵심은 이러한 신체 작동 방식의 변화가 신체 건강, 정신 상태, 다른 사람들과 상호 작용, 그리고 세상을 감각적으로 경험하는 방식에 매우 광범위하고 때로는 놀라운 결과를 가져온다는 것입니다.

다미주 이론은 또한 인간 본성을 깊이 공감하며 충분히 이해할 수 있는 접근 방식을 제공합니다. 만성적인 불안감과 트라우마로 가득 찬 세상이 우리의 건강에 미치는 영향을 설명하며, 그러한 세상에서 벗어나 우리 몸과 뇌를 되찾는 방법을 제시합니다.

다미주 렌즈를 통해 세상을 바라보면, 우리 자신과 타인의 혐오스러운 행동을 이해할 수 있습니다. 또한 겉으로는 비합리적이거나 공격적으로 보이는 행동도, 그 이면에 있는 자연스러운 생존 반응으로 볼 수 있습니다. 이는 끝없는 위협과 두려움, 불안으로 가득 찬 세상이 우리의 생존 본능을 자극한 결과이며, 수천 년의 진화를 통해 우리 몸에 깊이 새겨져 있습니다.

다미주 이론은 또한 의식적인 통제 밖에서 본능적으로 움직이거나, 의도와 상반된 방식으로 작동하는 몸에 대한 이해를 제공합니다.

트라우마나 만성 불안으로 고통받는 수많은 사람에게 이러한 경험은 종종 혼란과 의심으로 뒤덮여 있습니다. 그들에게 일어나는 일과 그들 몸에서 실제로 겪고 있는 변화는 미스터리로 여겨집니다.

다미주 이론은 그 미스터리를 밝혀 줍니다.

우리는 두려움을 조장하도록 설계된 세상에 살고 있습니다.

분노와 두려움을 부추기는 정치인들과 미디어, 인터넷을 방문할 때마다 마치 종말을 보는 듯한 느낌을 주는 디지털 알고리즘, 꽉 막힌 도로에서 화가 치밀어 오른 채 보내는 시간이나 업무 마감 기한을 걱정하는 시간, 성과 지표로 우리를 평가하고 순위를 매기는 고용주, 전 세계 팬데믹을 버텨 내며 겪어야 했던 모든 것 등.

우연이든 혹은 종종 의도적이든 우리는 생명을 위협하는 사건을 처리하는 데 사용되는 몸과 뇌의 신경 경로가 작동하는 수많은 신호와 징후에 끊임없이 노출되고 있습니다.

우리는 본래 두려움과 경계 상태에
잠깐씩 들르는 여행자처럼 진화했지만,
지금은 많은 사람이
그 상태에 머물러 사는 주민이 되어 버렸습니다.

안타깝지만 이제 많은 사람이 만연한 공포, 만성 불안 그리고 피상적인 불편함을 넘어 우리 건강과 삶의 질에 매우 실질적인 결과를 가져오는 트라우마와 함께 살고 있다는 것이 진실입니다. 인식하든 인식하지 못하든 많은 사람에게 트라우마가 하나의 삶의 방식이 되어 버렸습니다. 어떤 사람들은 전쟁 참전 용사나 폭력 피해자만이 트라우마를 겪는다고 단언합니다. 하지만 사실이 아닙니다.

우리의 신체 시스템과 장기를 과부하된 엔진에 비유해 보겠습니다. 엔진이 과도하게 작동하면 결국 멈추거나 고장이 납니다. 이런 상태가 일상이 되면 불안해지고, 압도되며, 소진됩니다. 또 매우 실질적인 의미에서 덜 건강해지며, 모든 신체적 · 정신적 질병에 취약해집니다.

공포 상태에서 살아간다는 것은 건강, 성장, 회복, 행복 그리고 사회적 연결로부터 멀어진 채 살아가는 삶을 의미합니다. 삶이 더 짧고 더 힘들어집니다. 이런 상태는 우리 몸과 영혼을 갉아먹으며 느리게 진행하는 죽음의 기계와 같습니다. 신체 장기에 실질적인 손상을 입히는 동시에, 삶을 즐기지 못하게 합니다.

세상을 경험하는 방식도 변화시키는데, 보통 더 좋지 않게 변화시킵니다. 안전하지 않다고 느끼면 감각도 변합니다. 맛, 외관, 냄새, 소리 모두 다르게 느껴집니다. 한때 즐기던 경험이 빛을 잃습니다. 살아가고, 배우고, 비판적으로 사고할 수 있는 능력이 사라지고, 즉각적인 생존 욕구가 우선시됩니다. 조종당하기 쉬워지고, 비겁하고 냉소적인 사람들의 지시를 따르기 쉬운 상태가 됩니다.

간단히 말해 안전하다고 느끼지 못할 때는 모든 것이 원래 상태보다 더 나빠집니다. 우리의 신체적 · 정신적 건강이 악화되고, 안개 속에서 마비된 채 살아가는 것이 일상이 됩니다.

그러나 이런 암울한 면에도 반전이 있습니다!

지속적인 위협감이 우리 몸을 변화시키는 것처럼, 안전하다고 느낄 때는 마치 마법과 같은 일이 벌어집니다.

우리 몸과 뇌가 더 잘 작동합니다. 장기와 신체 시스템이 치유에 적합한 생리적 상태로 전환되어, 거의 모든 신체적 · 정신적 질환에서 더 빠르고 효과적으로 회복할 준비가 됩니다. 한마디로 살아가고, 웃고, 사랑하는live, laugh, and love 능력이 활성화됩니다. 그러면 우리는 더 창의적이고, 호기심 많으며, 지적이며, 사교적이며, 즐거운 사람이 됩니다.

방어defense의 껍질이 벗겨지면 자비롭고 선하고 창의적이고 사랑이 넘치는 본질이 드러납니다. 안전한 삶은 좋은 삶이며, 주변 사람들의 삶 또한 더 나아지게 만듭니다.

다미주 이론은 단순히 안전하다고 느끼는 것이 지닌 치유와 변용의 힘을 설명하며, 반대로 끊임없이 위협을 느끼는 것이 초래하는 위험하고도 트라우마적인 영향을 설명합니다. 또한 트라우마의 여러 미스터리를 이해할 수 있도록 해주며, 순간적인 사건조차도 우리 몸에 깊이 각인되어 변화를 일으키는 과정을 설명합니다. 이는 많은 이들이 경험하지만 소수만이 이해하는 현상이기도 합니다.

이 새로운 이해에서 나오는 것은 낙관과 희망으로 가득 찬 세계관입니다.

인간이 본래 선한지 악한지를 두고 수 세기 동안 논쟁을 벌여온 철학자들에게는 미안하지만, 다미주 이론이 이 질문에 내놓는 답은 매우 간단합니다.

안전하다고 느낄 때
관대함, 공감, 이타심, 성장
그리고 자비를 발휘할 수 있습니다.

안전하다고 느끼지 못할 때
(혹은 안전감을 느껴본 적이 없을 때),
자기 보존 본능이 모든 것을 압도하며,
이기적이고 절박하며 공격적인 행동이
대부분 사람에게서 필연적으로 나타납니다.

거시적인 관점에서 보면, 이러한 이해는 서로를 '타인'으로 바라보며 분열된 세상에서 벗어나, 공감과 이해를 바탕으로 한 세상으로 나아가는 분명한 길을 제시합니다. 우리가 싫어하거나, 무시하거나, 두려워했던 타인의 많은 행동이나 특성은, 단지 안전해지고 싶은 간절한 마음을 지닌 겁먹은 개인(혹은 집단)의 자연스러운 반응일 뿐이며, 같은 상황에 처한다면 우리 대부분도 그와 똑같이 행동했을 것입니다.

개인적인 차원에서 다미주 이론은 단지 트라우마가 우리를 어떻게 변화시키는지에 대한 미스터리를 해명하는 것만이 아닙니다. 이 이론은 현재 임상 분야에서 혁신을 일으키고 있으며, 누구나 전문가의 도움을 받거나 집에서 이 책을 읽으면서 활용할 수 있도록 새로운 치료법과 기술을 제공합니다.

이와 같은 목적에 따라 이 책은 읽기 쉽고, 사람들과 나눌 수 있으며, 부담 없이 접근할 수 있도록 기획되었습니다. 따라서 이 책은 과학 교과서가 아니며, 박사학위가 있어야만 이해할 수 있는 세부 사항을 생략하기도 합니다. 더 깊이 파고들고 싶다면 이 주제와 관련된 다른 책들과 논문들을 참고하길 바랍니다.[1] 순서대로 읽도록 저술하였지만, 원하는 주제를 골라 읽을 수 있도록 장별도로 구성했습니다.

이 책의 1부에서는 다미주 이론이 무엇인지 설명하며, 과학을 이해하기 쉽게 풀어냅니다. 이 부분은 이어지는 내용의 바탕이 되는 만큼 순서대로 읽는 것이 좋습니다.

2부에서는 다미주 이론의 구체적인 응용 사례를 다루며 팬데믹, 직장, 학교, 교도소 같은 상황과 환경에서 이 이론의 원칙이 어떻게 적용되는지 설명합니다. 모든 내용을 순서대로 읽기를 권하지만, 관심사에

---

1) 이 책의 마지막 부분에 이런 자료들을 정리한 유용한 목록이 있습니다(참고문헌의 '기타 자료'를 참조하세요)(저자 주).

따라 선택적으로 읽어도 괜찮습니다. 책의 뒷부분에 있는 참고문헌의 '기타 자료'에 이러한 자료들이 정리되어 있습니다.

또 특정 단어의 의미를 잊어버리거나 그것이 전체 그림에서 어떻게 맞물리는지 잊어버렸을 경우를 대비해 용어집도 별도로 수록했습니다.[2)] 시험은 없으니, 기술적인 부분은 그냥 넘겨도 괜찮습니다.

이제 우리의 여정을 시작해 봅시다.

---

2) 용어집에는 이 책에서 다루는 많은 주제에 관한 더 자세하고 전문적인 정보가 포함되어 있습니다(저자 주).

역자 서문

2010년대 초반, 일본을 오가며 심리치료를 배우기 시작하던 무렵이었습니다. 마음챙김 기반의 소매틱 치료 기법들을 접하면서 자연스럽게 트라우마에 대한 관심이 깊어졌고, 그 과정에서 다미주 이론을 알게 되었습니다.

당시 다미주 이론은 주로 포지스 박사의 논문을 중심으로 기술되어 있었기에, 이를 쉽게 이해할 수 있도록 설명한 자료는 많지 않았습니다. 그래서인지 이론을 배우는 과정은 마치 높은 암벽을 등반하는 것처럼 쉽지 않았던 기억이 납니다. 하지만 그 후, 스티븐 포지스 박사는 심리치료, 특히 트라우마 치료 분야에서 슈퍼스타로 급부상했습니다. 그의 이름은 주요 트라우마 학회와 컨소시엄에서 빠지지 않았고, 대부분의 최신 트라우마 치료 훈련장에서도 다미주 이론이 핵심 개념으로 자리 잡았습니다. 포지스 박사가 연자로 나서는 학회는 그 자체로 흥행을 보장할 만큼, 다미주 이론은 심리학과 신경과학을 넘어서 다양한 분야에서 깊은 영향을 미치고 있습니다.

이미 한국에도 다미주 이론과 관련된 서적이 몇몇 번역되어 있어 많은 독자들에게 익숙할 것입니다. 저 역시 이 이론을 배우면서 강한 애착을 느꼈고, 특히 해리와 동결(얼어붙기)freeze 반응을 다미주 이론의 관점에서 정상적이고 적응적인 생존 전략으로 바라보게 된 것은 임상가로서뿐만 아니라 내담자들에게도 큰 이해와 위안을 주는 경험이었습니다. 그렇기에 이 책을 번역하는 과정이 제게는 더없이 의미 있고 영광스러웠습니다.

이 책의 가장 큰 특징은 임상가들을 위한 전문 이론으로 소개하는 것이 아니라, 일반 독자들에게도 쉽게 이해하고 실생활에서 적용할 수 있도록 구성했다는 점입니다. 또한, 포지스 박사의 아들인 세스와의 공동 작업을 통해 다미주 이론이 단순한 학문적 개념을 넘어 실질적이고 따뜻한 인간적 경험 속에서 어떻게 발전해왔는지를 보여주고 있습니다. 포지스 가문의 연구들이 쌓여 하나의 풍성한 숲이 되어가는 과정을 떠올리면, 이론의 발전이 단순한 지식의 축적이 아니라 인간 본연의 연결성과 회복력에 관한 탐구였음을 실감하게 됩니다.

번역에서는 이러한 저자들의 의도를 최대한 반영하고자 하였습니다. 특히, 독자들이 보다 친근하고 편안하게 느낄 수 있도록 포지스 박사가 직접 설명해주는 듯한 구어체 문장을 사용하였습니다(다미주 이론이 강조하듯이, 안전하다고 느낄 때 학습의 효과가 최적화되기 때문입니다). 또한, 본문에 인용된 참고문헌들은 책 말미의 미주에서 확인하실 수 있으며, 가능한 경우 원 논문과 일치하는 자료를 찾아 역자주로 보완 설명을 덧붙였습니다. 불가피하게 사용된 학술적 용어에 대해서는 부록의 용어집을 참조하시면 더욱 도움이 될 것입니다.

그렇다면 다미주 이론은 왜 이토록 많은 사람들을 매료시킨 걸까요? 단순히 신경생리학적 이론으로서의 가치를 넘어, 이 이론은 인류가 생존하고 번성해 온 가장 중요한 원리를 설명하고 있기 때문일 것입니다. 지금 전 세계적으로 혐오와 분열이 심화되는 이 시대에, 다미주 이론은 '우리가 어떻게 연결될 때 회복될 수 있는가'를 보여줍니다. 사회성을 향한 신경생리학적 메커니즘을 밝히며, 궁극적으로 '다정한 것이 살아남는다'라는 진화의 원리를 증명합니다.

브레인스포팅Brainspotting의 창시자인 데이비드 그랜드 박사는 "트라우마는 홀로 겪지만, 치유는 함께 이루어집니다"라고 하였습니다. 사회적 단절은 인간의 신경계에 깊은 상처를 남기지만, 안전한 관계 속에서의 상호 조율은 우리 신경계에 치유의 힘을 불어넣습니다. 친화성, 다정함, 협력, 연대, 공감, 이타심이라는 단어들을 떠올리는 것만으로도 우리 신경계는 이완되고, 연결의 감각이 생겨납니다.

우리가 점점 더 '녹색' 상태(ventral vagal state, 안전하고 연결된 상태)를 더 많이 유지한다면, 인류의 미래는 결코 어둡지 않을 것입니다. 『우리는 불안을 감염시키고 있는가』가 우리의 세계를 보다 따뜻하고 연결된 곳으로 만들어가는 여정에 작은 디딤돌이 되기를 바랍니다.

1부

당신 안에

1장

자율신경계

다미주 이론을 이해하려면 먼저 자율신경계를 이해해야 합니다.

간단하게 설명하자면 '자율autonomic'이라는 단어는 '자동automatic'이라는 뜻입니다. 따라서 자율[3]신경계는 자동신경계라고도 부를 수 있습니다.

자율신경계는 일부러 생각하지 않아도 심장이 뛰고, 폐가 숨을 쉬며, 동공이 확장되게 하는 몸의 자동조종장치라고 생각하면 됩니다. 이는 의식적인 제어 없이 작동하며, 모든 신체 기능을 조절하는 허브 역할을 합니다.

이 점이 중요합니다! 자율신경계가 제어하지 않는다면, 땀샘 하나하나까지 몸이 하는 모든 사소한 일을 의식적으로 생각해야 합니다. 이

3) 로봇과 같은 스스로 작동하는 기계라는 뜻을 가진 'automaton'이라는 매우 유사한 단어가 있습니다. 여기서도 같은 개념이 적용됩니다(저자 주).

는 마음의 힘으로 몸을 조절하는 듯 보일 수 있지만, 사실 엄청나게 피곤하고 거의 불가능한 일입니다. 걷기와 껌 씹기도 동시에 하기 힘든데, 여러 기관의 기능을 한꺼번에 스스로 조절해야 한다고 상상해 보세요. 만약 그래야 한다면, 우리는 잠을 자기 위해 심장과 폐부터 멈춰야 할지도 모릅니다. 그리고 복잡하고 지저분한 소화 과정에 대해서는, 생각을 덜 할수록 더 좋습니다.

우리는 자신의 능력을 스스로 통제하고 있다고 생각하지만, 사실 우리 몸의 대부분 신체 기능은 자동조종장치인 자율신경계가 제어합니다.

익숙한 빙산 비유를 사용해 보겠습니다. 빙산에서 물 위로 살짝 드러난 부분은 우리 몸에서 의식적으로 통제되는 것들을 의미합니다. 생각을 통해서 특정 단어를 말하기 위해 혀를 움직이거나, 달리거나 춤추기 위해 다리를 움직일 수 있습니다. 하지만 의식적으로 제어되는 이런 기능 아래에는 복잡하게 얽힌 신체 시스템의 방대한 네트워크가 있습니다. 이는 우리가 일일이 수동으로 조작하거나 주의를 기울이지 않아도 알아서 작동하며, 우리를 살아 있게 하고 가능한 한 건강하고 행복하게 만들어 줍니다.

그리고 좋은 점이 또 하나 있습니다! 주의력은 소중한 자원입니다. 만약 몸의 모든 부분을 의식적으로 조작하는 데 온 정신을 쏟아야 한다면 영화를 즐기거나, 대화를 나누거나, 야구 배트를 휘두르거나, 맛있는 음식을 먹거나, 생각을 글로 적어 내려가거나, 사랑하는 사람을 돌볼 여유가 없을 것입니다.

자율신경계가 이러한 부담을 덜어줌으로써 실제로 삶을 즐길 수 있게 해 줍니다.

사람에게는 자율신경계와 의식적인 사고에 의해 조절할 수 있는 주요한 신체 기능이 하나 있는데, 바로 호흡입니다.

우리는 의식적으로 숨을 잠깐 멈추거나, 클라리넷을 연주할 때처럼 필요에 따라 정교하게 숨을 조절할 수도 있습니다. 하지만 숨 쉬는 것을 깜박 잊거나 신경 쓰지 않더라도, 폐는 여전히 제 역할을 합니다. 그렇지 않다면 밤새 잠을 이루는 것조차 어려울 것입니다.

호흡은 자율신경계의 자동조종시스템에 속하면서도 우리 의지에 따라 조종할 수 있다는 점에서 매우 특별합니다. 마치 두 세계 사이를 오가는 영웅 캐릭터 같은 이중적 특성 덕분에 호흡은 뇌와 몸 사이의 간극을 연결하는 다리 역할을 하며, 몸이 우리의 의도와 다르게 작동할 때 그 간극을 치유하는 해법을 제공합니다.

치료사와 요가 지도자들은 조절된 호흡이 지닌 치유와 회복의 힘에 많은 시간을 할애합니다. 호흡의 힘은 종종 뉴에이지나 종교적 언어로 표현되기에 경험적 사고를 중시하는 사람들에게는 회의감을 불러일으킬 수 있지만, 기본적으로 호흡의 효과는 해부학과 자율신경계에 뿌리를 둡니다. 이 책을 계속 읽어 나가면 그 원리를 이해할 수 있을 것입니다.

세상을 경험하는 렌즈

자율신경계는 단일화된 시스템이 아니며, 항상 같은 방식으로 작동하지 않습니다.

사실, 자율신경계는 예산과 경제성이라는 보이지 않는 게임에 참여하고 있습니다. 우리 몸은 다양한 기능을 수행하지만, 주의력과 에너지 차원에서는 자원이 제한되어 있습니다.

자원을 절약해야 하는 이유는 신진대사와 관련이 있습니다. 요즘은 음식 구하는 것이 매우 쉽지만, 인간은 진화하며 존재하는 동안 대부분 식량(에너지)이 부족한 시기를 겪어야 했고 이에 적응해야 했습니다. 우리 몸은 생존을 위해 특정 시간에 특정 시스템과 기능에 주의와 자원을 집중해야 합니다. 연료가 한정되어 있기 때문에 몸은 이를 현명하게 사용해야 합니다.

호랑이에게서 도망친다고 상상해 봅시다. 우리 자율신경계는 도망치는 데 필요한 혈류와 아드레날린 분비를 확인해 자원을 분배하고, 그에 따라 시스템을 활성화해 이 찰나의 위험에서 살아남게 합니다.

이번에는 편안한 사람들과 모닥불 옆에 둘러앉아 따뜻한 식사를 나누고 있다고 상상해 보세요. 이런 안전한 상황에서는 전혀 다른 신체 시스템이 작동하며, 우리는 웃고, 노래하고, 사람들과 어울리며, 서로에게 안전감을 느끼고, 몸도 스스로 회복하기 시작합니다.

'자동조종장치'라는 비유를 계속 이어 가겠습니다. 이 시스템은 상황에 따라 각각 고유한 성격과 목적을 가진 다른 소프트웨어 프로그램에 조절된다고 상상해 봅시다.

자동조종프로그램 중 하나는 화를 내고 공격적이며 경계하는 반면, 다른 하나는 차분하고 침착하게 작동합니다.

이러한 각 자동조종프로그램(자율신경계 하위 시스템)은 각기 다른 시간에 활성화되어 다른 기능을 수행합니다. 그리고 그 이름은 모르지만, 우리는 매일 그 영향을 분명히 느낍니다.

교감신경계

이 시스템은 우리 몸을 움직이게 하고, '싸움 또는 도주' 행동을 지원합니다. 신체가 위험을 감지하거나 에너지가 필요할 때 활성화되어 몸을 신속하게 움직이고 행동하게 준비시킵니다.

'싸움 또는 도주'라는 명성과 스트레스 및 혼란과의 연관성 때문에 교감신경계(sympathetic nervous system, 이하 SNS)는 종종 부정적으로 인식되지만, 이 시스템은 운동, 춤, 놀이 같은 긍정적인 경험에서도 유용하게 작동해 몸을 효과적으로 움직이도록 해 줍니다.

부교감신경계

부교감신경계(parasympathetic nervous system, 이하 PNS)는 우리 몸을 부동화하고 속도를 늦추는 역할을 하는 '휴식과 이완' 시스템입니다. 신체가 안전하다고 느낄 때 활성화되어 차분하고 침착하게 하며, 사회적인 상태를 유지하게 합니다. 미주신경은 부교감신경계의 중요한 구성 요소로, 부교감을 활성화하고 건강을 유익하게 하는 데 핵심적인 역할을 합니다.

부교감신경(우리를 진정시키는 능력)은 항상 좋은 것으로 여겨지지만, 진실은 생각보다 더 복잡합니다. 부교감신경계는 위험이나 트라우마를 경험할 때 우리를 부동화시키거나 기능을 정지시키는 신경 경로도 갖추고 있습니다.

우리 몸을 제어하는 것이 SNS인지 PNS인지에 따라 다른 '자율신경 상태autonomic state'에 들어갑니다.

자율신경 상태는 사실상 신체의 전체 운영을 SNS 또는 PNS[4] 중심으로 재정향하는 것을 의미합니다. 따라서 특정 순간에 자율신경계, 나아가 우리 몸 전체가 어느 한쪽의 시스템에 지배될 수 있습니다. 극단적인 경우에는 '싸움-도주' 또는 '휴식-이완'으로 경험됩니다.

다미주 이론의 핵심 원칙 중 하나는 우리의 자율신경 상태가 세상을 인식하고 경험하는 렌즈 역할을 한다는 것입니다. 자율신경 상태는 단순히 장기와 신체 기능이 작동하는 방식을 변화시킬 뿐 아니라 감각 경험에도 변화를 가져옵니다. 교감신경계의 '싸움-도주' 상태와 부교감신경계의 '휴식-이완' 상태에서는 사물의 모습, 냄새, 소리, 느낌이 다르게 느껴집니다.

다시 말해, 특정 자율신경 상태(자율신경계의 자동조종프로그램)로 전환하면 몸의 거의 모든 세포가 그 기능을 때로는 물리적 형태까지 다소 극명하고 놀라운 방식으로 변화시킵니다.

의사와 과학도들이 신경계에 대해 배울 때 SNS와 PNS는 몸의 여러 기능을 개별적으로 제어하며 '자율신경적 균형'을 결정하는 일종의 내부 줄다리기에 관여하는 것으로 간주됩니다. 따라서 일부 신체 기능은 전적으로 SNS에 의해 작동하고, 다른 기능은 PNS에 의해 제어되며, 이 두 시스템은 우리 몸을 제어하기 위해 싸웁니다.[5]

그렇다면 특정 순간에 SNS 또는 PNS 중 어느 쪽이 우리 몸을 통제

---

4) 혹시 신경해부학에 정통한 분이라면, 이 설명이 지나치게 단순화되었다는 걸 알아차리셨을 겁니다. 하지만 곧 좀 더 자세히 다룰 것입니다(저자 주).

5) 우리가 흔히 말하는 '교감신경계[SNS] vs 부교감신경계[PNS]'라는 전통적인 모델은 자율신경계를 설명하는 데 있어 다소 불완전합니다. 이러한 기존 모델은 다미주 이론(Polyvagal Theory)을 통해, 보다 효과적으로 보완되고 대체될 수 있습니다. 다만, 다미주 이론의 새롭고 흥미로운 점을 제대로 이해하려면, 우선 기존의 사고방식을 먼저 짚고 넘어갈 필요가 있습니다(저자 주).

할 것인지, 어떤 신체 시스템을 활성화하거나 억제할 것인지를 결정하는 것은 무엇일까요? 특정 순간에 어떤 자동조종프로그램을 실행할지 어떻게 선택할까요?

답은 간단한 질문으로 귀결됩니다. 우리가 얼마나 안전하다고 느끼는가?

이는 실제로 얼마나 안전한지가 아니라 '얼마나 안전하다고 느끼는가How safe do we feel'라는 점에 주목하세요. 이는 앞으로 이어질 모든 작업에서도 매우 중요합니다.

신경계는 우리가 실제로 얼마나 큰 위험에 처해 있는지에 특별히 신경을 쓰지 않으며, 실제로 알 방법도 없습니다. 신경계에 중요한 것은 단지 우리가 얼마나 안전하다고 느끼느냐 하는 것입니다. 그리고 그 질문에 대한 답에 따라 신체의 거의 모든 기능이 매우 다르게 작동합니다.

우리는 모두 기본적인 수준에서 이를 어느 정도 이해하고 있습니다. 거의 모든 사람이 '싸움-도주'라는 개념에 관해 들어봤고, 위험하다는 느낌이 어떻게 심박수를 높이고 도망치거나 죽기 살기로 싸우게 만드는지 알고 있습니다. 하지만 위험감이나 안전감이 우리 몸의 작동 방식에 얼마나 깊은 영향을 미치는지를 이해하는 사람은 거의 없습니다.

위험을 감지하는 순간 SNS가 활성화되면, 싸우거나 도망칠 준비를 합니다.

- 심박수가 빨라져 달리거나 싸울 수 있습니다.
- 통증에 대한 내성이 높아져 적과 맞설 때 더 쉽게 견딜 수 있습니다.
- 얼굴이 무표정해집니다.
- 귀에 있는 중이 근육이 비활성화되어 위험과 포식자와 관련된 극

저주파 소리를 더 잘 들을 수 있습니다.

안전하다고 느껴져 PNS가 활성화되면, 휴식하고 이완하며 치유하고 사회적인 기능을 돕는 다른 시스템이 작동합니다.

- 심장 박동이 느려지고 가만히 앉거나 서 있을 수 있습니다.
- 침과 소화 시스템이 자극되어 음식을 소화하는 데 도움을 줍니다.
- 안면근육이 활성화되어 얼굴을 통해 감정의 미묘함을 더 잘 전달합니다.
- 발성의 운율(단조롭지 않고 노래하듯이 말하는 방식)과 눈맞춤이 증가합니다.
- 사람의 목소리를 더 잘 듣기 위해 중이 근육의 위치가 바뀝니다.

이를 마블 캐릭터인 헐크에 비유할 수 있습니다. 헐크는 신체적으로 자율신경계를 잘 나타내는 상징입니다. 캐릭터가 얼마나 화나고 두려움을 느끼는지에 따라 파괴적인 거대한 헐크로 변하거나, 때로는 사려 깊고 낭만적인 브루스 배너로 나타납니다.

우리는 헐크처럼 몸이 커지거나 색이 변하지는 않지만, 위협을 느낄 때 몸 안에서 일어나는 변화는 그에 못지않게 극적입니다. 교감신경계가 활성화될 때(싸움 또는 도주 반응이 일어날 때), 몸 전체가 그 순간에 대응하기 위해 변모합니다.

마찬가지로 안전하다고 느껴 부교감신경계가 활성화되면, 우리 안의 헐크는 사라지고 휴식, 이완, 치유, 성장, 소화[6] 및 사회적 교류가

6) 과학자들이 식사라고 부르는 것(저자 주).

가능한 지극히 인간적인 상태로 전환됩니다. 실제로 음식을 먹는 데 관련된 신체 기능과 다른 사람들과의 사회적 교류는 생리학적 관점에서 밀접하게 연결되어 있습니다. 그런 점에서 식사는 유대감, 친구 그리고 즐거움의 순간과 밀접하게 연관됩니다. 신체적 관점에서 볼 때 대화와 음식은 매우 잘 어울리는 조합입니다.[7)]

다시 말해, 모든 것은 자원의 분배로 귀결됩니다. 우리 몸은 안전하다고 인지하는 수준을 내부의 척도로 삼아, 특정 순간에 어떤 신체 기능이 필요한지를 결정합니다. 즉각적인 위험에서 살아남는 것과 관련된 기능은 수천 년 동안 인류의 생존을 보장해 온 중요한 메커니즘이지만, 많은 에너지가 필요합니다. 순수하게 대사적·에너지적 관점에서 이는 매우 비용이 많이 드는 활동이므로, 이러한 기능은 짧고 일시적으로 활성화되도록 설계되었습니다.

마찬가지로 안전하다고 느낄 때 우리의 몸은 '항상성homeostasis'이라는 치유 상태로 돌아갑니다. 세상 걱정 없이 나무 아래 해먹에 누워 있다고 상상해 보세요. 쫓아오는 포식자도 없고, 마감을 독촉하는 상사도 없습니다. 이런 상태에 있으면 몸은 자연스럽게 편안해지고, 확연히 다르게 *느낍니다*.

항상성은 매우 이상적인 기본 상태이며, 몸이 제대로 치유되고 회복하기 위해 꼭 필요한 조건입니다.

우리의 몸은 항상성 상태로 돌아가고 *싶어 하며*, 실제로 여러 면에서 반드시 그렇게 해야만 합니다. 그렇기에 위험 시스템에 장기간 노출되고 항상성에서 벗어나 있는 시간이 길어질수록, 건강과 기능적인 면

7) 이는 트라우마를 경험하는 사람들이 종종 소화와 장 문제를 겪는 이유 중 하나이기도 합니다. 이에 관해서는 나중에 자세히 설명하겠습니다(저자 주).

에 매우 실질적이고 부정적인 영향이 미칠 수 있다는 점을 이해해야 합니다.

물론 우리는 지금, 본래는 일시적인 위협에 대처하기 위해 진화한 자율신경계 상태에 너무 오랫동안 머물고, 반대로 안전감을 느끼고 항상성에 도달하는 시간은 턱없이 부족한 세상에 살고 있습니다. 간신히 찾아온 짧은 평온의 순간조차, 진동하는 휴대폰으로 쉽게 깨져버리곤 합니다.

이 정신없고 스트레스 가득한 세상에서 우리는 너무 자주 무리하며 '엔진을 과열시키고', '녹초가 되는' 등 *과로*를 묘사하는 온갖 생생한 비유를 몸소 실천하고 있습니다. 현대 사회에서 우리는 브루스 배너보다는 헐크처럼 지내는 시간이 훨씬 많습니다.

이러한 불균형의 대가로 희생되는 것은 우리의 건강, 행복 그리고 정신의 안녕입니다. 이러한 위험 시스템을 과도하게 사용하면 거의 모든 질병에 더 취약해지고,[8] 장기가 손상되며, 정신 건강을 해칩니다.

결국 불안이란 실제로 아무런 위험이 없어도 계속해서 위협과 위험을 느끼는 상태가 아니겠습니까?

우리의 자율신경 상태는 감각적으로 세상을 경험하는 방식마저 바꾸어 놓습니다. 교감신경 상태에 있느냐 부교감신경 상태에 있느냐에 따라, 같은 것도 맛, 색, 냄새, 소리, 그리고 전체적인 느낌이 전혀 다르게 인식됩니다. 한때 사랑했던 사람, 장소, 사물조차 그 빛을 잃거나 전혀 다른 의미로 다가올 수 있습니다. 이 모든 것이, 우리가 얼마나 안전하다고 느끼는가에 달려 있기 때문입니다.

---

8) 트라우마, 역경의 병력 그리고 만연한 스트레스는 사실상 모든 건강 상태를 더 취약하게 만드는 선행 조건입니다. 여기에는 COVID-19와 같은 바이러스도 포함됩니다(저자 주).

스트레스나 불안감에 시달릴 때 한때 좋아했던 것을 즐기지 못했던 경험이 있나요? 이런 이유 때문일 수 있습니다.

이는 또한 결코 안전하다고 느끼지 못하면 우리 몸에 어떤 일이 일어나는지에 대한 중요한 질문을 던집니다. 이 질문에 대한 답은 트라우마, 만성 통증 및 우리 몸과 삶에 영향을 미치는 다른 조건들을 이해하는 데 중요한 의미를 지닙니다.

결국, 트라우마는 진정으로 안전하다고 느끼지 못하는 상태와 그런 존재 상태가 우리 몸에 미치는 영향이라 할 수 있습니다.

중재 변수

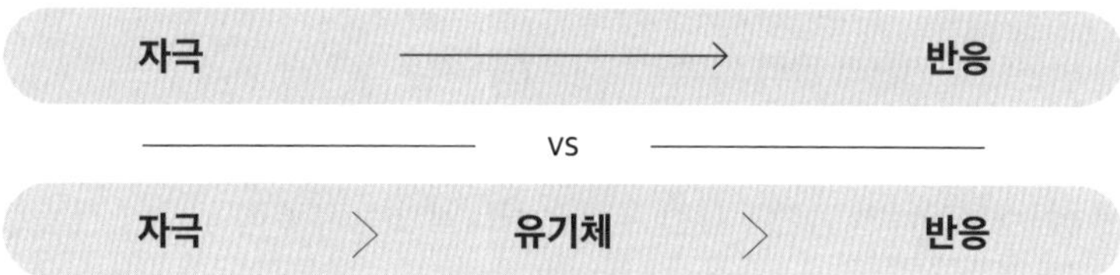

제[스티븐]가 1970년대에 학자 생활을 시작했을 때만 하더라도, 인간 행동을 '자극-반응(stimulus-response 또는 S-R)' 모델의 산물로 여겼습니다. 이 모델에서는 인간 행동을 어느 정도 예측 가능한 기계처럼 보는데, 자극(기본적으로 세상에서 접하거나 경험하는 모든 것)이 입력되면 그에 대한 반응으로 특정 행동이 나옵니다.

하지만 저는 다르게 보았고, 인간의 행동이 실제로는 '자극-유기체-반응(stimulus-organism-response 또는 S-O-R)' 모델의 결과라고 제안했습니다. S-O-R 모델에서는 유기체(당신, 나, 또는 누구든)가 이 기계의 한가운데 위치하며, 그것이 주변 세계에 반응하는 방식에 영향을 미치는 핵심 변수로 작용합니다.

S-O-R 모델은 모든 인간은 서로 다르며, 같은 사람이라도 시기에 따라 다르다는 것을 전제합니다. 이러한 개인적 차이(기본적으로 우리를 우리답게 만드는 요소)가 다양한 자극이나 상황에 반응하는 방식에 영향을 미칠 수 있습니다. 따라서 같은 경험이 어떤 사람에게는 즐거울 수 있고 다른 사람에게는 두려울 수 있습니다. 그리고 우리가 어떻게 느끼는지, 자율신경 상태가 어떤지에 따라 같은 일이라도 어떤 상황에서는 기쁨을, 어떤 상황에서는 슬픔을 줄 수 있습니다.

기분에 따라 어떤 것에 대한 반응이 달라진다고 느껴 본 적 있다면, 이 점을 당연하게 여길 수 있습니다. 하지만 오늘날 당연하게 여기는 것이 제가 과학의 여정을 시작했던 50년 전 경직된 사고방식을 가진 연구자들에게는 전혀 그렇지 않았습니다.

제가 S-O-R 모델을 처음 제안한 것은 아닙니다. 이 개념은 초기 심리학 이론으로 거슬러 올라갑니다.[9] 새로웠던 점은 우리의 생리적 또는 자율신경 상태, 즉 특정 순간에 어떻게 느끼는지, 그리고 위험에 대한 교감 상태에 있는지, 아니면 안전에 대한 부교감 상태에 있는지에 따라 주변 세계에 대응하는 방식을 바꿀 수 있다는 아이디어였습니다.

다시 말해 우리의 생리적 상태와 느낌은 우리가 세상을 경험하는 데 영향을 미치는 중재 변수이며, 삶의 경험과 관련된 거의 모든 것을 바꿀 수 있습니다.

감정이 자신을 압도했던 순간을 경험해 본 적이 있다면, 이 개념은 너무나 당연하게 느껴질 것입니다. 하지만 그런 당연한 개념조차, 과거 세대는

---

9) Woodworth(1929) 참조(저자 주).
여기서 말하는 S-O-R 모델(Stimulus-Organism-Response, 자극-유기체-반응)은 심리학 초창기 이론 중 하나로, R. S. 우드워스(Robert S. Woodworth)가 그의 저서 『Psychology』(1929년, 제2판)에서 처음 체계화한 개념입니다. 이는 단순한 자극-반응(S-R) 모델에 유기체(Organism)를 개입시켜, 자극에 대한 반응이 개인의 상태나 내적 요인에 따라 달라질 수 있음을 강조한 이론입니다(역자 주).

이해하지 못하곤 했습니다.

이 모델의 핵심은 우리의 의식적 의도(생각하는 것)와 신체적 상태(느끼는 것)가 종종 충돌한다는 것입니다. 따라서 우리의 고차원적 사고가 어떤 방식으로 반응하기를 원할지라도, 몸은 다른 방향으로 이끌 수 있습니다.

저에게는 이 모든 것이 논리적으로 이해됩니다. 화가 나거나 배고프거나 혹은 둘 다일 때[누구나 가끔 '배가 고파서 화가 난(hangry)' 적이 있을 겁니다] 침착하고 차분하며 배부른 상태일 때와는 완전히 다르게 반응할 가능성이 높습니다.

다미주 이론은 이 과정에 대한 과학적이고 신경생리적인 설명을 제공합니다.

다음으로 넘어가기 전에 자율신경 상태가 곧 우리의 운명을 결정짓는 것은 아니라는 점을 언급하고자 합니다. 흥분하거나 이완된 상태라 해서 반드시 특정한 방식으로 반응하게 된다는 의미는 아닙니다. 그 대신 상태의 변화는 특정 행동이나 감정이 나타날 가능성을 바꾼다고 볼 수 있습니다.

예를 들어, 만약 화가 나거나 짜증이 난 상태라고 해서 반드시 누군가에게 언성을 높이는 것은 아닙니다. 하지만 평온하고 이완된 상태일 때보다 그렇게 할 가능성이 훨씬 커집니다.

동결 효과

앞서 교감신경계[SNS]와 부교감신경계[PNS] 사이의 이분법은 우리 몸이 '평온'과 '활성화' 사이에서 끊임없이 줄다리기하는 것으로 묘사하는 자율신경계의 전통적인 설명 모델이라고 했습니다.

다미주 이론은 이 모델이 불완전하고 어떤 면에서는 부정확하다고 제안합니다.

전통적인 자율신경계 모델에서는 SNS가 싸움-도주 방어를 지원하고, PNS가 평온과 건강을 지원한다고 설명합니다. 그러나 이 모델에는 적어도 한 가지 중요한 결점이 있습니다. 즉, 우리 몸이 위협에 대응하는 유일한 방법은 도망치거나 싸우는 것이라고 제시한다는 점입니다. 실제로 인간은 위협에 직면했을 때 종종 싸우거나 도망가지만, 항상 그렇지만은 않습니다.

실상은 사소한 위협이 아니라 죽음을 느낄 정도의 심각한 위협에서는 도망치거나 싸우지 않는 경우가 많습니다. 몸이 얼어붙거나, 해리되거나, 심지어 의식을 잃을 정도로 셧다운될 수도 있습니다.

자율신경계의 전통적인 모델에서는 이처럼 자연스럽고 흔히 발생하는 부동화immobilization 반응을 설명하지 못합니다.

이것은 매우 중요한 부분입니다. 사람이 극심한 트라우마 상황에 처했을 때, 그 순간 '동결freeze'[10] 또는 '셧다운shut down' 반응이 나타나기도 하는데, 이러한 반응은 당사자 자신은 물론 주변 사람들조차 쉽게 이해하지 못해, 연민이나 공감, 이해 없이 반응하게 되는 경우가 많습니다.

우리는 위협을 받으면 당연히 도망치거나 싸울 거라고 배워왔고, 그런 끔찍한 상황에 마주하게 되면 자신도 그렇게 행동할 거라고 상상하곤 합니다. 그래서 누군가가 그런 상황에서 도망치거나 싸우는 대신, 얼어붙거나, 해리되거나, 셧다운 되었다는 이야기를 들으면 우리는 종종 혼란스러워집니다.

상상 속에서 우리는 모두 카우보이거나 액션 영화의 주인공이니까

10) 얼어붙기 반응(역자 주).

요. 그래서 “나라면 도망쳤을 텐데”, “나라면 싸웠을 거야” 같은 말이 별생각 없이 튀어나오곤 합니다.

하지만 사실, 자율신경계는 당신이 어떻게 행동할 거라고 상상하는지에 전혀 개의치 않습니다. 위협에 대한 우리의 반응은 의식적인 사고 및 의사 결정 과정과는 별개인 자동적 의미automatic의 자율적인autonomic 반응입니다.

우리의 의식은 우리가 누구이며 상황에 어떻게 대처할지에 대한 하나의 서사를 가지고 있지만, 우리의 무의식적인 신경계는 이를 무시하는 것처럼 보입니다. 위협에 직면해 얼어붙는 것은 나약함이나 안일함의 징후가 아니라, 우리가 통제할 수 없이 발생하는 자연스럽고 일반적인 신체적 반응입니다.

하지만 안타깝게도 이를 이해하는 사람은 드뭅니다.

우리는 위협에 대한 필연적인 반응이 도망치거나 싸우는 것이라고 생각하기에, 이런 방식으로 반응하지 못한 피해자는 종종 판사, 배심원, 법률 시스템, 동료, 언론으로부터 의심을 받는 경우가 많습니다. 또 신체적 폭행 같은 심각한 상황을 증명하려면 논리적으로 저항의 징후가 있어야 한다고 가정하는 경우가 많습니다. 결국, 당신도 그렇게 생각하지 않나요?

이러한 사고방식은 피해자들을 더 고통스럽게 하고, 그들은 종종 자신의 경험에 의문을 품기도 합니다.

“내가 실제로 폭행당하지 않았던 것일까?
어쩌면 나도 한편으로 원했던 걸까?
왜 나는 반격하지 않았을까?”

이로 인해 트라우마가 더 심화되어 인생 최악의 날을 더 악화시킬 수 있습니다. 피해자가 지원받지 못하거나 자기 경험을 의심하기 시작하면 이는 우울증, 약물 중독, 심지어 자살이라는 어두운 길로 이어질 수 있습니다.

나중에 이 동결 반응에 관해 더 자세히 다룰 것이며, 동결, 해리, 완전한 실신 사이의 실질적인 차이에 대한 설명도 덧붙일 것입니다. 현재로서는 다미주 이론의 핵심 원리가 기존의 전통적인 자율신경계 모델에 도전하는 것임을 이해하는 것이 중요합니다.

이는 단순히 교감신경계[SNS]의 '싸움-도주'와 부교감신경계[PNS]의 '휴식-이완' 문제가 아닙니다. 위협에 대해 또 다른 반응이 나올 수 있으며, 이러한 반응에는 자연스럽고 흔한 해리 상태인 동결 또는 셧다운뿐만 아니라 피해자가 가해자에게 비위를 맞추거나 회유하는 행동도 포함됩니다. 이러한 이해는 우리가 트라우마를 개념화하고, 이야기하며, 치료하는 방식을 변화시킵니다.

이 책을 읽는 독자들이 단 한 가지 교훈을 얻게 된다면 다음과 같습니다. **얼어붙거나, 셧다운되거나, 해리되거나, 심지어 실신하는 것은 극도로 고통스러운 순간에 나타나는 자연스러운(종종 피할 수 없는) 반응이라는 점입니다.**

우리는 항상 싸우거나 도망치지 않습니다. 그리고 저항의 흔적이 보이지 않는다고 해서 피해자가 아니라는 의미도 아닙니다. 오히려 그 반대입니다. '셧다운' 반응을 보인다는 것은 일반적으로 그 사건이 매우 끔찍하고 충격적이며 심지어 생명을 위협할 수 있는 사건이거나, 적어도 신경계의 무의식적인 부분에서는 그렇게 해석하고 있음을 의미합니다.

이 간단한 개념에 대해 배우는 것만으로도 진정한 변화를 가져올 수 있기를 바랍니다.

배심원석에 앉은 모든 사람이 공격당한 사람에게 저항의 흔적이 없다는 이유로 피해자가 아니라는 생각을 하지 않는 세상을 상상해 보세요. 위험이나 비극을 겪고 살아남은 사람이 아무도 자신을 믿지 않고 연민을 주지 않는다고 느끼거나 자신의 경험을 의심하며 스스로에게 연민을 줄 수 없을 때, 그들의 트라우마는 배가됩니다.

한 번 더 강조하자면, 특정 상황에서 자신이 액션 영웅처럼 행동했을 것이라고 상상하는 것은 아무런 의미가 없습니다. 우리 몸의 신경계가 모든 것을 주도하며, 스스로 통제하지 못하는 상황에 처하기 전까지는 그 경험이 어떤 것인지 절대 알 수 없습니다. 안타깝게도 많은 사람이 개인적인 고난을 겪어야만 진정으로 공감할 수 있습니다.

만약 이 글을 읽으며 당신의 트라우마 경험이 떠올라 고개를 끄덕이고 있다면, 지금 잠시 멈추어, 당신의 의식적인 자아는 그 순간 몸이 멈추거나 저항하지 못한 일과 아무런 관련이 없었다는 사실을 되새겨보세요. 당신의 의식은 그 상황에서 운전석에 있지 않았습니다. 그저 몸의 통제권에서 벗어나 승객석에 앉아 있었을 뿐입니다. 만약 그 위기의 순간, 스스로의 반응에 대해 수치심이나 혼란을 느끼고 있다면, 당신이 아무리 '영웅처럼 행동했어야 했는데'라고 생각하더라도, 그때는 신경계가 이미 다른 계획을 실행하고 있었던 것이라는 점을 기억하세요.

만약 당신이 위험 앞에서 셧다운 된 적이 있다면, 당신은 수천만 명의 사람들과 마찬가지로 자연스럽고 흔한 생존 반응을 경험한 것입니다.

그것은 당신의 선택도, 당신의 잘못도 아닙니다. 그리고 당신은 결코 혼자가 아닙니다.

마지막으로, 우리는 많은 사람들이 침묵하거나 반응하지 않는 것이 곧 동의의 표시라고 여겨야 한다고 사회적으로 학습되어왔다는 점도 함께 인식해야 합니다. 불편한 상황에서는 목소리를 내야 한다는 기대가 있지만, 우리 몸의 작동 방식을 이해한다면, 이런 신호들을 잘못 해석해 의도치 않게 누군가를 상처 입히는 일을 조금이나마 줄일 수 있을 것입니다.

2장

신경지: 우리 몸의 감시 시스템

지난 장에서는 자율신경 상태를 결정하는 주요 변수(우리가 세상을 경험하는 렌즈)가 그 순간에 얼마나 안전하다고 느끼는지에 달려 있다는 것을 배웠습니다.

그렇다면 신경계는 추상적으로 보이는 이 '안전Safety'이라는 개념을 정확히 어떻게 측정할까요?

이 메커니즘을 이해하기 위해 제[스티븐]가 '신경지neuroception'라고 부르는 과정을 소개하겠습니다. 이는 뇌 또는 신경계를 뜻하는 '뉴로neuro'에 '지각perception' 또는 '감지detection'를 뜻하는 접미사 '-ception'을 합친 말입니다.[11)]

11) 이 메커니즘에 이름을 붙일 때, 제[스티븐]의 첫 번째 본능은 단순히 '지각(perception)'이라는 단어를 사용하려고 했습니다. 하지만 '지각'이라는 단어는 의식적인 자각 수준을 내포하고 있습니다. 신경지는 뇌와 신경계가 처리하는 무의식적인 과정인 만큼 '뉴로'라는 접두사가 붙은 새로운 단어가 필요했습니다(저자 주).

함께 살펴봅시다.

우리가 잠재적인 위협에 마주치면, 상황을 의식적으로 생각해서 계획을 세울 시간이나 여유가 없습니다. 흔히 본능적으로, 직감에 따라 몸이 먼저 반응하게 됩니다.

고대 초원을 배회하던 선사 시대 조상들을 생각해 봅시다. 저 멀리 낯선 사람이나 동물이 보이면 그 존재가 친구인지 적인지 의심할 수 있습니다.

이미 늦었습니다. 신중하게 판단을 내리려는 순간, 창이나 이빨은 이미 목에 꽂혀 있을지도 모릅니다.

위협을 평가하는 데 가장 중요한 것은 시간입니다. 우리 몸은 주어진 상황이 얼마나 안전한지 되도록 즉각적이고 효과적으로 판단해야 합니다.

신경지는 일종의 보이지 않는 감각이나 레이더 시스템으로 볼 수 있으며, 그 순간에 우리가 얼마나 안전한지 판단하는 데 도움이 될 만한 모든 외부 징후와 신호를 지속적으로 스캔합니다.

이를 신경계에 내장된 블랙박스 알고리즘이라고 생각해 봅시다. 이 알고리즘은 우리의 감각과 과거 경험을 사용해 주변 세계의 데이터를 수집한 다음, 해당 정보를 사용해 *안전 혹은 위험*이라는 판독 값을 뱉어냅니다.

보통 통증을 느낄 때 우리는 원인을 파악하거나 부상을 의식적으로 알아차리기도 전에 통증에 먼저 반응합니다. 요리하다가 실수로 뜨거운 냄비를 건드리면 본능적으로 손을 뗍니다. 이것이 바로 무의식적인 신경지가 작동하는 방식입니다.

시각, 후각, 청각, 색채, 미각 등의 감각은 의식적인 존재를 알려 주기도 하지만, 우리가 완전히 인식하지 못하는 사이 무의식적이고 자동적인 자율신경계로 정보를 전달하기도 합니다.

다음은 우리의 감각이 어떻게 숨겨진 방식으로 자율신경계에 영향을 미치는지 보여 주는 한 가지 예입니다. 우리 눈이 주변 세상을 생생한 색으로 보게 해 주는 막대세포와 원뿔세포 바로 옆에는 실제 시력과는 무관한 빛에 민감한 세포light-sensitive cells[12)]가 있습니다. 이 세포는 낮에는 각성 수준을 높이고 밤에는 각성 수준을 다시 낮추기 위해 세상을 스캔합니다.[13)]

다른 감각도 이와 비슷하게 의식적인 요소(*'누군가 나한테 말하는 게 들려'*)와 무의식적인 요소(*'저 소리가 나를 불안하게 만들어'*)가 모두 작용합니다.

우리의 눈, 코, 귀, 피부는 끊임없이 주변 세상을 감지하고 핵심 데이터를 추출해 특정 순간에 우리가 얼마나 위험에 처해 있는지 즉각적이고 정확하게(항상 그렇지는 않지만) 판단하게 해 줍니다. 다시 만화책을 예로 들자면, 신경지는 주변에서 의식적으로 인식하지 못하는 미묘한

---

12) 이 세포는 '내재광감수성 망막신경절세포(intrinsically photosensitive retinal ganglion cells)'라고 불리며, 2002년에야 완전히 밝혀졌습니다(저자 주).

13) 여기서 말하는 '본질적으로 광과민성인 세포'는 내재광감수성 망막신경절세포(intrinsically photosensitive retinal ganglion cells, ipRGCs)를 가리킵니다.

이 세포는 우리가 일반적으로 생각하는 '시력'(사물을 인식하는 능력)에는 직접 관여하지 않지만, 눈을 통해 들어오는 빛의 양을 감지해 뇌로 전달함으로써 생체 리듬과 각성 상태를 조절하는 데 중요한 역할을 합니다.

이 세포가 감지한 빛 정보는 시상하부의 '시교차상핵[SCN]'으로 전달되어 수면-각성 주기(서카디언 리듬)를 조절하며, 이는 다시 자율신경계의 흥분 수준, 심박수, 체온, 소화, 호르몬 분비 등 다양한 생리적 기능에 영향을 줍니다.

이처럼 눈의 감각 정보가 뇌를 거쳐 자율신경계를 조절하는 경로는, 우리가 인식하지 못하는 방식으로 환경과 내부 생리 상태가 연결되어 있다는 것을 보여주는 대표적인 사례입니다.

이 ipRGCs의 존재는 2002년에 본격적으로 밝혀졌으며, 감각 시스템과 자율신경계 간의 직접적 연결 고리를 이해하는 데 중요한 전환점이 되었습니다[Berson, D. M., Dunn, F. A., & Takao, M. (2002). Phototransduction by retinal ganglion cells that set the circadian clock. Science, 295(5557), 1070-1073](역자 주).

위험 신호를 찾아내는 스파이더 감각이라고 할 수 있습니다.

무언가 또는 누군가에 대해 뭔가 좋지 않은 기분이 든다면 그것은 상상이 아니라 당신의 신경지에 의한 것입니다.

안전에 관한 질문(이는 즉, *'나의 신경지는 내가 얼마나 안전하다고 생각하는가?'*)에 어떻게 대답하느냐에 따라 우리의 자율신경 상태는 상황에 가장 잘 대처할 수 있도록 변합니다. 이에 따라 몸 전체의 정향과 기능이 평화, 이완, 사회성 쪽으로 가거나 혹은 반대로 두려움, 방어, 공격으로 변화합니다.

이런 과정은 거의 즉각적으로 일어나며, 의식적인 통제 밖에서 일어납니다. 우리는 '지금 싸우거나 도망가야 해!'라고 생각하지 않습니다. 그냥 일어나고, 매우 빠르게 진행됩니다.

때로는 신경지가 미묘한 소리, 시각적 단서, 사회적 신호에 따라 자율신경계를 다양한 상태로 이끌며 우리 몸의 형태와 기능을 변화시키는 마술처럼 느껴질 수 있습니다. 이에 관해서는 나중에 더 설명하겠지만, 이 개념은 학습에 적합한 환경(학교 등), 이완을 위한 공간(스파 등), 또는 재활을 위한 장소(교도소, 약물 치료 센터 등)를 설계할 때 중요한 시사점을 줍니다.

우리의 물리적 환경은 신경지neuroception를 통해 감지되며, 그 결과 건강과 웰빙, 생산성에 실제 변화를 일으킬 수 있습니다

많은 사람이 조명이나 음향 같은 것을 단순한 미적 취향으로 치부하지만, 이는 사실 신경계와 몸의 작동 방식에 매우 실질적인 영향을 미칠 수 있습니다. 어떤 공간에서 유난히 평화롭고 생산적인 느낌을 받거나, 다른 공간에서는 긴장되고 불안한 느낌을 받는 것은 바로 신경지가 작용하고 있는 것입니다.

촛불을 켜거나, 조명을 낮추거나, 잔잔한 음악을 틀거나, 바닷가에

앉아 있는 것을 좋아하는 것도 바로 신경지 때문입니다. 간단히 말해, 우리가 처한 환경에 따라 느끼는 방식과 신체가 작동하는 방식이 달라집니다.

신경지 시스템은 또한 자기강화적self-reinforcing입니다. 우리가 어떤 자율신경 상태에 있는지에 따라 신경계와 몸 전체가 정향과 편향을 바꾸어 그 상태를 더 강화하는 신호를 잘 감지할 수 있도록 조정됩니다.

다시 말해, 위험을 감지하면 우리 몸은 더 많은 위험 신호를 포착할 준비를 하고, 반대로 안전감을 느끼면 더 많은 안전 신호를 감지할 수 있게 됩니다. 그래서 두려움이 많은 사람에게 세상은 무섭게 느껴지고, 이미 안전하다고 느끼는 사람에게는 세상이 안전하게 느껴지는 경향이 있습니다.

이 같은 점화 과정은 단순히 머릿속에서만 일어나는 일이 아닙니다. 오히려 자율신경계가 상태를 바꿀 때 발생하는 해부학적 변화를 통해 실제로 일어나는 생리적이고 감각적인 변화입니다.

겁을 먹거나 화가 났을 때 헐크처럼 몸집이 커지고 색이 변하지는 않지만, 우리 몸은 눈앞에 인식된 위협에 대응하기 위해 신체의 거의 모든 부분이 변화합니다.

이러한 신체적인 변화의 다른 예시도 들어보겠습니다. 이 예시는 이 책에서 반복적으로 다룰 것입니다.

우리의 중이에는 들어오는 소리를 걸러내고 사람의 목소리와 관련된 중간 주파수 파장을 포착하도록 진화한 작은 근육이 있습니다. 시끄러운 콘서트나 혼잡한 술집에서 누군가와 대화를 나눌 수 있는 것은 바로 이 근육 덕분입니다. 사람의 말소리는 우리 뇌에 특별한 자극을 주며 즉각적으로 주의를 집중시킵니다.

시끄러운 환경에서 말소리를 추출하는 중이 근육의 능력은 뇌간에서 나오는 신경에 의해 조절됩니다. 우리가 얼마나 안전하다고 느끼느냐에 따라 이 신경은 이 능력을 켜거나 끕니다.

따라서 휴식과 이완의 부교감신경 상태에 있을 때 중이 근육은 말소리를 감지할 준비가 되어 있습니다. 이때 신경계는 우리가 안전하며 사회적이고 대화를 나눌 준비가 되어 있다고 생각합니다.

그러나 신경지가 위험을 감지하고 자율신경계가 교감신경계의 싸움-도주 상태로 전환되면, 중이 근육은 고막의 장력을 조절해 신체가 포식자 및 위험과 연관된 저주파 소리에 집중할 수 있도록 위치를 바꿉니다.

마지막 부분이 혼란스럽게 들린다면 이것만 기억하세요. 말 그대로 우리가 감지하고 처리하는 소리의 파장은 실제로 우리가 얼마나 안전하다고 느끼느냐에 따라 달라집니다. 인간의 목소리는 우리 귀와 뇌에 매우 고유하고 특별한 소리라 복잡한 소음 속에서도 쉽게 알아챌 수 있지만, 이는 우리가 안전하다고 느낄 때만 해당하는 얘기입니다.

안전하지 않다고 느낄 때는 뇌에서 듣고 처리하는 소리 자체가 달라져서 말소리가 흐려지고 눌리며, 신경계가 포식자 및 위협과 연관된 매우 낮은 저주파 소리를 감지하게 됩니다. 예를 들어, 숲속에서 들려오는 호랑이의 으르렁거리는 소리처럼 말입니다.

이는 악순환이 될 수 있습니다. 저주파 소리는 우리를 불안하게 만들고, 중이 근육을 변형시켜 더 많은 저주파 소리를 감지하게 만들어 더 불안하게 만듭니다.

귀에 대한 예시는 단순하고 구체적인 사례지만, 이와 비슷한 과정은 우리 몸의 다양한 시스템 전반에서 일어납니다. 우리가 위험을 감지하면, 신체 구조와 감각 체계는 더 많은 위협 신호를 포착할 수 있도록 자동으로 조율됩니다. 예를 들어, 안전하지 않다고 느낄 때 동공은 확장되어 빛에 더 민감해지고, 피부는 접촉에 더욱 예민해지며, 주변 환경이 어떻게 우리에게 위협적인지 더 민감하게 감지하게 됩니다. 몸이 방어기능을 하도록 전환되면, 행동도 달라집니다. 새롭고 낯선 것을 추구하기보다는, 예측 가능하고 덜 위험한 경험을 선호하게 됩니다. 이러한 변화는 섭취와 소화 기능에도 영향을 미칩니다. 몸이 소화에 부담이 덜한, 익숙하거나 자극적이지 않은 음식을 더 찾게 되는 경향으로 이어지기도 합니다.

위협을 느끼면 신경계는 *모든 것*을 위협으로 간주하도록 재조율됩니다. 예를 들어, 도로 위를 폭주하는 자동차처럼 스트레스 상황이 사소한 불만을 빠르고 비극적으로 확대시키는 경우를 생각해 보십시오.

물론 그 반대도 마찬가지입니다. 우리가 안전하다고 느낄 때, 이런 시스템은 적극적으로 추가적인 안전 신호를 찾고 감지합니다. 그러면 인간적인 수준에서 사물을 더 잘 보고, 잘 듣고, 잘 경험하게 됩니다.

중이 근육은 많은 트라우마 생존자뿐 아니라 자폐증이나 다양한 정신과 진단을 받은 사람들이 소리에 과민반응을 보이고, 쇼핑몰이나 파티 장소 같은 시끄럽고 혼잡한 환경에서 사람의 목소리를 듣는 데 어려움이 있는 청각 처리 장애를 겪는 이유 중 하나이기도 합니다.

응급 구조대원이나 전쟁에서 돌아온 참전 용사들이 소음으로 인해 어려움을 겪거나, 대화에서 특정 단어를 생각해 내는 데 어려움을 겪는다는 사실을 듣거나 경험한 적이 있을 것입니다. 이것이 그러한 이유 중 하나입니다.

안전하지 않다고 느낄 때 우리는 소리를 다르게 듣습니다. 안전하지 않다고 느끼는 상태에 갇혀 있는 것이야말로 트라우마가 아니겠습니까?

이는 이 책이 주는 또 하나의 중요한 시사점입니다. **트라우마는 심리**

적일 뿐 아니라 생리적이라는 것입니다Trauma is not merely psychological but also physiological.[14)]

우리는 종종 트라우마를 대화 요법이나 특정 뇌 부위를 표적으로 하는 약물로 해결할 수 있는 정신과적 문제로 취급합니다. 하지만 트라우마(안전하다는 느낌의 반대)는 말 그대로 우리 몸의 수많은 시스템이 생리적인 수준에서 작동하는 방식을 바꾸고, 귀로 듣는 소리까지 변화시킵니다. '트라우마는 몸에 새겨진다'라는 말을 들어 본 적 있을 것입니다. 제 동료인 베셀 반 데어 콜크는 트라우마에 관한 책에서 "몸은 기억한다**the body keeps the score**"[15)]라고 말하기도 했습니다. 이것이 우리가 말하고자 하는 바입니다.

트라우마는 우리의 신경지 시스템을 재프로그래밍**reprogramming**해 안전하다고 느끼는 대신 더 많은 위협의 징후를 포착하도록 준비시킵니다. 이러한 '재프로그래밍'은 신경계가 주변 세계를 해석하는 방식(한때 안전하다고 느꼈던 것이 이제는 위협적으로 느껴질 수 있음)과 감각적 경험(청각과 같은 감각이 사람의 말을 듣고 이해하는 대신 잠재적 포식자의 소리를 포착하도록 전환됨)에서 나타납니다.

이 책의 저자들은 트라우마를 겪은 수많은 사람을 만났습니다. 이들은 신체에 이상하고 설명하기 힘든 변화가 일어나는 경험을 하곤 했습니다. 감각적 경험이 변형되면서 갑작스러운 감각 과민증이나 청각 처리 장애를 겪기도 했습니다. 트라우마 환자들은 이러한 문제를 의사에게 알렸다가 불신이나 조롱에 직면하기도 합니다. 의사들이 근본적

---

14) 다시 말해, 트라우마는 단순히 마음에만 존재하는 것이 아니라 몸에도 존재합니다(Van der Kolk, 2014 참조)(저자 주).

15) 우리나라에서는 『몸은 기억한다: 트라우마가 남긴 흔적들』(을유출판사, 2020)이라는 제목으로 개정판이 출간되었습니다(역자 주).

인 자율신경계 문제를 이해하지 못한 까닭에 단순히 개별적인 증상을 해결하는 약물만 처방하는 경우도 흔합니다.

이 책은 현대 의학을 비난하는 것이 아니라는 점을 먼저 밝힙니다(오히려 그 반대입니다). 그러나 모든 약물에는 부작용이 있고 결과가 따르며, 안전감을 느끼지 못하는 사람이라면 약물에 의존하는 것은 증상을 일시적으로 가라앉힐 수는 있지만 근본적으로 문제를 해결하지는 못한다는 사실을 알아야 합니다.

*트라우마는 생리적인 것*이라는 기본 개념을 이해하면 친구나 사랑하는 사람이 왜 청력이나 소화 장애(트라우마 환자에게 매우 흔한 신체적 증상)를 겪는지 이해할 길이 열릴 뿐 아니라, 현재 트라우마 치유에 대한 접근 방식을 변화시키고 있는 연구와 치료에 새로운 지평을 열어 줍니다. 이는 동시에 트라우마를 겪은 많은 사람들이 자기 몸에서 일어나고 있는 일을 이해하지 못해 느끼는 수치심과 죄책감을 덜어 줄 수도 있습니다.

이 같은 이해를 통해 다미주 이론은 트라우마, 일반적인 건강, 심지어 건축이나 경영과 같은 분야의 목표처럼 크고 복잡한 문제를 아주 기본적인 용어로 재구성하는 데 도움을 줍니다. '*안전하다고 느끼는 사람들이 더 건강하고 행복하다면, 사람들이 안전하다고 느끼게 하기 위해 무엇을 해야 할까?*'라는 질문입니다.

이 때문에 앞서 '다미주 이론'에 세상을 바라보는 새로운 관점을 제공할 잠재력이 있다고 언급했던 것입니다. 이 관점으로 보면 인간의 건강, 행복, 의사소통, 생산성, 삶의 질 등 개인과 사회가 중요하게 여기는 많은 것에서 사람들이 안전하다고 느끼게 하는 것이 가장 최우선입니다.

나중에 다시 설명하겠지만, 상황이 위험한지 판단하는 것은 상상할 수 있는 가장 원초적인 본능이며, 사실상 거의 모든 척추동물에게 어느 정도의 위협 감지 기능이 내장되어 있다는 사실이 중요합니다. 결국 진화는 생존에 성공한 유기체를 선호합니다. 흔히 말하는 '적자생존' 같은 것이지요.

하지만 위협을 감지하는 것과 안전Safety을 감지하는 것은 완전히 다른 문제며, 후자는 동물의 왕국에서는 훨씬 더 드문 일입니다.

다미주 이론에서 말하는 신경지는 안전을 감지하는 시스템이며, 인간을 비롯해 진화적으로 현대적이고 사회적인 포유류를[16] 비사회적인 파충류 조상과 구별 짓는 요소 중 하나입니다.

만약 우리가 주변 세계를 위협의 관점으로만 보았다면, 고립된 채 먹이를 기다리거나 먹히기를 기다리는 파충류와 같았을 것입니다.

하지만 안전을 감지하고 추구함으로써 우리는 서로를 신뢰하고 사랑하며, 도시와 사회를 건설할 수 있는 사회적 종으로 진화했습니다.

인간으로서 우리가 소중히 여기는 모든 것은 위험뿐 아니라 안전을 감지할 수 있게 해 준 진화적 전환에서 비롯되었습니다. 그리고 이를 가능하게 하는 것이 바로 신경지입니다.

트리거 경고

지금까지 신경지에 대해 넓은 관점에서 설명했습니다. 다음으로 넘어가기 전에 사람마다 신경지가 어떻게 다르게 작용하는지 간략하게 살

16) 포유류에만 초점을 맞추는 다미주 이론의 영역에서 조금 벗어난 내용이긴 하지만, 여기에는 많은 새도 포함됩니다(저자 주).

펴보겠습니다.

1. 우리의 신경지는 타고났지만, 이전의 경험이나 조건화에 따라 조정됩니다

과거의 경험, 특히 충격적인 경험은 우리의 신경지를 재프로그래밍할 수 있습니다.

특정 색깔, 장소, 목소리나 냄새는 우리를 평온하고 안전하게 느끼게 하지만, 그것이 생명을 위협하는 사건과 함께 경험되는 순간 이러한 환경적 신호는 신경계에 새로운 의미를 부여합니다.

충격적인 경험을 다룬 그림 자료나 기사 앞에 붙은 '트리거 경고'[17] 같은 문구를 무시하거나 가볍게 여기기가 쉽습니다. 하지만 과거의 트라우마 사건과 연관된 것을 보거나 읽는 것만으로도 신경계와 신체에 엄청난 고통과 스트레스를 유발할 수 있으며, 심지어 건강에 해로울 수 있습니다.

또 위험 신호(특히 신경계가 생명을 위협하거나 트라우마로 간주하는 것)를 반복적으로 경험하게 되면 이에 대한 반응 방식이 변화할 수 있다는 점에 주목해야 합니다.

처음 트라우마를 겪을 때, 우리는 완전히 셧다운될 수 있습니다. 그

17) 트리거 경고(Trigger Warning)는 독자나 시청자가 트라우마적 경험이나 감정적으로 자극적인 내용에 노출될 수 있음을 사전에 알리는 경고 문구입니다.

이 용어에서 트리거(trigger)는 과거의 트라우마 기억이나 정서적 고통을 다시 떠올리게 할 수 있는 자극을 의미하며, 경고(warning)는 그런 자극이 포함되어 있다는 사전 알림의 목적을 가집니다.

예를 들어, 다음과 같은 방식으로 표시됩니다: 이 글에는 성폭력, 자해, 자살에 대한 내용이 포함되어 있으며, 정서적으로 불편하거나 충격을 줄 수 있습니다. 이 점에 유의하시기 바랍니다(역자 주).

러나 다시 그런 일이 발생하면, 해리 상태에 빠진 채 경계하는 반응이 나타날 수 있습니다.[18] 그리고 이런 일이 반복되면(전쟁 지역에 거주하거나 학대받는 가정에서 사는 사람들의 경우처럼) 해리 상태가 점점 삶 전체를 지배하는 방식으로 굳어질 수 있습니다.

해리는 종종 정신증psychosis[19]의 한 형태로 간주됩니다. 그러나 다미주 이론에서는 해리를 위험한 상황에서 개인이 생존할 수 있도록 진화된 적응적 과정으로 봅니다. 즉, 의식은 공포로부터 격리되어 다른 곳에 보내지지만, 그동안 몸은 생존을 위해 가동할 수 있는 상태를 유지하는 것입니다.

해리는 두렵고 해롭지만, 이는 몸이 스스로 보호하려는 필요에서 비롯된 것입니다. 이를 이해하는 것은 트라우마 이해 기반 접근trauma informed approaches의 핵심이며, 트라우마를 안고 살아가는 현실에서 느낄 수 있는 수치심과 혼란을 없애는 데 중요합니다.

2. 우리의 신경지는 현재의 자율신경 상태에 따라 다르게 작용합니다

이미 위협을 느끼고 싸움 혹은 도주 상태에 있다면, 주변을 위협으로

---

18) 여기서 말하는 "해리 상태에 빠진 채 경계하는" 반응은, 외부 위협에는 민감하게 반응하면서도 정서적으로는 마비되거나 단절된 상태를 의미합니다. 신경계가 생존을 위해 감정 처리는 차단하고, 감각은 예민하게 유지하는 방식으로 반응하는 것으로, 반복적인 트라우마 상황(예: 전쟁, 학대 등)에서 자주 나타나는 '고경계(high vigilance)+해리' 양상입니다. 겉보기에는 침착하거나 무감각해 보일 수 있지만, 내면에서는 극도의 긴장 상태가 지속되고 있는 경우가 많습니다(역자 주).

19) 정신증(psychosis)은 현실을 판단하고 검증하는 능력에 손상이 오는 증상 또는 질환을 말하며, 대표적인 증상으로, 환각(실제로 존재하지 않는 소리를 듣거나 이미지를 보는 것 등)이나 망상(잘못된 믿음 등)이 있습니다. 이는 정신분열증(조현병)이나 양극성 장애의 일부 증상으로 나타날 수도 있고, 물질이나 다른 의학적 상태로 인해 유발될 수도 있습니다(역자 주).

받아들일 가능성이 높아집니다. 학대받은 개가 아무에게나 으르렁거리거나 덤벼대는 것을 생각해 보세요.[20)]

마찬가지로, 트라우마 경험이 우리 신경계를 '세상 모든 것이 위험할 수 있다'라고 믿도록 길들인다면, 우리는 주변의 모든 것에 다르게 반응하게 됩니다. 상처 입은 개처럼, 세상을 향해 으르렁거리거나 공격적인 행동을 보일 가능성이 훨씬 더 커집니다.

3. 신경지는 학습 없이도, 태어날 때부터 작동하도록 내장되어 있습니다

신경지는 선천적으로 어느 정도 차이를 가지고 태어나지만(다양한 환경적 단서가 사람마다 다른 방식으로 영향을 미치기 때문에), 이러한 차이는 놀라울 정도로 미미합니다.

큰 소음은 거의 모든 사람을 놀라게 하며, 우리는 모두 안전 신호에도 비슷한 방식으로 반응합니다. 따라서 신경지가 주변 세계에 반응하는 정도는 개인차가 있을 수 있지만(그리고 이전의 경험이 반응하는 방식을 변화시킬 수 있습니다만), 사람들은 생각보다 훨씬 더 많은 공통점을 가지고 있습니다. 그 결과 '안전'이라는 개념은 적어도 우리의 신경계에 관해서는 놀랍도록 보편적입니다.

후반부에서 더 자세히 다루겠지만, 장소와 공간과 치료적 개입이 어떻게 안전감을 불러일으킬 수 있을지 생각해 볼 때 이 개념은 매우 중요합니다.

---

20) 이 책에서 다룰 많은 주제에 관해 설명하면서 개들의 행동을 주요 예시로 삼을 것입니다(저자 주).

만약 사람마다 신경계와 신경지 시스템이 전혀 다른 방식으로 환경 속 단서를 '안전' 또는 '위험'으로 해석한다면, 사람이나 장소를 쾌적하거나 위협적으로 만드는 요소에 대해 통일된 아이디어를 도출해 내는 것은 불가능할 것입니다. 하지만 다행히도, 우리의 신경지는 매우 유사한 방식으로 하드웨어처럼 내장되어 있기 때문에, 어떤 단서나 환경적인 디자인 요소가 사람들에게 일반적으로 좋은 느낌을 주는지, 나쁜 느낌을 주는지를 분별하는 것이 실제로 가능합니다.

놀라울 수도 있지만, 우리의 안전을 지킨다고 여겨지는 많은 사회적 요소들이 실제로는 오히려 우리에게 불안과 위협감을 줄 수 있습니다.

우리는 사람과 전체 집단을 '선' 또는 '악'으로 분류하는 경향이 있습니다. 마치 특정 사람들이 다른 사람들보다 더 벌을 받거나 고통받아야 한다는 듯 말입니다. 하지만 내면을 들여다보면 우리의 신경계는 모두 본질적으로 동일합니다. 우리 모두는 안전을 필요로 하며, 그 안전이 박탈될 때 고통을 느끼고, 분노하거나 때로는 공격적으로 반응할 수 있다는 점에서는 그 누구도 다르지 않습니다.

'안전'이라는 의미

이 책은 무엇보다도 안전에 관한 책이며, 안전은 앞으로 많이 사용할 단어이기도 합니다.

그렇다면 '안전safety'이란 정확히 무엇일까요?

대부분의 사람들에게 보통 안전이란, 단순히 위협이 없는 상태를 뜻합니다. 이런 의미에서 금속 탐지기는 총기로부터 우리를 안전하게 지켜 주고, TSA[21] 보안 검색대는 폭탄으로부터 우리를 안전하게 지켜 준다고 믿습니다.

다미주 이론은 적어도 신경계에 관해서는 실제로 안전하다고 *느끼는 것*feeling이 중요하다고 제안합니다. 이는 실제적인 물리적 안전이 중요하지 않다는 뜻이 아니라 신경계, 자율신경 상태, 신경지 등의 요소가 건강과 행복에 미치는 영향을 고려할 때 우리 몸이 안전을 *감지하고* 안전하다고 *느끼는 것*이 핵심이라는 뜻입니다.

역설적으로, 겉보기에 우리를 물리적으로 안전하게 지키기 위해 설계된 많은 것이 실제로는 안전하지 않다고 *느끼게* 만듭니다. 그리고 이로 인한 신경계의 대가는 종종 무시되지만, 결코 작지 않습니다.

앞서 언급한 금속 탐지기를 예로 들어 보겠습니다. 금속 탐지기는 무기의 존재를 탐지하도록 고안된 도구입니다. 하지만 매일 등굣길에 이 탐지기를 통과하는 아이들은 주변 세상이 위험한 곳이라는 신호와 메시지를 계속해서 받게 됩니다. *두려워해야 한다*는 신호입니다. 신체적 관점에서 보면 이는 학교와 같은 환경에서 건강, 행복, 성장 능력에 실질적인 영향을 미칩니다(9장 참조).

이 세계에서 우리를 안전하게 지켜 준다고 여기는 많은 것들이 오히려 우리를 안전하지 않게 만든다는 사실은 냉혹한 아이러니가 아닐 수 없습니다. 냉소적인 관점에서 본다면, 때로는 이것이 의도된 것일 수도 있습니다. 특정 개인이나 기관이 그들의 이기적인 목적을 위해 우리가 안전하지 않다고 느끼게 할 수도 있습니다.

하지만 왜 누군가는 우리를 안전하지 않다고 느끼게 만들고 싶어

21) TSA는 'Transportation Security Administration'의 약자로, 일반적으로 공항에서 짐이나 몸을 검색하는 검색대를 의미합니다(역자 주).

할까요?

다미주 이론으로 간단하게 설명할 수 있습니다. 안전하지 않다고 느낄 때, 우리 몸은 즉각적인 생존을 위해 비판적으로 사고하거나 학습하는 능력을 차단하기 때문입니다.

이러한 변화는 단순한 가설이 아니라 매우 실제적인 해부학적 · 신경생리학적 수준에서 일어납니다. 우리가 얼마나 안전하다고 느끼는지에 따라 신경계의 특정 회로가 꺼지거나 켜지게 됩니다. 만약 지속적으로 위협받고 있다고 느끼면, 우리 안의 가장 부정적이고 집단 이기적인 본성이 드러나기 시작합니다. 마치 겁먹은 개처럼, 우리는 타인을 위협으로 인식하고, 때로는 스스로 위협적인 존재처럼 행동하게 되기도 합니다.

권위주의자나 독재자의 경우, 많은 사람들에게 '지금 위협을 받고 있다'라고 믿게 만드는 것이 권력을 유지하는 데 거의 필수적입니다. 정치인들이 상대편이나 특정 집단과 예의를 갖추어 논쟁하는 대신 그들을 외부인이나 악당 같은 괴물로 몰아붙이는 것을 보면 이를 알 수 있습니다.

만약 유권자들에게 누군가 또는 어떤 집단이 그들의 삶에 실존적 위협이 되거나, 어떤 식으로든 그들을 대체할 수 있다는 두려움을 심어준다면(안타깝게도 최근에 이러한 맥락에서 '대체replacement'라는 단어가 자주 사용되고 있는 것을 목격했습니다), 구성원들은 지도자가 자행하는 것을 묵인하게 됩니다. 일종의 '우리 대 그들us versus them'의 구도가 형성되는 것입니다. 바로 이런 방식으로 독재, 극단적 민족주의, 정치적 폭력이 번성합니다.

우리를 안전하지 않게 만드는 것은 또한 큰 이익으로 이어질 수 있습니다. 위협을 느끼면 케이블 뉴스나 SNS 게시물을 끊임없이 보게 됩니다. 소셜미디어 기업들은 주로 사용자 반응 데이터를 기반으로 정보를 전달하기 때문에, 우리에게 두려움을 불러일으키는 콘텐츠가 눈에 띄기 시작해 결국 다른 모든 것을 압도하게 되는 건 거의 필연적입니다. 우리가 두려움을 느낄 때는 신경계가 활성화되고, 주의를 빼앗기며, 그만큼 더 오랫동안 화면을 들여다보게 됩니다.

이 같은 냉소적인 동기는 메시지와 미디어(사실상 우리가 경험하는 전체 현실)가 전적으로 실존적인 공포에 의해 주도되는 세상을 만들어 낼 수 있습니다. 말할 필요도 없이 이는 우리의 건강과 행복에 재앙입니다. 그러나 사람들을 통제하거나 권력과 이익을 위해 콘텐츠에 계속 참여하도록 유도해 권력과 이익을 얻는 사람들과 기관에는 바로 그것이 목적일 수 있습니다.

많은 사람이 온종일 스트레스를 받고 불안과 위협을 느끼며 살아갑니다. 이 책을 다 읽고 난 후, 독자들이 스스로 던져 보길 바라는 질문 중 하나는 '*누가 또는 무엇이 나를 안전하지 않게 하는 메시지를 보내는가? 그리고 내가 이렇게 느낄 때 누가 또는 무엇이 이득을 보고 있는가?*'입니다.

타블로이드 저널리즘에는 "피가 나면 헤드라인이 된다If it bleeds, it leads"라는 오래된 격언이 있습니다. 다시 말해 우리는 우리를 두렵게 하고 최악의 공포를 확인시켜 주는 이야기와 이미지에 끌립니다. 몸이 두려움을 느낄 때 각성, 주의, 집중 상태가 됩니다. 생존이 위태롭다고 느낄 때, 위협으로부터 구원해 줄 누군가나 무엇을 기꺼이 따르려 합니다. 심지어 그 위협이 조작되거나 과장된 것일지라도 말입니다. 분노를 유발하는 일은 쉽고, 이는 악의적인 행위자에게는 강력한 도구가 됩니다.

다음에 TV에서 어떤 사람이나 집단이 괴물 같은 악당으로 묘사되는 이야기를 보게 된다면, 특히 특정 목소리가 무한 반복되는 이야기처럼 느껴진다면, 그 이야기를 전달하는 이들의 진짜 동기가 무엇인지 의심해 보길 바랍니다.[22)]

이런 관점으로 보면 우리가 느끼는 많은 위험, 분노, 격분 그리고 불안이 냉소적이고 의도적으로 조작된 것이라는 생각을 하지 않을 수 없습니다. 이는 개인의 건강과 행복은 물론이고, 넘을 수 없어 보이는 이념적 · 인종적 · 문화적 간극을 넘어 공통의 기반을 찾을 수 있는 능력마저 희생시키는 대가를 치르게 합니다.

이 글을 읽고 있는 일부 독자들 가운데는, 언론이나 특정 정치인, 혹은 자신이 '악의 축'이라고 여기는 집단에 대한 기존의 혐오감이 타당하다며 고개를 끄덕이는 분들도 분명 있을 것입니다.

그러나 권하고 싶은 것은 이보다 한 단계 더 깊이 들어가 스스로 이런 질문을 던지는 것입니다. *'애초에 나에게 이런 사람들을 두려워하고 혐오하게끔 만든 사람은 누구인가?'* 즉, 여기서 말하자고 하는 것은 '공적 영역에서 누가 당신의 두려움을 부추기고 TV와 소셜 미디어를 가득 채우는 이런 메시지를 퍼뜨리고 있는가? 누가 당신에게 분노하라고 말하고 있는가? 어떤 정치인이 당신에게 적으로 삼는 다른 사람을 미워하거나 심지어 해치는 것도 괜찮다고 말하며 부추기고 있는가?'입니다.

결국 누가 자신의 냉소적인 목적을 위해 당신의 신경계를 이용해 신체적 · 정신적으로 해롭게 만들고 있나요? 그것이 권력을 유지하기 위해서든, 단순히 광고에 집중하고 몰입하게 만들기 위해서든 말입니다.

이렇게 느끼게 함으로써 그들은 당신을 이용하고 있으며, 이는 매

---

22) 많은 경우, 그들은 말 그대로 같은 메모에서 나온 요점을 계속 읽고 있습니다(저자 주).

우 실질적으로 건강에 해를 끼칩니다. 또한 동시에 안전감을 박탈해 신경계가 그들의 메시지와 동기를 의심해 볼 기회를 빼앗습니다.

안전에 대한 추구

다미주 이론에서는 안전을 추구하는 것이 인간의 진화와 사회를 형성하는 주요 원칙으로 봅니다. 안전에 대한 욕구는 인간의 생존에 매우 중요한 요소이며, 우리가 끌리거나 즐기는 거의 모든 것이 어떤 방식으로든 이러한 필요를 반영합니다.

안전을 추구하는 마음이야말로 우리가 도시를 만들고, 관계를 맺고, 사람들이 일반적으로 좋아하는 거의 모든 것을 *좋아하게* 되는 근본적인 이유입니다.

왜 그럴까요? '안전'이라는 개념이 인류 진화의 중요한 원동력이 된 이유는 무엇일까요? 그리고 이것은 우리를 파충류의 조상과 어떻게 구분 지을까요?

안전을 감지하는 능력은 인간과 포유류에게 여러 가지 이유로 특별히 중요합니다. 이제 그 이유 몇 가지를 살펴보겠습니다.

1. 대부분 파충류와 달리, 모든 포유류의 신생아는 태어난 후 어미의 보살핌을 필요로 합니다. 따라서 우리는 태어나는 순간부터 일부 행동을 안전하고 양육적인 신호로 해석하는 능력이 필수적입니다.[1]
2. 인간을 포함한 포유류는 신체적 생존을 위해 장기적인 사회적 관계가 필요합니다. 사회적 접촉이 없으면 우리는 고통받습니다.

이는 사회적 고립이 '외로움'이라는 불쾌한 감정을 불러일으키는 이유이며, 장기적인 사회적 고립은 트라우마가 되어 건강을 심각하게 해치는 이유이기도 합니다.

안전한 사회적 관계를 맺기 위해 우리 몸은 종의 구성원 중 누가 안전한지 감지하는 시스템을 갖추어야 합니다.

3. 우리의 신경계는 생식, 수유, 수면, 소화 등 주요 생물학적 및 행동적 기능을 수행하기 위해 안전한 물리적 공간에 있어야 합니다.

   도망치거나 위협받는 상황에서는 이러한 기능을 제대로 수행할 수 없습니다. 안전한 공간에 대한 생물학적 필요는 특히 임신 중이거나 아주 어릴 때처럼 신체가 매우 취약한 시기에 더 두드러집니다.

   인간에게 안전한 물리적 공간이 필요한 주요 이유는 인간의 뇌가 매우 크고 자원을 많이 소모하기 때문에 그렇습니다. 두개골 아래에 있는 거대한 회백질 덩어리는 막대한 양의 에너지와 산소가 필요합니다. 포식자로부터 도망칠 때 우리 몸은 즉각적인 생존이나 탈출을 위해 에너지와 산소를 사용하느라 바빠서 뇌에 충분한 자원을 공급하지 못합니다. 안전한 공간에서 평온하게 있을 때에만 우리의 뇌는 온전히 기능하고, 비판적이거나 창의적으로 사고하며, 최상의 능력을 발휘하는 데 필요한 자원을 제대로 공급받을 수 있습니다.

이 모든 점을 종합하면, 우리 몸이 어떤 사람이나 환경이 실제로 안전하고 생존 가능성을 높여 줄 것인지 혹은 위협할지를 판단하는 시스템을 개발해야 할 이유가 분명해집니다.

이것이 바로 고대 파충류와 달리 인간의 신경지가 위험뿐 아니라 안전도 감지할 수 있는 이유이며, 안전에 대한 인간의 필요를 우리 몸과 두뇌의 거의 모든 기능 그리고 사회와 문화의 발전을 이끄는 원동력으로 볼 수 있는 이유입니다.

다미주 이론이 발전하면서, 저[스티븐]는 이를 진화 과정을 통해 포유류가 척추동물의 친척으로부터 새로운 신경 경로를 어떻게 분화했는지에 관한 이야기로 보기 시작했습니다. 이 새로운 신경 경로는 스스로 안전을 추구하고, 다른 이들에게 안전감을 신호로 보내며, 상호 조절 과정을 통해 안전감을 제공하게 했습니다(4장 참조).

안전을 추구하고, 감지하며, 제공하는 능력이 없었다면 인간은 지구상에서 이렇게 생존하지 못했을 것입니다.

적색 신호, 녹색 신호

다시 한번 간단히 복습해 봅시다.

- 자율신경계는 우리 몸의 자동조종장치로, 수많은 기관과 시스템이 의식적인 통제 없이 작동하게 합니다.
- 신경지neuroception는 주변 세상을 스캔하며 안전과 위험 신호를 찾고, 이 정보를 바탕으로 자율신경계, 더 나아가 몸 전체가 작동하는 방식을 변화시킵니다. 이 결과가 바로 자율신경 상태입니다.
- 자율신경 상태는 세상을 경험하는 렌즈와 같아서, 몸과 뇌를 크고 작은 방식으로 변화시킵니다. 여기에는 감각적 경험, 신체 치유 능력, 비판적이거나 창의적인 사고 능력이 포함됩니다.

이 개념들을 이해했으니, 이제 안전이나 위협이 우리 몸을 어떻게 변화시키는지 간단히 시각화하는 방법을 소개하겠습니다.

다시 시간을 거슬러 올라가, 자신을 대초원을 거닐던 선사 시대의 조상이라고 상상해 보세요.

언덕 위에 이상한 형체나 신비한 짐승이 보입니다. 우리가 생각하기도 전에 신경지 시스템이 주변의 모든 시각, 청각, 후각을 비롯해 사용할 수 있는 모든 감각 정보를 수집해 이 상황이 얼마나 안전한지 결정합니다.

이 과정을 시각화하기 위해 신경지 시스템을 흔히 볼 수 있는 신호등에 비유해 녹색, 황색, 적색으로 설명해 보겠습니다.

신경지가 상황을 얼마나 안전하게 판단하는지에 따라 세 가지 색의 신호 중 하나가 켜지는데, 각각의 색은 다른 자율신경 상태에 해당합니다.

- '녹색' 시스템은 우리가 안전하다고 느낄 때 켜집니다.
- '황색' 시스템은 위험하다고 느낄 때 켜집니다.
- '적색' 시스템은 우리 몸이 곧 죽을 것 같다고 느낄 때 켜집니다.

이 신호등 비유는 책 전체에 걸쳐 반복해 사용되므로, 이 페이지나 88페이지의 다이어그램 부분을 표시해 놓는 것도 좋습니다.

녹색 시스템: 안전

신경지가 상황이 안전하다고 판단하면, 긴장을 풀고 방어적이고 공격적인 행동을 줄여 자원을 절약할 수 있습니다. 대신 사회성과 신뢰, 타인과의 소통하는 데 도움이 되는 시스템을 활성화합니다. 또 혈액 내 산소 공급을 최적화합니다.

이 사회적 행동과 건강을 위한 켜짐 상태는 '사회 참여 체계Social Engagement System'를 통해 나타납니다. 이 개념은 5장에서 더 자세히 다루겠지만, 이 시스템은 우리가 표현을 하고 사회적 동물이 되게 하는 얼굴과 머리의 근육 및 기능을 포함합니다. 여기에는 감정을 표현하는 얼굴 근육, 말을 듣고 처리하는 귀의 근육, 노래하듯이 음조를 조절하는 후두와 인두 근육이 포함됩니다.[23] 이 시스템이 활성화되면 심박수가 느려져 몸이 휴식하고 이완하며 평온하게 사회적 상호 작용을 할 수 있습니다.[24]

녹색 시스템은 기본적으로 임박한 위험이 없을 때 우리 몸이 휴식을 취하고, 회복하고, 좋은 시간을 보내고, 타인과 신뢰를 쌓아도 괜찮다고 말하는 것입니다. 이렇게 되면 몸은 이러한 기능을 촉진하도록 변화합니다.

녹색 시스템은 뇌가 학습하고 사고하는 능력, 그리고 신체가 물리적으로 회복하는 능력의 핵심입니다. 위협이 없을 때 우리 몸은 완전히 회복하는 데 자원을 사용할 수 있으며, 친구들과 농담을 나누거나, 연민이나 창의력이 필요한 활동을 할 수 있습니다.

---

23) 운율감 있는 발성은 다미주 이야기에서 놀라울 정도로 중요한 요소이며, 앞으로도 반복해서 다룰 내용입니다(저자 주).

24) 흥미롭게도 이 작은 근육이 활성화되어 긍정적인 감정을 표현할 때 두 가지 상호 보완적인 반응이 나타납니다. 하나는 교감신경의 흥분을 필요로 하는 에너지 소모가 큰 척추 골격근의 활성화가 줄어든다는 점이고, 다른 하나는 혈액의 산소 공급이 향상되고, 심장 및 평활근의 조절이 최적화된다는 점입니다. 즉, 안전감과 행복감은 건강, 성장, 회복이라는 항상성 기능이 최적으로 작동하도록 돕는 것과 깊이 연결되어 있습니다(저자 주).

황색 시스템: 위험

신경지가 상황을 파악해 가상의 지평선에 있는 낯선 물체를 위협으로 판단했다고 가정해 봅시다. 그렇다면 이제 위험 영역, 즉 황색 시스템을 발동할 차례입니다.

이 경우 교감신경계, 즉 싸움-도주 시스템이 작동합니다. 감정을 표현하던 안면 근육이 편평하게 바뀌고, 운율 있게 노래하는 듯하던 목소리는 단조로운 음색으로 변합니다. 통증에 대한 내성이 증가하고, 아드레날린이 급증하며, 심박수가 빨라져 주먹을 휘두르거나 빠르게 도망치는 데 필요한 에너지와 혈류가 공급됩니다.

이전의 비유로 돌아가자면, 브루스 배너에서 헐크로 변신하는 것입니다.

황색 상태가 활성화되면 우리의 몸과 뇌에서 또 다른 일이 일어납니다. 신진대사 자원이 방어에 집중하면서, 신체적 치유 능력은 즉각적인 생존을 위한 필요에 따라 희생됩니다(말 그대로 상처가 느리게 치유됩니다). 또한 비판적이거나 창의적으로 사고할 능력도 저하됩니다. 더 나아가 신경지 시스템은 주변의 모든 것을 위협으로 간주할 준비를 합니다. 미세한 뉘앙스를 인지하고 공감하는 능력도 사라집니다. 학대받은 개가 주변 모든 사람에게 으르렁거리는 모습을 본 적 있다면, 바로 이런 상태인 것입니다.

인간도 위협을 느낄 때 성급하고 충동적으로 행동합니다. 그 결과 우리 몸은 고통받고, 삶을 즐기거나 창의적으로 생산적인 활동을 하거나 주변 사람들에게 따뜻함을 전하는 능력 마저 약화됩니다.

적색 시스템: 생명에 대한 위협

다미주 이론이 기존의 전통적인 자율신경계 모델에서 벗어나는 지점이 바로 여기입니다. 과학계는 오랫동안 녹색(부교감, 휴식/이완)과 황색(교감, 싸움/도주) 시스템을 인식해 왔습니다. 하지만 신경지가 우리 생명이 즉각적으로 위협받는다고 판단할 만큼 심각한 상황에 직면하면 어떻게 될까요?

이러한 상황에서 우리 몸은 종종 싸우거나 도망가지 않고, 오히려 기능을 셧다운시키거나 해리 상태에 빠지거나, 심지어 기절할 수도 있습니다. 이러한 '동결freeze' 또는 '셧다운shut down' 반응은 흔하게 나타나지만, 전통적인 과학적 설명으로는 이를 설명할 수 없었으며 우리 사회 역시 이런 반응의 존재를 거의 인정하지 않습니다.

이 같은 현실은 수백만 명의 사람에게 고통과 혼란을 초래합니다. 셧다운 반응이 위험에 대한 일반적이고 자연스러운 반응이라는 사실을 이해하지 못하는 것은 심각한 결과를 낳습니다. 폭행 피해자와 트라우마를 겪은 사람들이 저항의 징후를 보이지 않았다고 의심받고, 스스로 의심하는 일이 벌어지기 때문입니다.

다미주 이론은 이러한 '적색' 상태의 존재를 설명할 뿐 아니라, 이것이 해부학적이고 진화적 관점에서 어떻게 그리고 왜 발생하는지도 설명합니다.

진화의 역행

전통적인 자율신경계 모델에서는 두 가지 기본 하위 시스템이 존재하며 이들이 끊임없이 우리의 몸을 통제하기 위해 싸운다고 가정합니다.

다미주 이론은 이 모델을 몇 가지 중요한 방식으로 업데이트합니다. 첫째, 극심한 스트레스를 받으면 몸이 얼어붙거나 해리되거나 완전히 멈추는 '적색 상태'의 존재를 제안합니다.

둘째, 다미주 이론은 신경계가 이러한 상태 사이에서 무작위로 선택하는 것이 아니라 실제로 특정 계층적 순서로 접근한다고 주장합니다. 이 계층적 순서는 진화의 역행으로, 인지된 위협 수준이 증가할수록 더 오래전의 비사회적인 파충류 조상 시대로 거슬러 올라가게 만듭니다.

우리의 자율신경계는 일종의 타임머신과 같습니다. 몸이 더 큰 위협을 느낄수록 우리의 반응은 진화적으로 더 오래된 방식으로 나타납니다.

이것이 정확히 어떤 의미일까요?

이를 이해하기 위해 19세기 영국 신경학자 존 휴링스 잭슨John Hughlings Jackson이 처음 제안한 '해체dissolution'라는 개념을 살펴보겠습니다.[2] 잭슨은 인지 및 심층적인 사고 같은 기능에 관여하는 고등 뇌 구조가 실제로 더 원시적이고 본능적인 뇌 기능을 억제하는 것을 관찰했습니다. 마찬가지로 상위 뇌 기능이 셧다운될 때 그 공백은 파충류의 조상으로부터 물려받은 직감적이고 본능적인 반응으로 채워집니다.

다르게 표현하자면, 이성을 사용할 때는 본능적이고 성급하게 행동할 가능성이 작아진다는 뜻입니다. 잭슨에 따르면, 우리 몸은 진화적으로 더 최신의 과정을 우선적으로 사용하려 하고 그 후에 점차 더 오래된 시스템으로 전환하게 됩니다.

다미주 이론은 이 개념을 인간이 위협에 대처하는 방식에 적용합니다.

이 과정은 다음과 같이 전개됩니다. 가상의 지평선에서 낯설고 잠재적으로 위험한 인물과 마주쳤을 때, 우리의 신경지는 상황을 스캔하며 먼저 가장 최신의 해결책을 시도하려 합니다. 이후 점차 오래된 시스템, 즉 비사회적인 파충류 조상으로부터 물려받아 재구성된 '적색' 시스템에 도달하게 됩니다.[25)]

다시 말하자면, 신경계가 더 큰 위협을 느낄수록 더 원시적으로 반응하게 됩니다.

방어적이고 두려움이 커질수록 인간을 인간답게 만드는 고유의 고등한 사고가 우회해 반응적인 본능에 의존하게 됩니다. 안전하지 않다고 느낄 때, 우리는 사실상 자유분방한 현대인에서 원시적이고 겁에 질린 척추동물로, 어쩌면 마비된 것처럼 꼼짝 못하는 도마뱀으로까지 퇴화하게 됩니다.

이 점이 중요합니다! 이 책에서 반복되는 주제는 안전하다고 느끼는 것이 우리 몸을 건강하고 행복하게 유지하는 데 어떻게 도움이 되느냐입니다. 안전하다고 느끼고, 상호 조절을 통해 신체 상태를 조절하는 방법으로 안전한 타인에 접근할 수 있을 때(5장 참조), 생존을 위한 도구로서 사회성과 협력을 높입니다. 그렇게 함으로써 우리 몸은 위협에 대한 반응을 낮추어 평온함을 유지하고, 건강과 성장과 회복이라는 항상성 기능(녹색)에 접근하게 됩니다.

그러나 위협을 느낄 때 해체dissolution 과정은 사회적 기능이나 신체의 자가 치유 능력보다 즉각적인 생존과 원시적인 위협 반응(황색 및 적색)을 우선시합니다.

요컨대 안전하다고 느낄 때만 우리 몸의 모든 사회적 기능에 제대

25) 사실 이 적색 반응은 파충류 조상보다 훨씬 더 오래된 것으로, 원시적인 턱이 없는 어류를 포함한 아주 고대의 척추동물로부터 물려받았습니다(저자 주).

로 접근할 수 있고, 몸을 완전히 치유하고 회복할 수 있습니다.

이 해체 과정을 하나의 흐름도로 생각해 보세요. 신경지가 처음에 묻습니다. *"녹색 불을 켜야 할까?"* 만약 이 질문에 대한 대답이 '예'라면 거기서 멈춥니다. 그러나 답이 '아니오'라면 황색으로 전환할지 물어봅니다. 상황이 너무 위험하거나 심각해서 황색으로도 해결되지 않으면 적색으로 넘어갑니다.

녹색 시스템은 사회성과 외교력을 통해 상황을 처리하게 하는 시스템으로, 진화적으로 현대의 포유류(인간, 개 등)에만 존재합니다.

동물계에서 진화적으로 현대적인 녹색 상태를 활용해 사회적 해결책으로 문제를 처리할 수 있는 동물은 극히 일부에 불과합니다. 반면, 싸움-도주 상태로 전환하는 황색 시스템은 녹색 시스템보다 훨씬 오래된 것으로, 인간과 다른 포유류보다 진화적으로 오래된 동물을 포함해 더 많은 종이 이 같은 공격적이고 방어적인 행동을 할 수 있습니다.

위협에 직면했을 때 셧다운시키는 적색 시스템은 아주 더 오래된 것으로, 신체 자원의 사용을 최소화하고 죽은 척하는 것으로 대응했던 고대 원시 척추동물로 거슬러 올라갑니다. 이 적응은 수억 년 전에 등장해 오늘날 인간을 포함한 거의 모든 척추동물에게 존재할 정도로 오래 지속되었습니다.

과학자나 성과performance 전문가들이 '파충류의 뇌'에 관해 이야기하는 것을 들어본 적 있을 것입니다. 적색 시스템은 종종 우리의 의식적인 사고와 통제를 벗어나 일어난다는 의미에서 이런 표현을 쓰곤 합니다.[26)]

사람들은 스스로 신체가 셧다운되거나 해리되기를 원한다고 생각

---

26) 비교 신경해부학을 더 깊이 탐구하면, '파충류의 뇌'라는 개념이 수정되어 진화적으로 더 선행하는 어류와 양서류 같은 종도 포함하게 될 것입니다(저자 주).

하지 않습니다. 오히려 무의식적이고 종종 원치 않는 반사 작용이며, 자율(자동을 의미하는) 신경계가 그렇게 만듭니다.

이 과정은 사람마다 다르다는 점에 유의하는 것이 중요합니다. 두 사람의 신경지가 완전히 똑같을 수는 없습니다. 사람마다 회복탄력성 수준이 다르기 때문에 유사한 트라우마 상황이라도 어떤 사람에게는 심각한 장애를 초래하는 반면, 다른 사람에게는 거의 영향을 미치지 않을 수 있습니다.

놀이의 중요성

전통적인 자율신경계 모델에서는 부교감신경계(또는 녹색 시스템)와 교감신경계(또는 황색 시스템)를 서로 반대되는 두 체계로 설명하며, 이들이 몸의 주도권을 놓고 끊임없이 다투는 관계로 제시합니다. 이 모델에 따르면, 우리는 안전하다고 느낄 때는 녹색 시스템이 작동하고, 위협을 받을 때는 황색 시스템이 활성화되어 싸움-도주 반응을 보이는 식으로, 두 가지 상태 중 하나만 경험하는 것으로 이해됩니다.

다미주 이론이 기존의 자율신경계 모델에서 벗어나는 또 다른 방식은 우리 몸이 한 번에 녹색, 황색 또는 (다미주 이론이 추가한) 적색 상태 중 하나만으로 엄격하게 통제되지 않는다는 점을 인정하는 것입니다.

오히려 우리 몸은 각 시스템의 특징을 혼합하고 조합해 매우 구체적인 기능을 수행할 수 있습니다. 예를 들어, 황색 시스템은 단순히 위협과 싸우거나 도망치는 데만 사용되는 것이 아닙니다. 이 시스템이 가동하는 능력은 에너지가 필요할 때 거의 항상 활용되어 안전하거나 즐거운 순간에도 유용합니다.

예를 들어, 농구 경기를 생각해 봅시다. 선수들이 뛰고 점프하고 방어하고 포스팅하며 땀을 흘리고 있습니다. 즉, 일반적으로 '싸움-도주'의 황색 시스템과 연관되는 종류의 신체 활동을 하고 있는 것입니다.

물론 농구 경기를 하는 것과 목숨을 걸고 도망치는 것은 다릅니다. 그리고 코트에서 심각한 일이 발생하지 않는 한, 선수는 자신이 진짜 위험에 처해 있다고 느끼지 않을 것입니다.

여기서 질문이 생깁니다. 누군가가 친구들과 신체적으로 힘든 농구 경기를 하고 있다면, 그는 싸움-도주의 황색 시스템을 사용하고 있는 걸까요? 아니면 사회적인 녹색 시스템을 사용하고 있는 걸까요?

알고 보면, 둘 다 사용하고 있습니다.

춤, 달리기, 운동 등 어느 정도의 신체 활동 강도가 필요하지만 몸이 위험하다고 인식하지 않는 모든 활동(특히 팀 스포츠나 클럽에서 춤을 추는 등 다른 사람들과 함께 사교 활동을 하는 경우)도 마찬가지입니다.

황색 시스템은 위험에 대응하는 핵심적인 방법인 것은 분명하지만, 이러한 방식으로 우리 몸을 활성화하는 기능이 유용하게 사용되는 비위협적인 시나리오는 무수히 많습니다.

안전한 사회적 맥락에서 이런 상황이 발생하면 기능적으로 사회 참여 시스템이 자율신경계를 대신하며, 진화적으로 고대의 싸움 또는 도주의 가동 시스템을 즐거운 활동에 사용하도록 효과적으로 용도를 변경합니다.

이런 상황 때문에 녹색, 황색 또는 적색 상태 중 한 가지에 의해 통제된다고 말하는 것은 다소 지나치게 단순화하는 것입니다. 종종 두 가지 이상의 상태가 동시에 나타나는 경우가 많으며, 건강한 사람은 필요에 따라 각 상태를 적절히 혼합해 사용할 수도 있습니다.

학계에서는 오랫동안 녹색의 부교감 상태를 '좋은 상태'로, 황색의 교감 상태를 '나쁜 상태'로 분류해 왔던 만큼 이를 이해하는 것이 특히 중요합니다.

사실, 몸의 *어떤 상태*(적색 상태 포함)도 본질적으로 나쁜 것은 아닙니다. 이들 모두 수백만 년의 진화를 통해 연마된 중요하고도 적응적인 기능을 제공해 생명을 유지하는 데 도움이 되기 때문입니다. 문제는 황색과 적색 시스템이 스트레스 많은 현대 사회에서 방어 목적으로 과도하게 사용되거나, 트라우마로 고통받는 사람들이 흔히 겪는 것처럼 그 안에 갇혀 회복과 치유를 위한 녹색 상태에 접근하지 못하게 될 때입니다.

앞서 언급한 황색과 녹색 시스템의 하이브리드 상태, 즉 신체적으로 움직이면서 동시에 사회적으로 기능하는 상태는 특히 우리에게 중요한 상태입니다. 이는 말 그대로 자율적인 놀이 상태입니다.

놀이는 신경계에 정말로 중요한 역할을 합니다!

개를 예로 들어 보겠습니다.[27] 개는 서로 어울려 놀 때, 방어적인 싸움과 유사한 특징을 공유하면서도 분명히 다른 춤사위를 펼칩니다. 공원에서 서로의 발뒤꿈치를 물어뜯으며 뛰어다닐 때도(이것이 바로 황색 시스템입니다) 눈을 마주치고, 파트너가 위험해 보이면 뒤로 물러나며, 복종과 지배 사이에서 자주 위치를 바꿉니다. 이는 모두 녹색 시스템에서 비롯된 것으로, 활력을 주는 황색과 결합해 모든 참가자가 실제로 상대방을 다치게 하려는 것이 아님을 분명히 알 수 있는 고도의 신체적인 게임을 만들어 냅니다.

다시 말하지만 세 가지 기본 상태(녹색, 황색, 적색) 중 어느 것도 본질적으로 '나쁜' 상태는 아닙니다. 문제는 우리가 위험 상태에 갇혀 녹색

---

27) 개에 관해 계속 언급하는 이유는 단지 개가 멋지기 때문만은 아닙니다. 개는 현대적인 포유류로, 우리와 매우 유사한 방식으로 신경계가 작동하기 때문입니다(저자 주).

상태가 제공하는 회복과 치유 능력에서 단절될 때 발생합니다.

우리 몸은 생존을 위해 황색 시스템에 의존합니다. 하지만 이 시스템을 활용하려면 대사적으로 많은 비용이 들기 때문에 삶을 제대로 즐기는 것은 말할 것도 없고, 몸을 제대로 치유하고 회복하는 데도 방해가 됩니다. 이상적인 세계에서는 필요할 때만 이 시스템을 켜고, 그 후 바로 안전한 녹색 상태로 되돌아갈 수 있어야 합니다.

놀이는 신경계가 녹색과 황색 사이의 전환을 연습하게 하는 신경 훈련으로 볼 수 있습니다. 이를 통해 우리는 필요할 때 황색 시스템을 동원했다가, 거기에 갇히지 않고 원활하게 빠져나올 수 있습니다.

녹색 시스템과 황색 시스템을 활용하되 어느 한 가지 상태에 고착되지 않는 능력은 우리의 회복탄력성과 고난을 겪더라도 완전히 압도되지 않고 견딜 수 있게 하는 데 결정적인 역할을 합니다.

이는 춤이 일반적으로 재미있고 즐거운 활동으로 여겨지는 이유이기도 합니다. 춤은 황색 시스템을 안전하게 활용하는 동시에 녹색 시스템과 황색 시스템 사이에서 균형을 유지하고 전환하는 능력을 훈련시킵니다. 물론 혼자서도 춤을 출 수 있지만, 다른 사람들과 함께 춤을 추는 것은 댄스 산업의 기본 전제가 되는 본질적인 사회적 행위로, 이 과정에서 녹색 시스템의 통합이 더 증가됩니다.

놀이는 우리의 신경계가 자연스럽게 유도하는 본능적인 행동이며, 아이들이나 동물들이 가르치지 않아도 저절로 놀이를 할 수 있는 것도 그 때문입니다. 하지만 오랫동안 우리 문화는 놀이의 중요성을 과소평가하거나, 심지어 쓸데없는 일처럼 여겨 왔습니다. 다미주 이론은 이러한 관점을 다시 생각해 보게 만듭니다

놀이가 신경계와 건강에 얼마나 중요한지 이해하기 시작하면, 아이들에게는 쉬는 시간과 팀 스포츠가, 성인에게는 친구들과 함께 시간을

보내는 것이 얼마나 중요한지에 대한 진정한 논거가 됩니다.

이러한 활동을 단순한 신체 운동이나 무의미한 시간 낭비로 보기보다는 신경계와 몸을 훈련하는 기회로 봐야 합니다. 이를 통해 정신적 안정과 행복과 건강을 유지하고, 특히 어린아이들은 적응력을 키우는 데 필요한 회복탄력성을 기를 수 있습니다.

친밀감

더 진행하기 전에, 여러 가지 색으로 구분된 자율신경계가 동시에 작동하는 몇 가지 '하이브리드' 자율신경 상태를 간단히 살펴보겠습니다.

위험에 처하면 적색 시스템은 우리를 얼어붙게 하거나 셧다운시키거나 해리 상태로 만들 수 있습니다. 그러나 위험을 감지했을 때 부동화를 초래하는 동일한 신경 경로는 안전하고 신뢰할 수 있는 사람들 가까이 있을 때도 중요합니다.

적색 시스템(부동화에 사용되는 시스템)이 녹색 시스템(안전하다고 느낄 때)과 함께 활성화되면 이 회로는 새로운 목적을 갖게 되며, 일반적으로 훨씬 더 환영받는 목적, 즉 깊고도 회복적인 친밀감 상태를 취하게 됩니다.

놀이와 마찬가지로 친밀감에도 고유한 자율신경적인 신호가 있으며, 독특한 자율신경 상태로 볼 수 있습니다.

이러한 하이브리드 상태에서는 신경지가 감지하는 안전감이 황색과 적색 시스템의 의미를 근본적으로 재구성한다는 점이 분명해집니다. 즉, 과도하게 작동할 경우 신체에 해로운 위험 반응 상태로 여겨졌던 이 시스템들이 안전한 상태에서는 오히려 즐거움, 건강, 치유, 놀이,

애착, 상호 조절co-regulation을 가능하게 하도록 전환된다는 것입니다(5장 참조).

비위 맞추기와 회유

위협에 직면했을 때 우리는 때때로 싸우거나 도망칩니다. 때로는 얼어붙거나 셧다운되기도 합니다. 그러나 어떤 이들은 신경계가 또 다른 전략을 사용해 위험에서 안전으로 가는 험난한 여정을 탐색하려고 합니다. 즉, 해를 끼치려는 가해자를 지원하고 심지어 달래려고 시도합니다.

이러한 반응은 납치된 사람이나 만성적으로 학대받는 환경에서 생활하는 사람처럼 만연하고 거의 지속적인 위협에 둘러싸여 있을 때 가장 흔하게 나타납니다.

이처럼 겉보기에 지지적인 행동은 종종 '비위 맞추기fawning'[28] 또는 '회유appeasement'[29]라는 용어로 관찰됩니다. 이 두 가지 용어는 종종 가해자를 배려하는 듯한 행동을 보이는 생존자의 역설적인 행동을 설

28) 비위 맞추기(fawning)는 가해자의 기대에 맞추고 자신을 억제하면서 순응하는 생존 전략입니다. 이 행동은 종종 겉보기에는 협조적으로 보이지만, 내면에는 공포와 불안, 긴장이 강하게 존재합니다. 다미주 이론에서는 이를 교감신경계(황색 시스템)와 배측미주신경계(적색 시스템)가 활성화된 상태, 즉 신경계가 긴장한 채로 단절된 상태에서 나타나는 '상호 조절이 없는 순응'으로 이해합니다. 상호 조절(co-regulation)이 일어나지 않기 때문에, 진정한 연결감 없이 '살기 위해 맞추는' 방식의 반응으로 나타날 수 있습니다(역자 주).

29) 회유(appeasement)는 겉으로는 안정감과 친화성을 보이며, 가해자의 신경계에 "나는 당신의 편이에요"라는 메시지를 전달하려는 무의식적 생존 반응입니다. 비위 맞추기와 달리, 회유는 신경계 내에서 사회적 연결 체계(복측미주신경, 녹색 시스템)가 부분적으로 활성화되어 있으며, 동시에 위협 감지 체계(황색 및 적색 시스템)도 함께 작동하는 복합적(하이브리드) 자율신경 상태로 이해됩니다. 즉, 두려움을 억누르면서도 '연결'의 신호를 보내는 정교한 생존 전략으로, 상대의 반응을 조절하려는 무의식적 시도라고 볼 수 있습니다(역자 주).

명하기 위해 소셜 미디어에서 자주 사용되곤 합니다. 흔히 비위 맞추기와 회유를 한데 묶어 사용하는 경우가 많지만, 다미주 이론에서는 이들을 각각의 자율신경계 특징을 지닌 별도의 생존 전략으로 구분합니다.

비위 맞추기는 순응을 통해 가해자를 기쁘게 하려는 시도로, 여기에는 이러한 순응이 공격성을 감소시키고 위협을 줄일 수 있다는 실용적인 기대가 있습니다.

반면 회유는 가해자의 신경계에 피해자가 실제로 그들의 편이라는 확신을 심어 주려는 시도로 볼 수 있습니다.

사람들이 위협에 직면했을 때 얼어붙거나 셧다운되면 자신이 왜 그런 반응을 보였는지 이해하지 못하는 경우가 많습니다. 비위를 맞추거나 회유하는 행동을 보이는 사람들도 마찬가지로 이러한 불신과 무시를 겪곤 합니다. 왜 자신을 해치는 사람을 만족시키거나 그들에게 지지의 신호를 보내려고 할까요?

우리는 이러한 행동을 신체적 생존 전략으로 재구성하고, 그 상황에 대한 판단에서 의식적인 의도를 제거해야 한다고 믿습니다. 트라우마에 대한 반응으로 비위 맞추기와 회유를 이해하는 것은 다미주 이론에서 발전시키고 있는 주제이지만, 이런 행동은 생존을 위한 우리 몸의 고유한 자율 상태에서 비롯된 것일 가능성이 높다고 생각합니다.

심각한 위협에 처했을 때 나오는 방어 상태로서 비위 맞추기는 적색 및 황색 시스템의 활성화를 포함할 수 있습니다. 이러한 시스템에 지배당할 때 우리의 사회 참여 체계와 상호 조절 능력은 효과적으로 무력화됩니다. 긍정적인 사회적 신호가 동반되지 않는 순응적인 행동은 가해자가 이를 무관심, 단절, 부정직한 것으로 받아들여 더 큰 공격과 위험으로 이어질 수 있습니다.

회유가 이와 다른 점은 활성화된 사회 참여 체계가 포함되어 피해자가 가해자에게 안전과 상호 조절의 신호를 보내게 한다는 점입니다. 이를 통해 피해자는 가해자의 신경계에 자신이 그들 편이라는 것을 기능적으로 설득함으로써 생존 가능성을 높일 수 있습니다.

이러한 회유 행동에는 녹색, 황색, 적색 시스템의 요소를 동시에 결합한 독특한 자율 상태가 나타납니다. 즉, 위협이 감지되더라도 사회참여 체계는 가해자에게 안전, 사회성, 상호 조절의 신호를 보내 피해자가 시련에서 살아남을 수 있도록 돕습니다.[3]

모든 사람이 다 트라우마나 학대에 이러한 방식으로 대응하는 것은 아닙니다. 그러나 이러한 방식으로 반응하는 사람들을 부끄럽게 하거나 의심의 눈초리로 바라보기보다는, 이러한 행동을 극심한 위협 속에서도 적응하고 살아남기 위해 발달한 신경계의 놀라운 능력으로 바라보는 것이 더 자비롭고 이해 있는 접근일 것입니다.

세 가지 회로, 여러 가지 상태

자율신경 상태 목록에 새로운 '하이브리드' 상태가 추가되어 총 일곱 가지로 늘어났습니다. 기존의 세 가지 색상으로 구분된 상태와 두 가지 이상의 시스템에서 가져온 네 가지 하이브리드 상태가 추가되었습니다.

자율신경계와 이것이 우리를 어떻게 변화시키는지 이해했으니, 이제 해부학적 수준에서 이런 일이 어떻게 일어나는지 살펴볼 차례입니다. 다미주 이론의 '미주' 부분과 그 주인공인 미주신경으로 가 보겠습니다.

하이브리드 시스템: 세 가지 회로, 다양한 상태

	상태	행동
사회적 의사소통	녹색	사회 참여
놀이/춤	녹색, 황색	사회 참여 및 가동화
싸움/도주	황색	가동화
친밀감	녹색, 적색	사회 참여 및 부동화
회유	녹색, 황색, 적색	사회 참여 및 위협 감지
비위 맞추기	황색, 적색	상호 조절이 없는 순응
셧다운/해리	적색	부동화

다미주 이론

'안전하다고' 느낄 때
(부교감신경계 – 배쪽미주복합체)

녹색 시스템
사회 참여 / 건강, 성장, 회복

나타나는 행동
사회적 행동, 공감, 정신적 · 생리적 안정, 비판적 사고, 정신적 · 신체적 건강의 신경생리학적 기반, 그리고 효과적으로 상호 조절(co-regulation)할 수 있는 능력을 최적화

증가하는 것
신체의 회복 능력, 비판적이고 창의적인 사고 능력, 소화 및 재충전 기능, 사회적 연결, 목소리를 듣고 경청하는 능력, 타인에게 안전감을 전달하는 능력

감소하는 것
신체를 동원하는 방어 시스템

'위험'을 느낄 때
(교감신경계)

황색 시스템
동원

나타나는 행동
신체 활성화, 싸움-도주 반응, 공황, 안절부절못함, 과민반응, 분노, 불안

증가하는 것
신체 동원과 방어 시스템 활성화, 혈압, 심박수, 아드레날린 분비, 통증에 대한 내성 및 반응성, 초저주파 소리에 대한 청각 민감도

감소하는 것
사회적 행동, 타인의 감정 인식 능력, 얼굴 표정 및 목소리의 운율, 신체적 · 정신적 건강, 소화 기능, 사람의 음성을 듣고 처리하는 능력 및 타인과의 상호 조절 능력

'생명의 위협'을 느낄 때
(부교감신경계 – 등쪽미주복합체)

적색 시스템
부동화

나타나는 행동
셧다운, 의식 소실, 해리, 무감각, 우울감, 절망감, 무기력감, 타인과 사회적 교류 및 소통하기 어려움

증가하는 것
부동화, 통증 내성

감소하는 것
심박수, 혈압, 호흡의 깊이, 신체에 대한 자각, 타인에 대한 자각, 사회적 참여와 의사소통 능력

3장

미주신경

이제 미주신경에 주목해 보겠습니다. 지금까지 숨어 있던 이야기의 주인공입니다.

미주신경은 뇌간에서 장까지 몸 전체를 누비며 수많은 기관과 신체 시스템을 연결하는 섬유 다발입니다.

그 과정에서 미주신경은 자율신경계가 다양한 개별적인 신체 기능을 조절할 수 있는 응집력 있는 실체로 존재하도록 묶어 주는 연결고리 역할을 합니다. 예를 들어, 황색의 싸움-도주 상태에 있을 때는 심장박동이 빨라지면서 동시에 호흡이 느려지는 일은 일어나지 않습니다. 미주신경은 심장과 폐(그리고 그 외, 여러 장기들)를 연결하기 때문에 이들이 함께 활성화되는 것입니다.

미주신경은 다른 뇌신경과 상호 작용하는 방식에서도 독특한데, 특히 얼굴과 머리 움직임을 촉진하는 신경과 상호 작용함으로써 사회적 행동에 중요한 역할을 합니다. 이는 음식 섭취, 표정, 말하기와 같은 기능을 포함합니다.

이 책에서는 사회적 행동이 우리의 신경계와 생리적 상태를 변화시킬 수 있다는 아이디어를 반복해서 다룰 것입니다. 이러한 마법의 핵심은 미주신경과 우리 자신을 표현하고 다른 사람들과 사회적으로 교류하게 해 주는 신경과 근육 간의 연결에 있습니다.[1]

현대 기술에 비유하자면, 미주신경은 몸 전체에 신호를 전달하는 신경섬유 광케이블이라 할 수 있습니다. 여기서 중요한 신호는 바로 신경지가 얼마나 안전하다고 판단하느냐입니다.

안전하다고 느끼나요? 그렇다면 미주신경은 뇌간에서 몸 전체로 좋은 소식을 퍼뜨려 심장과 폐 그리고 나머지 다른 모든 장기가 적절이 반응하고 함께 작동하게 합니다.

위협을 느끼나요? 그렇다면 미주신경은 마치 산꼭대기에서 신호탄을 쏘는 것처럼 뇌간에서 몸 전체로 메시지를 보내 방어적인 신경 회로가 통제권을 잡게 합니다.

신경지와 자율신경 상태는 미주신경을 통해 몸의 개별적인 부분뿐 아니라 몸 전체에 영향을 미칩니다. 우리 몸이 다양한 기관과 시스템으로 구성된 오케스트라라면, 미주신경은 지휘봉을 들어 모든 기관이 하나의 교향곡을 함께 연주할 수 있도록 이끄는 지휘자와 같습니다.

미주신경은 단순히 수동적인 전달자 역할만 하는 것은 아닙니다. 활성화되면 흥분 상태를 낮추고 우리를 진정시키며 속도를 늦추는 '제동 장치'처럼 작용하여 평온함을 느낄 수 있게 도와줍니다.

미주신경은 이러한 제동 메커니즘을 통해 황색 방어 상태에서 벗어나 기능적으로 녹색 상태에 들어가게 합니다. 진정시키고 이완시키는 이러한 능력 덕분에 웰니스 분야에서 많은 사람이 미주신경 활성화에 집착하는 것입니다.

일부 어떤 형태의 요가나 호흡 운동 같은 활동은 미주신경을 통해 직접 신호를 보내 심박수를 늦춤으로써 우리를 진정시킵니다. 노래 부르기, 웃기, 음악 연주 등 즐겁고 차분해지는 효과가 있다고 생각하는 많은 활동이나 감각적 경험이 실제로 미주신경을 자극해 몸과 뇌간 사이에 진정 신호를 주고받게 합니다. 이러한 활동을 통해 말 그대로 안전하다고 느낄 수 있기 때문에 사람들은 이러한 활동을 즐기고 자주 찾습니다.

음악 교육이 수학과 같은 과목에서 학생들의 성적을 향상시킨다는 연구 결과를 본 적 있다면, 바로 이런 이유 때문일 것입니다. 음악을 듣고 만드는 행위는 미주신경을 활성화하고 녹색 상태에 접근하게 해 우리 몸이 모든 유형의 학습, 문제 해결 및 창의적인 사고에 유리한 신경 경로에 더 잘 접근하도록 돕습니다.

안전과 위험 신호를 보내는 미주신경의 능력은 일방통행이 아닙니다. 오히려 양방향 신경 고속도로와 같습니다.

다시 말해, 미주신경은 안전이나 위험 신호를 뇌(의식적 인식)에서부터 몸으로 보낼 수 있고, 반대로 몸과 감각에서 감지한 신호를 뇌로 전달할 수도 있습니다.

이러한 양방향성 덕분에 미주신경은 뇌와 내장 사이에서 신호를 주고받으며, 결국 안전감과 위협감이 우리 몸 전체에 드러나게 합니다. 그 결과 나타나는 것이 바로 우리의 자율신경계 상태이며, 이 과정을 통해 우리 몸은 녹색, 황색, 적색 상태로 전환됩니다.

이러한 신호들은 뇌간에서 관리되고 해석되지만, 이 신호가 몸을 오르내리는 것은 미주신경을 통해서입니다.

다시 정리하면,

- *우리의 감각과 신체 시스템은 신경지 과정을 통해 안전이나 위협의 신호를 찾기 위해 끊임없이 환경을 스캔합니다.*
- *감지한 안전이나 위험 신호는 미주신경을 통해 위아래로 전달되어 자율신경 상태가 결정되고, 이는 몸 전체의 기능을 효과적으로 변화시킵니다.*

그러나 고속도로의 차선이 특정 방향으로 나 있는 것처럼, 우리 몸과 뇌를 연결하는 미주신경 경로는 동등하지 않습니다. 미주신경섬유의 약 80%는 몸에서 뇌로 올라가는 반면, 약 20%만이 뇌에서 몸으로 내려갑니다.

이러한 불균형 때문에 자율신경 상태를 결정할 때 우리의 내장 감각 경험이 의식적 사고보다 훨씬 더 중요할 수 있습니다. 따라서 신경계에서는 안전하다고 느끼는 것이, 의식적으로 안전하다고 생각하는 것보다 훨씬 더 중요합니다.

우리는 몸이 먼저 반응하는 유기체이며, 우리 몸은 세상을 생각하기보다는 느끼도록 설계되어 있습니다. 이 책은 데카르트의 유명한 명제로 시작했습니다. "나는 생각한다. 고로 나는 존재한다." 이 말이 맞긴 하지만, 다미주 이론의 관점에서 더 적합하게 표현하자면 "나는 *나 자신을 느낀다*. 고로 나는 존재한다"일 것입니다.

그저 안전하다고 *느끼거나* 위협을 *느끼*는 것만으로도 몸과 건강 그리고 삶의 방식이 달라질 수 있습니다. 끊임없이 쏟아지는 위협, 각성

시키는 뉴스, 불안을 일으키도록 의식적으로 설계된 세상에서 많은 사람이 스트레스를 받고 건강하지 않다고 느끼는 것은 당연한 일입니다. 여러분도 그렇고, 우리도 마찬가지입니다. 우리 모두 그렇습니다.

좋은 소식은 이는 우리의 잘못이 아니며, 우리가 할 수 있는 일이 있다는 것입니다.

호흡의 힘

"그냥 자연스럽게 호흡하세요." "깊이 호흡하세요." "숨을 들이쉬고, 이제 내쉬세요."

누구나 한 번쯤 들어본 말이지만, 호흡이 왜 평온함을 유지시키고 침착하게 하며 녹색 상태에서 살아가는 데 강력한 도구가 되는지 이해하는 사람은 많지 않습니다. 여기까지 읽었다면, 깔끔하고 논리적인 답이 나올 것입니다. 말할 필요 없이, 모든 것은 미주신경에 달려 있습니다.

방금 배운 것처럼 미주신경은 양방향 신경 고속도로 역할을 하면서 안전하거나 위험하다는 신호를 위아래 전체로 전달해 몸 전체가 동기화되어 작동하게 합니다. 따라서 두렵거나 안전하다고 느낄 때, 우리 몸은 황색 또는 적색 시스템을 활성화하거나 녹색 시스템으로 전환합니다.

이 과정은 몸에 의해 주도되며, 대부분 자동적이고 무의식적으로 이루어집니다. 그 결과, 바람직하지 않은 자율신경 조절 상태에 빠지면 몸을 통제하지 못하는 것처럼 느껴질 수 있습니다. 필사적으로 진정하고 싶지만, 이러한 느낌이 우리를 압도하면서 무력감을 느낄 수 있습니다.

이런 증상은 특히 불안에 시달리는 사람들에게서 두드러지게 나타납니다. 불안하거나 걱정할 이유가 없다는 것을 의식적으로는 알고 있지만, 몸이 자기 방식대로 장악해 버립니다. 그리고 신호가 미주신경을 통해 위아래로 전달되면서 이 감각은 머리부터 발끝까지 몸 전체에 나타납니다.

그렇다면 이것이 호흡과 무슨 관련이 있을까요?

자율신경계(다시 한번 더 말하자면 '자동적'이라는 뜻)는 의식적으로 통제할 수 없는 무의식적 수준에서 작동하기 때문에 심장이 느려지거나 땀이 멈추도록 조절할 수 없습니다. 하지만 이 규칙에 한 가지 중요한 예외가 있는데, 바로 필요할 때 마음대로 조절할 수 있는 기능인 호흡입니다.

우리는 물 속에서 숨을 참거나, 악기를 연주하기 위해 천천히 숨을 내쉬거나, 풍선을 불기 위해 폐 안의 공기를 모두 사용할 수 있습니다. 반대로, 아무 생각 없이 하루를 보내거나 잠을 잘 때 굳이 생각할 필요 없이 폐가 알아서 숨을 쉬게 합니다.

호흡은 마음대로 조절할 수 있는 고유의 자율적인 과정이기에 호흡을 늦추면 나머지 자율신경계에 강력한 신호가 전달됩니다.

"내가 천천히 숨 쉴 시간이 있다는 것은 실제로 목숨 걸고 도주해야 하는 상황이 아니라는 걸 의미할 거야. 어쩌면 나는 안전한지도 몰라. 자율신경적으로 말하자면 조금 진정해도 괜찮을 것 같아."

이를 위해, 깊고 느리게 숨을 내쉬면 호흡계의 센서가 활성화되어 미주신경을 자극해 자율신경계가 안정화됩니다. 그런 다음 이 안전 메시지가 미주신경을 타고 몸 전체에 전달됩니다. 이런 점에서 호흡은 몸 전체를 평온하고 차분하게 유지하는 데 매우 강력한 도구가 됩니다.

특히 숨을 *길게 내쉬*는 *것*은 이 과정의 핵심입니다. 반대로 날숨을 짧게 하고 들숨을 길게 하는 것은 과호흡을 모방해 자율신경 상태를 위험 상태로 가속화시킬 수 있습니다.

호흡의 진정 효과는 수천 년 전부터 알려져 왔습니다. 느린 날숨을 사용하는 조절된 호흡은 많은 고대 전통과 여러 형태의 요가에서 중요한 요소이며, 그 힘은 오랫동안 영적이거나 종교적인 언어로 설명되어 왔습니다. 이 전통은 고대의 과학 이전 또는 문자 이전 시대를 거쳐 수천 년 동안 지식을 전수해 온 강력한 도구로 볼 수 있습니다. 다만, 여기에 해부학적인 이해를 더한다면, 과학적으로 접근하고자 하는 사람이나 요가에 관련된 것을 꺼리는 많은 사람들에게도 이러한 지식이 좀 더 쉽게 다가갈 수 있을 것입니다.[30)]

따라서 혹시 불안하거나 지나치게 활성화되었다고 느낀다면 숨을 깊이 들이쉬고 잠시 참았다가 아주 천천히 내쉬어 보세요. 이를 영적이나 종교적 용어로 생각하는 것이 도움이 된다면 그렇게 해도 좋습니다. 하지만 이 마법의 이면에 과학을 제시한다면, 미주신경을 활성화하고 속도를 늦추어 이렇게 호흡함으로써, 실제로는 안전하며 목숨을 위해 달려야 하는 건 아니라는 메시지를 몸에게 효과적으로 전달하는 것입니다.

그리고 몸은 이 메시지를 받을 것입니다.

미주신경 자극

2022년 6월 2일, 「뉴욕타임스」에 "이 신경은 거의 모든 내부 기관에 영향

30) 그렇다 해도, 그런 걸 피하는 사람들 입장에선 아쉬운 일일지도 모릅니다(저자 주).

을 미칩니다. 이것이 우리의 정신 상태를 개선할 수 있을까요?"라는 다소 도발적인 제목의 기사가 실렸습니다.

이 신경은 물론 미주신경을 지칭하며, 기사에서 이 신경을 뇌간에서 시작해 신체의 거의 모든 기관과 연결된 '정보의 초고속도로'라고 정확히 표현했습니다.

기사에서는 또한 제[스티븐]가 1970년대 초반 미주신경을 연구하기 시작했을 때만 해도 전혀 예측할 수 없었던 것을 다루었습니다. 미주신경을 '활성화', '미주신경 톤', 또는 '해킹'하는 방법을 찾는 것이 소셜 미디어에서 열풍을 일으키고 있다는 것입니다. 기사가 보도된 시점에 틱톡(TikTok)에서는 #vagusnerve라는 해시태그가 포함된 동영상이 6,400만 회 이상 조회되었고, 인스타그램(Instagram)에서는 약 7만 개의 해시태그와 함께 숏츠가 업로드되었습니다.

이 같은 집착의 이유는 간단합니다. 미주신경 활성화에 대한 아이디어가 신체적 · 정신적 건강과 관련된 모든 종류의 상태에 대한 만병통치약으로 회자되고 있기 때문입니다. PTSD, 당뇨병, 우울증, 간질, COVID-19 장기 후유증 등 그 목록은 계속 이어집니다.

플로리다대학교 임상 및 건강 심리학과의 통찰력 있는 연구자 에릭 포지스 박사(Eric Porges, PhD)는 타임스에서 "미주신경이 하는 모든 일이 어찌 보면 마법처럼 들릴 수 있습니다"라고 말했습니다.

미주신경이 이렇게 유명해지는 걸 보는 게 저에겐 낯설게 느껴지냐고요? 네, 그렇습니다. 물론 이 경험이 더욱 묘하게 느껴지는 이유는 앞서 언급한 에릭 포지스 박사가 사실은 제 아들이자, 이 책 공동저자의 형제라는 사실 때문입니다. 역시, 부전자전입니다.

그렇다면 미주신경을 자극하거나 활성화하는 것이 도대체 무슨 의미가 있을까요? 그리고 다양한 질환에 정말 도움이 될까요?

간단히 말하자면, 그렇습니다. 가능합니다.

미주신경을 구성하는 신경섬유의 약 80%는 감각신경입니다. 즉, 이 신경들은 장기에서 느끼는 정보를 수집해 뇌간으로 전달합니다.

이런 감각섬유를 자극하는 것이 건강을 개선하는 효과가 있을 수 있다는 사실은 수십 년 전부터 알려져 있습니다. 타임스 기사에서 언급된 바와 같이, 연구자들은 1800년대 후반부터 미주신경을 간질 치료의 방법으로 조사하기 시작했으며, 이를 자극하는 것이 기분과 정신 상태에 도움이 되는 것처럼 보인다는 사실을 발견했습니다. 현재 미주신경 자극은 간질 발작을 줄이고 치료 저항성 우울증을 치료하는 방법으로 인정받고 있습니다

미주신경 자극(Vagal Nerve Stimulation, VNS) 장치는 미주신경의 감각 포털을 통해 전자 펄스를 뇌로 보내는 방식으로 작동합니다. 뇌는 펄스를 해석한 후, 미주신경을 통해 진정 신호를 여러 기관으로 다시 보냅니다. 이 신호는 몸에 안전감을 전달하는 것처럼 보이며, 방어 상태에서 벗어나 항상성의 녹색 상태에 들어갈 수 있도록 도와줍니다.

문제는 VNS 장치를 수술을 통해 삽입해야 한다는 점인데, 이때 목 아래쪽 부위를 절개한 다음 신경에 접근해야 합니다. 모든 수술은 위험과 비용이 따릅니다. 그러나 이러한 장치를 사용하는 것은 가벼운 치료가 아니라 삶의 질에 심각한 영향을 미치는 질환을 관리하기 위한 최후의 수단이며 때로는 생명을 구할 수 있는 옵션입니다.

최근 소셜 미디어에서 미주신경에 대한 관심이 급증한 이유는 신경의 힘을 활용해 신체 상태를 변화시키고, 진정시키며, 치유할 수 있다는 인식이 커졌기 때문일 것입니다. 꼭 수술하지 않더라도 미주신경을 자극할 수 있다는 점에서 말이죠.

사실, 미주신경은 직접 건드리지 않아도 자극할 수 있습니다. 신체의 특정 부위에 압력을 가하거나 특정 방식으로 호흡하는 것만으로도 자극할 수 있습니다. 이는 외이, 고막, 얼굴 등 쉽게 접근할 수 있는 부위에 있는 미주신경의 감각 포털을 통해 이루어집니다.

이것이 왜 중요한지는 이 장의 뒷부분에서 설명하겠지만, 이 같은 미주신경 활성화 지점 중 많은 부분이 사회적 상호 작용과 관련된 신체 부위에 있

다는 것은 결코 우연이 아닙니다. **다미주 이론은 단순히 안전한 사회적 상호 작용에 참여하는 것만으로도 미주신경을 자극하는 한 형태가 될 수 있으며, 소셜 미디어의 '꿀팁'에 의존하지 않고도 우리의 신체 시스템을 재활하고 최적화할 수 있다고 제안합니다.**

게다가 이제는 침습적인 수술 없이도 전기적 미주신경 자극이 가능해졌으며,[31)] 이를 통해 PTSD나 과민성 대장 증후군 같은 소화기 문제를 포함한 다양한 질환의 유용한 치료법으로 활용될 길이 열렸습니다.[2]

수술적 삽입이 필요 없게 되면서, 더 많은 사람이 전기적 미주신경 자극 장치의 혜택을 누릴 수 있기를 기대합니다.

한편, 대부분은 가까운 사람과 좋은 대화를 나누는 것만으로도 미주신경을 활성화할 수 있습니다.

호흡으로 돌아가기

호흡이 미주신경의 진정 메커니즘을 어떻게 활성화하는지, 그리고 이와 동일한 효과가 노래하기, 미소 짓기, 음악 듣기 또는 연주하기와 같은 행동을 통해서 어떻게 느껴지는지 좀 더 살펴보겠습니다.

다미주 이론에 약간의 신경 해부학 지식을 더하면 답이 명확해집니다.

뇌간에는 과학자들이 '심폐 공동 진동기common cardiorespiratory oscillator'[3]라고 부르는 영역이 있습니다. 이는 기본적으로 이 영역이 심장과 호흡계가 동기화되어 작동하도록 신호를 보낸다는 뜻입니다. 실제로

31) (e.g., gammaCore, https://www.gammacore.com/)(저자 주).

누군가의 호흡을 측정해 이 효과를 실시간으로 확인할 수 있는데, 호흡의 변화가 심박수에도 변화를 일으키기 때문입니다.

심박수와 호흡 간의 연결은 심장의 주된 목적이 산소를 지닌 혈액을 온몸으로 보내는 것이라는 점을 생각하면 이해가 됩니다. 숨을 들이쉴 때(산소가 몸에 들어올 때), 심장은 이 추가적인 산소를 순환계 전체에 전달하기 위해 속도를 높입니다. 즉, 깊은 호흡은 더 많은 산소를 얻게 해 주며, 이는 속도가 빨라진 심장을 통해 우리 몸 전체로 전달됩니다.

호흡과 심박수를 연결하는 물리적 과정은 주로 기관지를 통해 이루어집니다. 기관지염bronchitis이라는 말을 들어본 적 있다면, 기관지라는 단어가 익숙할 것입니다. 기관지는 기도에서 폐로 공기를 운반하는 관입니다. 흡입된 산소가 폐로 이동하면, 기관지 관은 더 작은 관 네트워크인 세기관지bronchioles로 이어집니다. 이 작은 관 끝에는 폐포alveoli라는 작은 공기 주머니가 있습니다. 폐포는 숨을 들이쉬고 내쉴 때 폐와 혈액이 산소와 이산화탄소를 교환하는 곳입니다. 우리가 들이쉬는 산소는 폐포를 통해 혈액으로 들어가 몸 전체에 있는 조직으로 이동합니다. 반면, 이산화탄소는 조직에서 혈액을 통해 이동하다가 폐포를 통해 숨을 내쉴 때 배출됩니다.

이때 기관지는 이 같은 산소화 과정을 돕기 위해 기관지 직경을 조절함으로써 압력을 생성해 산소가 폐포를 통해 혈액으로 이동하게 합니다. 기관지와 심박수의 진동은 호흡의 변화와 함께 동기화됩니다. 이 동기화는 뇌간에서 기관지와 심장으로 '호흡 신호'(호흡 패턴이 포함된 데이터의 일부라고 할 수 있음)를 보내는 미주신경을 통해 가능합니다. 이를 통해 기관지와 심장은 동기화되어 산소가 혈액으로 확산되는 과정을 최적화할 수 있습니다.

미주신경에는 심장억제섬유(심박을 늦추는 데 도움을 주는 섬유)가 포함되어 있어, 대사 부담을 줄이고 에너지를 절약하게 해 줍니다. 이러한 미주신경섬유의 활성화로 인해 호흡을 느리고 길게 내쉴수록 심박수가 느려지며 몸이 진정됩니다.

호흡의 놀라운 점은 호흡과 심박수 사이의 동기화가 자연스럽고 무의식적인 호흡뿐 아니라, 의도적이고 자발적인 호흡을 통해서도 이루어진다는 사실입니다. 따라서 의식적으로 호흡 패턴을 변화시키면 심박수에 영향을 미칠 수 있습니다. 그리고 이 과정을 가능하게 하는 신경 경로가 바로 미주신경입니다.

이 아이디어는 새로운 돌파구가 아닙니다. 1910년 생리학자 하인리히 헤링Heinrich Hering[4]은 뇌간에서 미주신경을 통해 심장으로 이동하는 심장억제섬유를 식별할 수 있다고 기록했습니다. 그는 간결하게 다음과 같이 표현했습니다. *"호흡과 관련해 심박수가 유의미하게 낮아지는 것은 미주신경의 기능을 나타낸다."*

헤링의 관찰은 호흡이 심박수를 낮추며, 이 과정의 배후에 미주신경이 있다는 사실을 밝힘으로써 다미주 이론의 발전에 중요한 기초적인 역할을 했습니다. 또 제[스티븐]가 미주신경 활동을 측정하는 비침습적 방법을 개발하는 신경생리학적 근거를 제공했습니다. 그 방법은 심박변이도heart rate variability의 한 가지 요소인 호흡 동성부정맥(Respiratory Sinus Arrhythmia, RSA)을 활용합니다.

미주신경 활동('미주신경 톤vagal tone'이라고 부름)을 쉽게 측정하게 되면서, 저는 다미주 이론에서 도출한 다양한 가설을 객관적으로 검증할 수 있었습니다.

여기서 중요한 두 가지 기본 사항은 다음과 같습니다.

1. 호흡을 바꾸면 심박수가 변합니다. 호흡과 심박수 사이의 이러한

동기화는 미주신경에 의해 조절됩니다.

2. 스트레스나 호흡의 자발적인 변화가 미주신경 활동에 변화를 일으키는지를 호흡 동성부정맥[RSA]이라는 비침습적 측정법을 통해 확인할 수 있습니다. RSA는 심박변이도에서 도출할 수 있으며, 이는 심박 패턴에서 호흡 리듬의 측정 가능한 진폭을 나타냅니다.

다시 헤링의 연구로 돌아가 호흡이 어떻게 심박수를 낮추고 진정시키는지 살펴보겠습니다.

100여 년 전, 헤링은 미주신경이 심장에 영향을 미치는 능력이 호흡에 의해 사실상 켜지고 꺼진다는 사실에 주목했습니다. 특히 숨을 들이마실 때 심박수가 증가하고 내쉴 때는 심박수가 감소한다는 사실을 발견했습니다.

이는 일반적으로 미주신경은 호흡의 날숨 단계에서*만* 심장을 효율적으로 진정시키고 각성을 줄인다는 것을 의미합니다. 들숨 단계에서는 그렇지 않고요. 이 지식을 통해 심호흡, 특히 짧게 들이마시고 길게 천천히 내쉬는 심호흡이 어떻게 진정 효과를 발휘하는지 해부학적으로 이해할 수 있게 되었습니다.

반대로, 긴 들숨과 짧은 날숨을 동반하는 호흡은 미주신경의 진정 능력을 억제하고 심박수와 각성을 증가시킵니다. 이러한 유형의 호흡은 황색의 교감신경계를 활성화해 긴장시키는 경향이 있습니다. 불안하거나 과호흡할 때 이처럼 헐떡이는 호흡 패턴이 자주 나타납니다.

이 내용들을 짧게 요약하자면 다음과 같습니다.

- 숨을 길게 내쉬면 진정되고 녹색의 부교감신경계가 활성화합니다.
- 숨을 길게 들이쉬면 흥분되고 황색의 교감신경계가 활성화합니다.

이러한 메커니즘을 이해하게 되면, 우리는 단지 호흡 방식에 약간의 변화를 주는 것만으로도 생리적 상태를 조절하고 진정하거나 각성 상태를 유도할 수 있는 능력을 갖추게 됩니다. 이 마법 같은 원리가 바로 요가와 같은 고대 전통에서 호흡을 중시했던 이유이며, 노래하거나 발성 혹은 관악기를 부는 활동들이 미주신경을 자극해 마음을 가라앉히는데 도움이 되는 이유이기도 합니다. 이들 활동에는 공통적으로 길고 느린 날숨이 포함되어 있습니다.

많은 음악가와 가수들이 음악을 만드는 경험을 신비롭고 진정되는 시간으로 묘사합니다. 다른 어떤 것으로도 얻기 힘든 차분함과 내적 평정을 유지하게 해준다고 말하는데, 어쩌면 그건 모두 미주신경 덕분일지도 모릅니다.

신경 브레이크로서 미주신경

미주신경을 활성화하고 천천히 숨을 내쉬어 호흡할 때 진정되는 이유는 미주신경이 강력한 신경 브레이크 역할을 하며 생리적 상태를 전체적으로 낮추기 때문입니다.

언뜻 생각하면, 이러한 제동 메커니즘이 매우 유익한 것으로 보일 수 있습니다. 실제로 종종 그렇습니다. 이 같은 감속 덕분에 차분하고 냉정해질 수 있습니다. 이 메커니즘을 통해 공격적이거나 방어적이지 않은 상태로 다른 사람들과 어울리며 사교적으로 지낼 수 있습니다. 또 이 메커니즘을 통해 녹색 시스템에 참여할 수 있습니다.

그러나 다미주 이론은 배쪽미주신경 브레이크ventral vagal brake(여기서 '배쪽'이란 표현은 곧 설명됩니다)의 긍정적인 속성을 강조하면서도, 생리 상태를 낮추는 미주신경의 또 다른 메커니즘을 제시합니다.

미주신경 브레이크는 단순히 속도를 늦추어 행복하고 건강하며 사회적인 상태를 만드는 것만이 아닙니다. 적색 시스템(심각한 스트레스를 받을 때 몸이 멈추고, 셧다운되고, 해리 상태가 되는 시스템)도 몸을 느리게 만드는, 진화적으로 훨씬 더 오래된 다른 미주신경 가지가 관여합니다.

다미주 이론에서는 미주신경에 두 가지 제동 메커니즘이 있다고 가정합니다. 하나는 행복하고 사회적인 생명체가 되도록 속도를 늦추는 메커니즘입니다. 그리고 다른 하나는 방어를 위해 몸을 움직이지 않게 부동화시키는 메커니즘으로, 멈추거나, 셧다운되거나, 해리 상태에 빠지거나, 붕괴하거나, 심지어 기절하는 것 등으로 나타날 수 있습니다.

이처럼 매우 다른 두 가지 감속 반응(녹색 시스템, 적색 시스템)을 이해하려면, 다미주polyvagal의 다중poly 부분으로 들어가야 합니다.

그 전에 먼저, 다미주 이론의 기원과 이 이론이 어떻게 생겨나게 되었는지 잠시 거슬러 올라가 보겠습니다.

미주신경의 어두운 면

다미주 이론이 발전하기 이전에는 자율신경계가 두 가지 상반되는 하위 시스템으로 구성되었다고 보았습니다. 휴식하고 이완하게 해 주는 부교감신경계, 그리고 싸우거나 도망가게 활성화시키는 교감신경계입니다.

제[스티븐]가 대학원에 다닐 때만 해도 교감신경계는 '치명적인 적'과 같은 스트레스 시스템으로 간주되었습니다. 반면 부교감신경계는 이 '적'의 해로운 영향을 억제하고 막는 역할을 하는 것으로 여겼습니다. 그 결과 몸을 위해 끊임없는 싸움을 벌이는 두 가지 상반되는 자율신경계 사이에 '균형'이 이루어질 것으로 생각했습니다.

다시 말해, 황색의 교감신경 상태는 스트레스를 의미하며 항상 나쁜 것이고, 녹색의 부교감신경 상태는 이완을 의미하며 항상 좋은 것이라고 배웠습니다.

저는 미주신경이 부교감신경계의 주요 부분이며, 이를 활성화하는 것이 우리 몸이 스트레스를 완화하는 데 중요한 역할을 한다고 배웠습니다.

미주신경이 이완 시스템인 부교감신경계를 활성화하므로, 미주신경의 활성화가 *항상* 좋은 것이라고 배운 것입니다.

1990년 초부터 저는, 1900년대 초부터 학교에서 가르치고 과학적 정설로 통용되던 이 모델에 의문을 품기 시작했습니다.

당시 저는 신생아를 대상으로 미주신경 활동을 측정하는 새로운 방법론을 개발하는 데 집중하고 있었습니다. 미주신경이 '좋은' 부교감신경계의 일부인 만큼 미주신경 활동이 보호 기능으로 작용해 신생아로부터 긍정적인 임상 결과를 예측하는 데 도움이 될 것으로 생각했습니다.

즉, 항상 건강하고 보호적인 것으로 간주하는 미주신경 활성화를 측정하고 싶었습니다.

1992년 이 주제에 관한 논문을 소아과학 저널[5]에 발표했습니다. 그리고 얼마 후 제 인생을 바꿔 놓을 수수께끼 같은 편지를 받았습니다.

제 논문을 읽은 한 신생아 전문의가 미주신경이 보호적이라는 아이디어에 반박하는 편지를 보낸 것입니다. 저는 미주신경이 우리를 돕기 위해 존재한다고 배웠지만, 그는 미주신경이 실제로 우리를 *죽일 수 있다*고 배웠다고 했습니다.

그가 무슨 말을 하는지 즉시 알 수 있었습니다. 신생아 중환자실에서 미주신경 활성화는 심박수가 급격히 느려지고 숨을 쉬지 못하는 서맥 및 무호흡 상태와 관련이 있습니다. 일부 조산아에게는 이런 상태가 치명적일 수 있습니다. 따라서 신생아를 진료하는 의사들은 미주신경 활동을 보호 신호가 아닌 경고 신호로 간주하도록 교육받습니다.

편지를 보낸 신생아 전문의는 "좋은 게 너무 과하면 나쁠 수도 있다"라고 말했습니다.

몇 달 동안 저는 그 편지를 가방에 넣고 다니며 고민했습니다. 어떻게 같은 신경이 스트레스를 견디는 능력을 촉진하는 동시에 심장과 호흡을 치명적인 수준으로 느리게 할 수 있을까요?

미주신경은 어떻게 몸을 보호하는 동시에 생명을 위협할 수 있을까요?

저는 이 질문을 '미주신경의 역설the vagal paradox'이라 불렀고, 이를 해결하고자 하는 열망이 다미주신경 이론으로 이어졌습니다.

미주신경의 역설에 대한 답을 찾기 위해 문헌, 해부학 그리고 진화의 역사를 탐구했습니다.

저는 미주신경이 여러 개의 다른 운동 분지branches로 구성되어 있다는 것을 관찰했습니다. 하나는 스트레스에 대항하고 치유하기 위해 속도를 늦추는 시스템이며, 다른 하나는 속도를 늦추지만 서맥과 무호흡처럼 생명을 위협하는 상태를 초래할 수 있는 시스템입니다.

비교 해부학을 연구하면서[32] 이러한 별개의 회로들이 순차적으로

32) 이 내용은 다음 장에서 더 자세히 다룹니다(저자 주).

진화했다는 사실을 분명히 알게 되었습니다. 생명을 위협하는 미주신경의 분지는 고대의 비사회적인 파충류 조상에게서 발견되는 반면, 스트레스를 완화시키는 분지는 비교적 현대적인 포유류에서만 나타납니다. 여기에는 인간도 포함됩니다.

따라서 우리에게는 두 개의 미주신경 운동 분지가 있습니다. 하나는 매우 오래되고 잠재적으로 해로울 수 있으며, 다른 하나는 비교적 현대적이고 회복력이 있습니다.[33)]

이 여러 개의 분지가 '다중'이라는 의미를 지닌 '다미주polyvagal'의 근거가 됩니다. 그리고 이들 중 어느 것이 작용하느냐에 따라 미주신경의 브레이크 역할은 우리를 녹색 시스템(안전과 회복)으로 이동시키거나, 혹은 적색 시스템(얼어붙고 셧다운되는 상태)으로 전환시킵니다.

이 같은 운동 분지들이 기능적으로 어떻게 다른지 이해하기 위해 먼저 물리적 형태의 차이를 살펴보겠습니다.

차이점 1: 수초화된 덮개

두 미주신경 경로의 첫 번째 주요 차이점은 포유류에서 발견되는 현대적인 미주신경만이 수초화되어 있다는 것입니다. 이는 미엘린myelin이라는 지방질의 덮개에 싸여 있습니다.

현대적인 기술 용어로 설명하자면, 이 덮개는 마트에서 흔히 볼 수 있는 동축 케이블의 고무 코팅과 유사하다고 할 수 있습니다. 이런 케

33) 미주신경에는 운동 분지 두 개를 포함해 총 세 개의 분지가 있습니다. 세 번째는 미주신경의 전체 섬유 대부분을 포함하는 감각 분지입니다(저자 주).

이블에서는 외부 절연체가 신호의 전송 속도와 명확성을 향상시키는 역할을 합니다. 현대적인 미주신경의 경우, 미엘린 덮개가 거의 같은 역할을 합니다. 이렇게 신호 전달 속도와 명확성이 높아진 덕분에, 현대적인 미주신경이 녹색 시스템을 신속하게 활성화해 침착하고 사회적인 능력을 발휘하게 되는 것입니다.

차이점 2: 발생하는 위치

현대적인 미주신경과 고대 미주신경의 두 번째 차이점은 물리적으로 뇌간의 어디에서 시작되는가 하는 점입니다. 각각의 신경 분지는 매우 다른 기능을 담당하는 뇌간의 서로 다른 영역에 연결됩니다.

고대 미주신경은 뇌간의 뒤쪽(등쪽dorsal)에 연결되는 반면, 현대적인 미주신경은 뇌간의 앞쪽(배쪽ventral)에 연결됩니다.

차이점 3: 다른 제어 허브

현대적인 미주신경과 고대 미주신경 분지가 뇌간의 서로 다른 부분에 연결된다는 것을 확인했습니다. 이제 이 영역이 실제로 어떤 역할을 하는지, 그리고 미주신경 분지들이 그 기능을 몸 전체에 어떻게 전달하는지 살펴보겠습니다.

현대적인 미주신경

먼저 현대 포유류의 운동 미주신경을 살펴보겠습니다. 이 분지는 해부학적으로 '배쪽미주복합체(ventral vagal complex, VVC)'로 알려진 뇌간의 일부에 연결됩니다. VVC에는 미주신경 외에도 삼차신경, 안면신경, 설인신경, 부신경 등 다른 네 가지 뇌신경의 근원핵(source nuclei, 신경이 시작되는 곳을 의미)도 포함되어 있습니다.

미주신경은 VVC를 통해 네 가지 뇌신경의 감각 및 운동 기능과 밀접하게 연결됩니다. 그 의미를 이해하기 위해 각 신경이 하는 일을 간단히 살펴보겠습니다.

삼차신경(trigeminal nerve, 제5뇌신경)은 얼굴, 머리, 입의 감각을 담당합니다. 또 음식을 물고 씹을 수 있도록 근육을 조절하는 데 도움을 줍니다. 치과에서 주사로 입안을 마취한 적이 있다면 이 신경을 차단했을 때 어떤 일이 일어나는지 경험해 보셨을 것입니다. 얼굴 일부가 무감각해질 뿐 아니라, 신경의 감각 기능이 없으면 말하거나 음식을 섭취하는 데 어려움을 겪을 수 있습니다.[34)]

안면신경(facial nerve, 제7뇌신경)은 다른 사람과 대화할 때 감정을 표현하도록 얼굴의 근육을 조절하는 데 도움을 줍니다.

안면신경과 삼차신경에는 중이까지 연결된 분지가 있어 몸의 가장 작은 근육을 조절합니다. 이 작은 근육은 배경 소음을 줄여 대화를 더 잘 알아듣게끔 도와줍니다.

설인신경(glossopharyngeal nerve, 제9뇌신경)은 맛을 느끼고, 침을 분비

---

34) 흥미롭게도 일부 사람은 치과 시술 후 심장 부정맥을 겪기도 하는데, 이는 삼차신경의 감각 분지가 미주신경을 통해 뇌간에서 심장억제섬유를 조절하는 부위와 연결되면서 발생한 자극의 결과일 가능성이 높습니다(저자 주).

하고, 삼키는 기능과 관련이 있습니다. 이 신경은 미주신경과 함께 말을 할 수 있도록 인두와 후두의 운동 기능을 조절하는 데 도움을 준다는 점에서 다미주 이론과 가장 관련이 있습니다.

부신경(accessory nerve, 제11뇌신경)은 목과 머리 근육, 특히 어깨를 으쓱하거나 후두와 인두를 통해 발성하게 하는 근육을 조절하는 기능과 관련이 있습니다.

이를 종합하면, 미주신경은 우리가 표현하고, 소통하고, 사회적 존재로서 기능하는 데 필요한 작고 정밀한 근육과 직접적으로 연결되어 있음을 알 수 있습니다. 그리고 현대 미주신경은 이 VVC에 연결됩니다.

현대적인 미주신경이 활성화되고 안전 상태인 녹색 상태에 들어가면 표정이 더 풍부해집니다. 목소리는 단조롭지 않고 운율과 뉘앙스가 더 많아집니다. 그뿐 아니라 다른 사람의 말을 더 잘 듣고 경청하게 됩니다. 다시 마블의 비유로 돌아가자면, 겉모습의 헐크가 사라지고 내면의 브루스 배너가 드러나는 것과 같습니다.

미주신경이 활성화될 때 우리를 침착하게 하고 진정시키고 속도를 늦추는 기능을 더하면 이 신경 분지와 배쪽미주복합체가 사회적 행동과 관련된 모든 것에 얼마나 중요한지 이해하게 됩니다. 현대적인 미주신경은 사회화할 수 있는 상태로 속도를 늦출 뿐 아니라, 대화를 나누고 표현하며 다른 사람들과 함께 있는 것을 즐길 수 있도록 얼굴과 발성 기능을 켜 줍니다.

녹색 상태에서 황색이나 적색으로 바뀌면, 이러한 사회적 근육이 비활성화됩니다. 싸움-도주 상태에 있으면 얼굴이 무표정해지고 감정 표현이 덜해집니다. 음성은 단조로워지고, 다른 사람의 말을 듣고 이해하는 데도 어려움을 겪습니다. 심지어 음식을 섭취하고 소화하는 것도 어려워집니다(과민성 대장 증후군 같은 소화기 문제는 트라우마를 겪는 사람들에게 매우 흔합니다. 이것이 일부 원인일 가능성이 높습니다). 우리의 신경계가 즉각적인 위협에 처했다고 느끼면, 사회적 행동을 지원하는 신체 시스템이나 몸의 치유와 회복 능력은 즉각적인 생존을 위해 뒷전으로 밀려납니다.

이는 겉보기에는 아무 관련 없어 보이는 상태를 가진 사람들이 비슷한 증상을 보이는 이유이기도 합니다. 무표정하고 감정 표현이 적은 얼굴과 단조로운 목소리는 자폐증이 있거나 외상 후 스트레스 장애(또는 경계성 인격 장애, 조현병 등 기타 여러 질환)를 앓는 사람들에게서 매우 흔하게 나타납니다. 진단상으로는 모두 다른 질환이지만, 사실은 모두 자율신경계 및 안전하다고 느끼지 못하는 신체와 관련이 깊습니다. 이런 상태는 자율신경계를 교란시키거나 교란된 자율신경계로 인해 발생한 결과일 수 있습니다.[35)]

안전하지 않다고 느낄 때, 우리는 문자 그대로 얼굴과 목소리에서 그것을 확인할 수 있습니다.

이 같은 안전과 위험의 신체적 표현은 전염성이 있습니다. 간단히 말해, 우리는 다른 사람의 자율신경 상태를 반영하는 경향이 있습니다. 다른 사람들이 위협적인 표정과 소리를 내면, 우리 몸은 신경지를 통해 우리도 긴장해야 한다는 신호를 보냅니다.

---

35) 하지만 공통된 특징이 있다고 해서 그 원인 또한 같다는 의미는 아닙니다. 예를 들어, 자폐증과 외상 후 스트레스 장애[PTSD] 사이의 유사성에 대한 대중의 관심이 높아지면서, 자폐증이 트라우마로 인해 발생했다는 잘못된 가정이 퍼지고 있습니다. 여기서 중요한 점은, 사회적 참여가 저하된 상태가 있다는 것은 자율신경계가 방어를 지원하는 쪽으로 재조율되었음을 강하게 시사한다는 것입니다. 그러나 이것만으로 그 사람이 방어 상태에 고착되게 된 원인까지 알 수 있는 것은 아닙니다. 자율신경계의 재조율과 방어 상태로의 적응적 고착은 유전, 발열, 의료 처치, 신체적 부상, 신뢰할 수 있는 상호 조절자(예: 부모)의 상실, 혹은 환경 속 안전성에 대한 지속적인 불확실성과 같은 다양한 요인에 의해 일어날 수 있습니다(저자 주).

우리는 사회 참여 체계The Social Engagement System를 통해 이를 수행합니다.

사회 참여 체계는 제[스티븐]가 얼굴과 머리에서 사회성과 연결을 가능하게 하는 기능의 집합체라고 부르는 것입니다. 이 기능들은 얼굴과 머리 근육을 조절하는 배쪽미주복합체[VVC]에 연결된 뇌신경에서 비롯됩니다.

사회 참여 체계는 다른 사람의 자율신경 상태를 해석하고, 자신의 상태를 다른 사람에게 전달하는 양방향 상호 작용 시스템으로 생각할 수 있습니다. 이는 주로 얼굴과 목소리에 내재한 다양한 사회적 행동의 표현과 해석을 통해 이루어지며, 우리 몸이 안전하다고 느낄 때만 활성화될 수 있습니다.

이 사회 참여 체계를 통해 단순한 사회적 상호 작용이 미주신경을 활성화시키고, 안전하다고 느끼게 하며, 건강과 웰빙을 증진시키는 통로가 될 수 있습니다. 이 개념은 다미주 이론을 이해하는 것이 더 나은 삶을 사는 데 어떻게 이바지하는지에 대한 핵심입니다.

안전감을 주는 사람들의 비밀

단지 곁에 있기만 해도 왠지 모르게 안전하다고 느끼게 해주는 사람들이 있습니다. 자기 계발 전문가들은 '소통의 80%는 몸짓 언어body language'라는 식의 통계를 언급하곤 합니다. 어디서 이 수치를 얻었는지는 모르겠지만, 이 전제는 사실입니다. 무슨 말을 하는지보다 어떻게 말하는지가 더 중요합니다. 어떤 사람은 말하는 것이 듣기 좋고 곁에 있으면 편안한 반면, 어떤 이들은 불편하다는 것을 우리는 직관적으로 압니다. 상대방의 외모나 목소리 톤과 억양에 따라 "좋은 하루 보내세요" 또는 "나는 항상 너를 사랑해" 같은 간단한 표현이 친근하고 반갑게 들릴 수도 있지만, 차갑고 위협적으로 느껴질 수도 있습니다.

카리스마는 무형의 신비로운 신화적 자질이 아닙니다. 특정한 사람들이 외모, 보디랭귀지, 목소리 억양 같은 특징을 통해 다른 사람으로 하여금 안전감을 느끼고 몰입하게 만드는 능력입니다.

이렇게 생각해 봅시다. 표정의 움직임과 목소리의 음조는 녹색 상태의 활성화가 필요합니다. 이런 기능을 조절하는 근육은 현대적인 배쪽미주신경과 연결된 VVC에 직접 연결되어 있기 때문에 안전하다고 느낄 때만 온전히 작동합니다.

우리는 상호 작용하는 사람의 자율신경 상태를 반영하는 경향이 있습니다. 따라서 당신이 안전하다고 느끼고 그러한 안전감을 목소리로 전달한다면, 주변 사람들도 마찬가지로 안전하다고 느낄 것입니다. 그리고 이를 꾸준히 해낼 수 있다면, 주변 사람들에게 카리스마 있는 사람 혹은 기분 좋게 만드는 사람으로 여겨질 가능성이 큽니다.

다시 한번 강조하지만, *무엇을*what 말하는지보다 *어떻게*how 말하는지가 더 중요합니다. 초원의 들쥐, 고양이, 말, 개와 같은 사회적 포유동물들도 지저귀고, 으르렁거리고, 짖고, 심지어 노래하며, 구체적인 단어에 의존하지 않고도 발성을 통해 감정 상태를 성공적으로 표현합니다. 개는 인간의 말을 할 줄 모르지만, 짖거나 으르렁거리거나 낑낑대는 방식을 통해 그들이 *어떻게*how 느끼는지 알 수 있습니다.

인간은 어떤 말을 하느냐와 관계없이 소리와 목소리의 억양을 위협적이거나 진정시키는 것으로 해석하는 신경 경로를 공유하고 있습니다. 그리고 우리는 이러한 신경 경로를 항상 사용하고 있습니다.

개나 아기에게 말을 걸어 본 사람이라면 누구나 직관적으로 이를 이해할 수 있습니다. 높은 운율로 "*아이고, 착해라*" 또는 "*사랑해*"라고 말하면 개가 꼬리를 흔들거나 아기가 옹알거리는 것을 볼 수 있습니다. 그러나 이런 말도 단조롭고 낮은 톤으로 말하면, 아기나 개는 겁을 먹거나 꾸지람받는 듯 느낄 수 있으며, 표정에서 이를 확인할 수 있습니다.

선천적으로 멜로디가 풍부하고 운율이 있는 음성 표현에서 안전감을 느끼는 능력은 어머니가 신생아에게 안전감을 전달하는 데 핵심적인 역할을 합니다. 말 그대로 애정 어린 '아기 말투'와 자장가가 아기들에게 주는 효과가 바로 이런 것입니다.

저[스티븐]는 제 경력의 상당 부분을 이런 선천적인 능력, 즉 운율 있는 음성 표현을 통해 안전감을 느끼는 능력에 집중해 왔습니다. 이 능력은 주로 영아와 연관되지만, 성장하면서도 사라지지 않습니다. 저는 이를 기반으로 전 세계 4,000명 이상의 전문가가 사용 중인 오디오 기반의 치료법[6]을 개발했습니다[자세한 내용은 190페이지의 세이프 앤 사운드 프로토콜(Safe and Sound Protocol)을 참조하세요].

녹색 상태에 있고 안전하다고 느낄 때, 우리의 외모와 목소리는 단순히 다르게 보이고 들립니다. 이러한 차이는 전염성이 있으며, 우리는 다른 사람들의 자율신경 상태를 거울처럼 반영합니다. 안전하다고 느끼는 사람들과 함께 있을 때 우리도 안전감을 느끼고, 위협을 느끼거나 위협적으로 보이는 사람들과 함께 있을 때는 우리도 위협을 느끼고 위협적으로 보일 수 있습니다. 그리고 우리가 다른 사람들의 신경지에 안전감을 불러일으킬 때, 그들은 우리를 더 좋아하게 됩니다.

이 개념을 극단적으로 확장해 보면, 이는 두렵기도 하고 희망적이기도 합니다. 우리는 자율신경의 메아리 속에서 살고 있습니다. 사회 전체가 공포에 휩싸이면, 그 전염에서 벗어나기 어려울 수 있습니다.

그러나 이 같은 상황에서도 다른 사람이 안전하게 느끼게끔 하는 데 성공한 사람들은 실제로 이런 감정을 전파하고 진정한 변화를 만들 수 있습니다.

음악과 우리

음악은 재미있는 것이며, 모든 문명을 초월해 보편적인 것일 수 있습니다.

어떤 이유에서인지 우리는 특정 주파수 범위 내에서 일정한 순서로 진동하는 공기 파동을 좋아합니다. 음악은 우리를 편안하게 하거나 흥분하게 만들 수 있습니다. 또 다양한 감정을 불러일으킬 수 있으며, 모임 같은 사회적 환경에서 흔히 볼 수 있습니다.

왜 우리는 음악을 좋아할까요? 음악이 우리를 흥분시키거나 진정시키는 강력한 도구가 되는 이유는 무엇일까요?

다미주 이론(Polyvagal Theory)이 그 이유를 설명해 줍니다.

우리의 중이 구조는 멜로디가 있는 중간 주파수의 음성 신호를 감지하도록 설계되어 있습니다. 이런 소리는 태어날 때부터 우리 신경지에 의해 본능적으로 안전과 편안함을 주는 신호로 해석됩니다. 예를 들어, 엄마가 자장가를 불러 아기를 잠재우거나, 반려견 주인이 운율 있는 목소리로 "정말 착한 아이야"라고 말하는 장면을 떠올려 보세요.

여기서 중요한 촉발 요인은 음성의 운율(prosody)입니다. 이는 음성이 멜로디처럼 위아래로 움직이는 방식입니다. 운율 소리는 중이에 있는 작은 근육을 자극해 배경 소음을 효과적으로 줄여 사람들의 말을 더 잘 들을 수 있게 합니다. 또 신경지가 안전을 감지할 수 있는 능력을 활성화하는 데 도움을 줍니다.

악기를 연주하거나 노래를 부르거나 음악을 듣는 행위 역시 동일한 역할을 합니다. 음파가 멜로디 있게 배열되면 녹색의 부교감신경계를 촉진하고,

안전감과 사회적으로 느끼는 능력을 활성화합니다.

그렇기에 특정한 음악이 편안하고 침착하게 하거나, 혹은 사회적으로 느끼게 할 수 있습니다(파티를 파티답게 하는 데 음악이 필요한 이유도 이런 사회적인 특성 때문일 것입니다).

스파에서 흘러나오는 음악을 생각해 보세요. 차분하고 멜로디가 있으며 예측 가능한 음악입니다. 갑자기 소리가 커지거나 고성을 지르는 순간이 없기에 우리의 신경계를 고도의 경계 상태로 만들지 않습니다. 실제 음성이 있든 없든 음악은 주로 중간 주파수 범위에 있으며, 베이스 저음이 제한적입니다. 이러한 청각적 특징은 신경계에 안전하다는 신호를 보내 이완하게 합니다.

하지만 모든 음악에 진정 효과가 있는 것은 아닙니다. 흥분시키고 소리를 지르거나 춤추게 만드는 장르도 있습니다. 이런 음악은 크게 내지르는 발성, 빠른 템포, 강렬한 베이스라인, 높은 음량 등으로 황색 교감신경계를 활성화해 몸을 흔들거나 주먹을 불끈 쥐게 합니다. 이 같은 요소는 신경계에서 위험의 신호로 해석되어 교감신경계를 자극합니다.[7]

음악은 또한 우리를 깊은 슬픔과 비탄의 상태로 이끌어 말 그대로 내장을 울릴 수도 있습니다. 이러한 경우, 음향 패턴은 주로 주파수가 낮고 소리가 비교적 단조롭다는 특징이 있으며, 등쪽미주신경을 자극하는 것으로 보입니다.

이러한 청각적 속성을 통해 음악은 우리의 기분과 자율신경 상태를 조절하게 해 줍니다.

오늘날에는 녹음된 음악을 거의 모두 들을 수 있습니다. 하지만 스포티파이, 아이팟, 심지어 왁스 실린더가 등장하기 훨씬 전부터 음악은 본래 사회적 활동이었습니다. 대부분 인류 역사에서 음악을 경험하는 유일한 방법은 직접 연주하는 것이었으며, 그것도 종종 다른 사람들과 함께 연주하는 것이었습니다.

이런 점에서 음악은 사람들이 함께 안전감을 느끼게 하는 일종의 사회적 공동 조절 형태로 발전했을 가능성이 큽니다. 이는 엄마의 속삭이는 소리가 신생아에게 안전감을 느끼게 하는 것과 같은 신경 경로의 집단적 표현과 비슷합니다. 누군가와 함께 음악을 연주하는 것은 안전감을 암시하며, 상대방도 나에게 안전감을 암시하도록 허용하는 것입니다.

이것이 바로 오늘날까지 사람들이 대부분 라이브 연주 현장에 가는 것을 즐거운 일로 여기는 이유입니다.

고대의 미주신경

현대의 유수myelinated 미주신경이 꽤 멋지지 않나요? 이 신경은 침착하고 차분하게 행동하게 해 주며, 표현적이고 사회적인 존재가 되게 하는 뇌간 부분과 직접 연결됩니다.

그렇다면 고대의 미주신경은 어떨까요?

이 무수unmyelinated 미주신경 분지는 진화론적으로 고대의 것이며, 오랜 세월을 거슬러 올라가면 대부분 척추동물에서 발견할 수 있습니다. 그리고 현대의 유수 미주신경과 마찬가지로 이 신경의 기능은 연결된 뇌간 부분과 밀접하게 연관되어 있습니다.

앞서 이야기한 것처럼 현대의 미주신경은 배쪽미주복합체[VVC]에 연결되어 있으며, 이를 통해 사회성 및 안전과 관련된 다양한 신체적 특징과 기능을 활성화합니다.

반면, 고대의 미주신경은 뇌간의 등쪽미주복합체[DVC]에 연결됩니다. VVC는 인간을 표현적이고 사회적인 존재가 되게 하는 반면, DVC는 장과 내장에 묻혀 있으면서 기관들의 활성화와 조절에 깊이 관여합니다. 심각한 위협이 없는 상태에서는 횡격막 아래에 있는 장기들의 조절을 최적화해 항상성 기능을 지원합니다.

내장과 심장에서 뇌간으로 직접 연결되는 이 통로는 미주신경의 감각섬유를 일종의 내장 감시 시스템으로 만들어 줍니다. 이는 흉부와 복부에 위치한 내장 기관을 감지하는 역할을 한다는 것을 의미합니다.

신경지가 극단적인 위험을 감지하면 장기, 감각, 뇌간에 신호를 전달해 피드백 루프를 형성하고, 이로 인해 몸 전체가 변형됩니다. 이러한 변형은 신피질과 함께 관여하는 하향식의 이성적 사고가 아니라, 주로 내장과 심장에서 일어나는 감각적 느낌에 좌우됩니다.

이 과정은 종종 '파충류의 뇌reptile brain'와 같은 용어로 설명되는데, 이는 심각한 위험이나 고통을 느끼면 사고 능력이 사실상 꺼지고 본능에 의해 움직이는 동물로 변해 으르렁거리거나 덤벼들거나 얼어붙는 반응을 보이는 상황을 말합니다.

'파충류'라는 표현은 매우 적절한데, 적색의 셧다운 반응은 파충류가 위협에 반응하는 핵심 방식이기 때문입니다. 파충류는 싸우거나 도주하기 위해 활성화하는 대신 몸을 정지시켜 죽은 척하고, 얼어붙어 발각을 피하고, 아마도 최소한의 고통으로 죽음을 맞이하려 합니다.[36]

이 메커니즘을 통해 등쪽미주복합체[DVC]와 고대의 미주신경은 위협을 감지했을 때 얼어붙거나, 해리되거나, 셧다운되는 능력을 촉진시킵니다.

내장 기관과 본능에 따라 움직이는 자아 사이의 이러한 관계는 '직감을 따른다' 또는 '머리보다 마음을 따른다' 같은 표현에서도 드러납니다.

직감이나 마음을 따를 때, 우리는 해야 한다고 *생각하는*think 것보다는 해야 한다고 *느끼는*feel 일을 따르게 됩니다.

36) 해리 상태가 이런 식으로 도울 수 있습니다(저자 주).

4장

다미주 이론의 진화

다미주 이론은 포유류와 인간의 진화에 관한 이야기이며, 우리 인간이 사회적 종으로서 발달한 것이 생존에 얼마나 결정적인 역할을 했는지에 관한 이야기입니다.

저[스티븐]는 1994년에 다미주 이론을 처음 제안했습니다. 당시 정신생리연구학회 회장으로 취임하면서 연설을 했고, 이 아이디어는 발표 제목에 그대로 담겼습니다. "방어적인 세계에서의 정향: 우리의 진화적 유산에 대한 포유류적 수정. 다미주 이론Orienting in a defensive world: Mammalian modifications of our evolutionary heritage. A Polyvagal Theory."[1]

이는 무엇을 뜻하는 것일까요? 어떻게 긴 진화의 여정을 거치면서, 사회적이어야 할 필요성과 사회적일 수 있는 능력이 우리의 생리와 DNA 속에 깊이 새겨지게 된 걸까요?

이 질문에 답하기 위해 수억 년 전으로 거슬러 올라가 보겠습니다. 현대의 사회적 포유류보다 훨씬 이전에 지구를 돌아다녔던 고대의 비사회적 파충류 조상의 시대로 말입니다.

진화를 땜장이라고 생각할 수 있습니다. 시간이 지남에 따라 종이 변화하면서 생존에 유리한 변화는 유지되어 후대에 전해지는 경향이 있으며, 이런 적응은 계속해서 사용되거나 새로운 용도로 재탄생할 수도 있습니다.[2]

세상은 위험한 곳이었으며(지금도 마찬가지고), 비사회적인 파충류 조상들은 생존을 위해 적응력을 개발해야 했습니다.

특히 유용했던 적응 중 하나는 몸의 속도를 늦추는 능력이었습니다. 먹이가 부족한 시기에 자원을 절약하거나 포식자를 피하기 위해 죽은 척할 수 있도록 전체 유기체의 속도를 효과적으로 낮출 수 있었습니다.

이러한 감속 효과downshift는 심장을 느리게 하는 '심장억제섬유cardioinhibitory fibers'를 통해 이루어졌습니다. 고대 척추동물에서는 이러한 섬유가 서로 뭉쳐 미주신경이라는 독특하고 여러 곳을 떠도는 신경을 형성했습니다.

미주신경이 특별한 이유는 다양한 신체 시스템과 장기들을 거쳐 연결되기 때문입니다. 미주신경은 뇌간의 등쪽 부분, 즉 등쪽미주복합체dorsal vagal complex라는 곳에서 출발해 간, 비장, 췌장, 신장, 소장, 대장 등 여러 기관으로 가는 미주 경로의 제어 허브가 됩니다. 이 미주신경을 통해 이러한 장기들이 뇌로 직접 연결됩니다.

미주신경이 수많은 장기와 신체 시스템에 연결되어 있기에 미주섬유가 속도를 늦추는 능력은 심장에만 국한되지 않습니다. 이 섬유는 갑

자기 신체의 생리적 상태를 변화시키고 대사 요구량과 산소 필요량을 줄임으로써 몸 전체를 동시에 느리게도 할 수 있습니다.

이로써 초기 척추동물 종들은 생존을 위해 에너지를 보존하거나, 반사적으로 죽은 척하는 반응을 취할 수 있는 능력을 갖추게 되었고, 이는 최초의 자율신경계로 이어졌습니다.

수천 년이 흐르면서 비사회적 파충류들은 진화하고 변화해 수많은 종으로 분화했습니다.

이 중 일부는 생존을 위한 도구로 서로 협력하고 사회화하는 방식으로 진화했습니다. 이러한 행동은 포유류라는 새로운 범주의 종에게 특히 유용했습니다.

최초의 포유류는 몸집이 작았습니다. 대략 사람의 엄지손가락만 한 크기였으며, 걷고 말하는 인간보다는 현대의 쥐에 더 가까웠습니다. 그것들은 사실상 파충류의 먹잇감에 불과했습니다.

그러나 어떻게든 살아남아 번성하고 진화를 거듭한 끝에 인간이라는 형태로 지구를 효과적으로 지배하게 된 현대의 포유류로 등장했습니다.

어떻게 이런 일이 가능했을까요?

이는 분명 우리의 힘이나 물리적 과정으로 가능한 일은 아니었습니다. 수백만 년의 진화에도 불구하고 우리는 여전히 맨손 싸움에서는 그다지 위협적인 존재가 아닙니다.

그 대신 우리는 다른 것을 가지고 있습니다. 비사회적인 파충류 조상들과 달리 포유류는 소통하고, 어울리며, 협력할 수 있었습니다. 이런 능력 덕분에 고대 우리 조상들은 연약한 새끼를 키우고, 큰 포식자로부터 함께 방어하며, 궁극적으로는 기능적인 공동체와 사회를 구축할 수 있는 종으로 진화했습니다.

사회적 행동에 대한 이 같은 변화는 기념비적인 것이었으며, 우리 몸에 깊이 새겨져 있습니다.

만약 우리가 비사회적인 파충류의 조상처럼 끊임없이 방어적이거나 공격적인 상태에 있었다면, 같은 종의 구성원들과 가까이 있는 것만으로도 위험했을 것입니다.

대신, 우리 몸은 공격적이고 방어적인 상태에서 벗어나 다른 이들에게서 안전을 찾고, 우리 자신이 안전하다는 신호를 주변에 보낼 수 있는 방법을 찾아야 했습니다.

이를 통해 우리는 서로 가까이 있어도 안전하게 협력하고 생존할 수 있었습니다.

포유류에게 안전감을 추구하고 안전감을 전달하는 능력은 새로운 것이었지만, 그 뿌리는 오래된 곳에 있었습니다. 바로, 우리의 비사회적 파충류 조상들이 생존을 위해 에너지를 보존하거나 죽은 척하기 위해 생리적 상태를 낮출 수 있게 해주던 '심장억제섬유cardioinhibitory fibers'에서 비롯된 것입니다. 이 구조는 인간과 다른 포유류에서 효과적으로 새로운 용도로 전환되어, 몸을 진정시키고 상대방을 다치게 하거나 두렵게 만들지 않고 가까이 다가갈 수 있도록 해주었습니다.

이런 변화를 수용하기 위해 미주신경의 심장억제섬유는 변형되어 뇌간을 가로질러 이동했습니다.[37] 포유류는 오늘날까지 여전히 등쪽미

37) 심장 억제 섬유가 등쪽미주신경핵에서 배쪽미주신경핵으로 이동하는 과정은 포유류의 태아 발달 과정에서도 반복됩니다(저자 주).

주복합체에 무수 고대 미주신경섬유를 가지고 있지만, 이제는 배쪽미주복합체라고 알려진 뇌간 영역으로 가는 새로운 미주신경 분지도 생겼습니다. 이 새로운 미주신경 분지는 이전의 미주신경 분지와는 다른 형태를 가지고 있으며 수초로 덮여 있는 유수 신경이었습니다.

그다음에 벌어진 일은 일종의 결혼이나 기업의 합병으로 생각할 수 있습니다. 미주신경은 몸의 속도를 늦추고 생리적 상태를 변화시킬 수 있습니다. 배쪽미주복합체는 귀로 경청하고, 목소리로 발성하며, 얼굴로 감정을 표현하는 근육들을 조절합니다.

미주신경은 우리 몸을 다양한 생리적 상태로 전환시킵니다. 미주신경이 VVC에 결합하면서 우리의 사회적 행동은 생리적 상태와 불가분의 관계가 되었습니다. 그리고 파충류가 위협에 처했을 때 신체를 늦추게 했던 고대의 신경 구조는 포유류에서 안전하고 사회적인 행동을 촉진하도록 재구성되었습니다.

이로써 우리의 목소리와 표정은 감정을 전달하는 도구가 되었으며, 차분하고 다가가기 쉬운 상태인지 아니면 짜증스럽고 반응적인 상태인지를 다른 사람들에게 명확히 전달할 수 있게 해 주었습니다.

많은 사람이 상대방의 목소리를 듣거나 얼굴을 보는 것만으로도 언제 다가가야 안전한지, 언제 거리를 두어야 하는지 직관적으로 압니다. 이런 능력은 개, 고양이, 말과 같은 다른 사회적 포유류와의 상호 작용에도 적용됩니다. 동물과 상호 작용할 때 우리는 목소리가 동물들을 진정시키거나 흥분하게 하거나 겁을 주는 힘을 관찰할 수 있습니다.

감정과 생리적 상태를 전달하는 이 같은 해부학적 특징은 제[스티븐]가 사회 참여 체계라고 부르는 시스템을 형성합니다.

해부학적으로 말하자면, 사회 참여 체계는 얼굴과 머리의 근육(그리고 목소리를 조절하는 근육)과 심장을 연결하는 신경 경로를 포함합니다.

이 신경 경로는 심장과 호흡이 조화를 이루게 하는 미주신경의 연결을 공유해, 표정과 목소리뿐 아니라 귀를 통해 듣는 능력에도 영향을 미칩니다.

간단히 말해, 미주신경이 안전한 상황에서 우리 몸을 진정시키면, 이 시스템은 얼굴과 목소리와 귀를 열어 타인에게 안전한 사회적 행동을 표현하고 그들로부터 이를 되돌려 받기도 합니다.

우리가 얼굴과 머리를 사용해 빨고, 삼키고, 숨을 쉬고, 발성하는 능력은 이러한 회로의 표현입니다. 연구에 따르면 이러한 움직임을 조율하는 데 어려움을 겪는 것은 신생아의 생존에 심각한 위험을 줄 수 있으며, 이후의 행동 및 건강 문제를 나타내는 주요 지표가 됩니다. 다미주 이론은 이런 어려움이 단순한 생존 위험에 그치지 않고, 사회성 및 타인에 대한 신뢰도 저하, 섭식 장애, 상태 조절 문제, 청각 과민증 등으로 이어질 수 있다고 강조합니다.

몸이 진정되지 않으면 전체 사회 참여 체계가 하향 조절되고, 타인의 안전 신호를 표현하고 받아들이는 능력이 저하됩니다. 임상적 관점에서 보면, 사회 참여 체계가 저하되면 다양한 진단과 이와 관련된 광범위한 증상이 나타날 수 있습니다.

다미주 이론은 이런 증상(및 그에 따르는 진단)의 많은 부분이 실제로 자율신경계가 방어 상태에 있기 때문이라고 주장합니다.

이로 인해 사회 참여 체계와 표정 및 발성 같은 특징이 신체를 안전한 상태로 재조율함으로써 임상적 개입을 위한 통로로 작용할 가능성을 논의할 수 있습니다.

앞서 3장에서는 미주신경을 직접 자극하는 것에 대한 현대 사회의 집착에 관해 이야기했습니다.

다미주 이론은 사회적 행동 자체가 효율적인 미주 자극의 한 형태라고 가정

합니다. 그리고 미주신경을 특정 신경으로만 직접 자극하려고 하면, 건강한 미주신경 활동으로 가득 찬 삶을 살 수 있다는 큰 그림을 놓칠 수 있습니다. 이는 단지 안전하다고 느끼는 사람들과 같은 공간에 머무르는 것만으로도 가능하기 때문입니다.

이러한 행동을 통해 미주신경을 활성화할 수 있는 능력 덕분에, 사람들이 노래, 대화, 기도, 집중 호흡, 경청, 악기 연주, 사회적 교류 같은 활동에 자연스럽게 끌리게 됩니다.

발성이나 숨을 불어넣는 행동처럼 사회 참여 체계의 근육과 신경 경로를 활용하는 간단한 행위들은 미주신경이 자율신경 상태를 조절하도록 도와 우리를 기분 좋고, 안전하며, 건강하게 만들어 줍니다.

여기서 안전과 사회성에 대한 집착에 또 하나의 's'를 더할 수 있습니다. 바로 '숭고함sublime'입니다. 안전하고 사회적인 삶을 산다는 것은 인간으로서 우리의 잠재력을 발휘할 수 있는 숭고한 삶을 사는 것입니다.

1994년 처음 다미주 이론을 제안했을 때, 안전을 추구하는 것이 우리의 진화에 중요한 요소라는 점을 강조했습니다. 또한 안전한 사회적 행동을 표현할 수 있는 능력과 같은 메커니즘이 포유류만의 독특한 해부학에 포함되어 있다고 제안했습니다.

저는 이것이 진화를 통해 이루어졌고, 비사회적 파충류 조상으로부터 용도가 변경된 도구로서 우리 종이 위험한 세계에서 생존할 수 있도록 도와준 것이라고 제안했습니다.

이것이 바로 다미주 이론의 전체적인 기초입니다. 포유류는 위험한 세계에서 안전을 추구하기 위한 특정 메커니즘을 진화시켰으며, 이 메커니즘은 사회적 행동뿐 아니라 우리의 전반적인 건강과 웰빙과도 밀접하게 연결되어 있다는 것입니다.

믿기지 않겠지만, 이는 당시 매우 혁명적인 아이디어였습니다. 새로운 이론을 제안하는 것과 그것을 정당화하는 것은 완전히 다른 문제입니다.

이를 정당화하기 위해 저는 비교 신경해부학 분야로 눈을 돌렸습니다.

비교 신경해부학은 다양한 동물의 뇌와 신경계를 비교해 진화의 점진적인 변화를 물리적으로 추론하는 것을 포함합니다.

예를 들어, 다양한 포유류와 파충류를 살펴봄으로써 그들의 뇌와 신경계의 일부가 서로 물리적으로 동일한지 아니면 다른지 확인할 수 있습니다. 이러한 비교를 통해 신경해부학적으로 고대 파충류 조상과 공유하는 부분과 이후에 진화해 현대 포유류에게만 독특하게 나타난 부분을 알 수 있습니다.

또 다양한 포유류와 파충류의 실제 뇌와 신경계를 살펴봄으로써 특정 신경 구조나 유형의 세포가 뇌에서 처음 등장한 위치를 확인하고, 이후 나중에 진화한 종에서 확장되거나 옮겨 간 곳을 확인할 수 있습니다.

다미주 이론은 이러한 진화적 여정을 통해 인간과 같은 현대 포유류가 어떻게 사회적 존재가 되었는지, 그리고 이러한 변화가 항상성, 치유, 장기 생존을 위한 통로로서 사회적 행동을 지원하는 해부학적 구조를 어떻게 만들어 냈는지에 관한 것입니다.

이것이 이 책에서 새에 관한 이야기를 거의 볼 수 없는 이유입니다. 많은 종의 새가 실제로 상당히 사회적이지만, 그들은 포유류보다 수백만 년 후에 파충류에서 분화했으며, 새의 사회적 행동을 촉진하는 메커니즘은 고유한 진화적 뿌리를 가지고 있습니다. 따라서 조류와 현대 파충류에 대한 연구는 다미주 이론의 범위를 벗어납니다.

또한 다미주 이론은 포유류가 사회성을 지니게 된 진화적 변화를 실제로 일으킨 원인에 대해서는 추정하지 않는다는 점에 유의해야 합니다. 그 대신 비교 신경해부학에서 관찰할 수 있는 것과 추정된 계통발생적 연대표에서 도출할 수 있는 추론에 중점을 둡니다.[3] 아마도 우리의 유전적 역사에 대한 현재의 많은 가정은 새로운 분자 기술이 발전함에 따라 업데이트될 가능성이 높습니다.

저의 비교 신경해부학 연구는 심장 억제 구조의 진화적 경로를 추적하는 데 중점을 두었습니다. 이 구조는 심장을 느리게 하고 몸을 부교감 상태로 전환시키는 뇌와 신경계의 부분으로, 미주신경의 상당 부분을 차지합니다.

고대 파충류와 현대 포유류 모두 미주신경을 가지고 있으며, 이를 통해 심박수를 늦추고 부교감 상태에 들어갑니다.

그러나 다미주 이론은 안전한 상황에서 우리를 느리게 하고(심박수를 늦추고) 휴식, 성장, 회복을 촉진하는 이런 구조가 고대 파충류에게서는 찾아볼 수 없는, 자율신경계의 독특한 포유류적 재구성이라고 제안합니다.

이는 중요한 내용입니다. 포유류로 진화한 고대 파충류는 위협 반응을 중단하고 타인에게 다가가거나, 상호 조절co-regulation 또는 모성 행동을 보이는 신경 메커니즘을 갖추지 못했습니다. 또 대부분 파충류는 심박수와 호흡이 동기화되지 않습니다.

주목할 점은 대부분 현대 파충류 종은 모성 행동이나 호흡-심박 동기화를 보이지 않지만, 일부 선택된 종에서는 이러한 행동이 나타난다는 것입니다. 예를 들어, 악어와 크로커다일은 일종의 모성 행동을 보이며, 왕도마뱀은 호흡-심박 패턴을 가지고 있습니다.[4]

그러나 척추동물의 계통발생학phylogeny을 살펴보면, 우리가 이들 파충류와 공통 조상을 공유하고는 있지만 이들로부터 진화하지는 않았다는 사실을 알 수 있습니다. 이는 일부 파충류가 이러한 행동을 보이더라도 포유류와는 독립적으로 진화했음을 시사하며, 이 행동들은 다미주 이론에서 설명하는 것과는 다른 신경 메커니즘을 통해 이루어진다는 것을 의미합니다. 다미주 이론에 따르면, 등쪽미주신경핵dorsal vagal nucleus에서 나오는 심장억제섬유가 파충류나 포유류에서 호흡 리듬을 가지고 있다는 증거는 존재하지 않습니다.[38)]

하지만 이것이 왜 중요할까요? 호흡과 심박수를 조절하고 동기화하는 미주신경 메커니즘이 포유류에서 현대적인 배쪽미주신경을 통해 고유하게 매개된다는 사실을 이해하는 것이 왜 중요할까요?

이러한 메커니즘을 이해함으로써 이를 측정할 수 있기 때문입니다.

---

38) 설령 등쪽미주신경에 호흡 리듬이 존재하더라도, 이는 다미주 이론과 모순되지 않습니다. 다미주 이론은 등쪽미주신경이 아닌 배쪽미주신경(ventral vagus)이 매개하는 호흡-심박 리듬의 역할에 중점을 두기 때문입니다. 배쪽미주복합체에서 발생하는 호흡 리듬의 진화적 출현이 포유류의 진화와 독특하게 연관되어 있기 때문에, 계통발생적으로 고대 척추동물에서 관찰된 호흡-심박 상호 작용은 다미주 이론과 무관하다는 것입니다. 흥미롭게도, 몬테이루 연구팀(Monteiro et al., 2018)은 원시 폐어(lungfish)의 등쪽미주신경핵에서 기원한 수초화된(myelinated) 경로를 통한 심장호흡 상호 작용(cardiorespiratory interactions)을 발견했습니다. 연구진은 이 발견이 다미주 이론에 모순된다고 가정했지만, 다미주 이론은 파충류 이전에 진화한 척추동물 계열에서 배쪽미주신경핵(의문핵, nucleus ambiguus) 이외의 영역에서 기원한 수초화 경로에 대해 어떠한 가정도 하지 않습니다. 또 포유류보다 먼저 진화한 다른 척추동물인 양서류나 파충류에서는 수초화된 등쪽미주신경섬유에 대한 보고가 없습니다. 이는 이런 특징이 독립적으로 진화했으며, 우리의 계통발생적 과거와는 무관함을 시사합니다(저자 주).

부교감신경계의 활성화를 객관적으로 측정하는 방법을 통해 다미주 이론과 관련된 다양한 가설을 검증하고, 이를 실시간으로 관찰할 수 있습니다. 예를 들면, 자율신경 상태와 표정 또는 청각 처리 같은 사회 참여 체계 요소 간의 연관성을 탐구하는 실험을 실행할 수 있습니다.

미주신경의 진정 효과를 측정하는 가장 중요한 지표는 심박변이도(heart rate variability, HRV)와 호흡동성부정맥(respiratory sinus arrhythmia, RSA)입니다.

심박변이도에서 추출되며 이와 밀접한 관련이 있는 호흡동성부정맥은 본질적으로 심박수가 호흡 리듬과 함께 얼마나 동기화되는지를 측정하는 것으로, 미주신경 활동('미주신경 톤'이라고도 함)과 녹색 상태의 활성화를 나타내는 매우 좋은 지표입니다. 또한 중요한 점은 이러한 지표들이 간단한 맥박 모니터를 통해 추출될 수 있는 만큼 비침습적 도구로 쉽게 접근할 수 있다는 것입니다.

이제 진화가 인간을 사회적 존재로 발전시키는 길을 어떻게 열어주었는지를 이해했으니,[5] 우리가 생존하고 번영하기 위해 서로가 얼마나 필요한지, 그리고 이 필요성이 우리 몸의 거의 모든 섬유에 어떻게 내재해 있는지 탐구해 볼 수 있습니다.

5장

연결과 상호 조절: 생물학적 필수 요소

이 책의 하위 주제는 안전한 사회적 상호 작용이 건강에 얼마나 중요한지(필수적인지)를 강조하는 것입니다. 이를 이해하기 위해 유명한 컴퓨터 게임 「심즈The Sims」를 살펴보겠습니다.

이 게임에서는 공주를 구하거나 악당을 물리치는 것이 목표가 아닙니다. 그보다는 가상 아바타의 욕구와 필요를 충족시키며 하루를 잘 보내는 것이 목적입니다. 이 콘셉트는 대중의 마음을 사로잡았습니다. 2000년 전설적인 게임 디자이너 윌 라이트의 두뇌에서 탄생한 심즈는 PC게임 중 역대 베스트셀러 중 하나로 꼽힙니다.

게임을 하는 동안 플레이어는 다양한 상태 표시줄을 통해 '배고픔', '방광', '에너지'(수면) 등 아바타의 기본적인 욕구Needs를 확인할 수 있습니다.

이 중 어느 하나라도 돌보지 않고 방치하면 상태 표시줄이 고갈되며 캐릭터가 냉장고에 가거나 잠깐 눈을 붙여야 한다는 신호를 보냅니다. 이 욕구를 너무 오래 방치하면 캐릭터는 방을 가로질러 가는 것조차 힘들어하거나 심지어 정신을 잃고 쓰러질 만큼 완전히 망가집니다.

초기 버전부터 등장했던 또 다른 욕구 중 하나는 바로 '사회적Social' 상태를 알려 주는 표시줄인데, 이는 다른 캐릭터들과 대화하며 시간을 보내면 채워집니다. 이 욕구가 채워지지 않으면 캐릭터는 바닥에 주저앉아 흐느끼며 하루를 버텨 낼 의욕을 상실합니다.

이 게임은 상당히 정확합니다. 인간은 사회적 상호 작용이 있어야 가장 지혜롭고 건강하며 행복하고 고귀한 자아를 발휘할 수 있습니다. 그러한 상호 작용이 없다면, 우리는 게임 속 캐릭터처럼 무너질 수 있습니다.

여기까지 읽었다면, 지금쯤 녹색 시스템이 우리의 사회적 능력에 핵심이라는 것을 알아차렸을 것입니다. 이 모든 것을 이해하는 데 도움이 되도록 사회적 상호 작용이 무엇을 의미하는지, 그리고 녹색 시스템(그리고 배쪽미주복합체)이 이 필요를 어떻게 충족시키는지 살펴보겠습니다.

다미주 관점에서 사회적 상호 작용은 상호 조절을 촉진하는 것과 관련이 있습니다. 즉, 우리의 몸이 다른 사람과 안전 신호를 주고받으면서 동시에 우리 신경계를 조절하는 능력입니다. 이를 통해 건강, 성장, 회복에 적합한 상태를 경험하게 됩니다.

우리의 신경지는 주변 사람들의 상태를 감지해 우리 자신도 그와 비슷한 상태에 들어가도록 유도합니다. 그래서 안전감을 느끼게 하는 사람과 함께 있으면 우리의 신경계가 진정되고, 그 결과 상대방의 신경계도 진정되는 선순환이 이어집니다.

다미주 이론은 사회적 행동을 통한 상호 조절이 음식이나 수면처럼 본능적으로 필요한 생물학적 필수 요소라고 가정합니다. 인간이라는 종으로서의 생존은 신뢰할 수 있는 타인을 식별하고 협력하는 능력에 의존하기 때문에, 이 같은 필요는 우리의 DNA에 깊이 새겨졌고 태어나는 순간부터 평생 발현됩니다.

상호 조절은 안전하지 않은 세상에서 우리 몸이 균형을 유지하는 방법입니다. 간단히 말해, '필수적인 욕구(Needs, 니즈)'입니다. 안전하다고 느껴지는(안전하지 않은 상호 작용과는 전혀 다르기 때문에 이 부분이 매우 중요합니다) 상호 작용이 없다면, 누구도 건강하거나 행복할 수 없으며 올바르게 사고할 수도 없습니다.

그러나 상호 조절은 다양한 형태로 나타납니다. 예를 들어, 저녁에 친구와 함께 식사하며 보내는 순간과 연인과 함께 보내는 순간은 매우 다릅니다.

이것을 하나의 연속체 또는 과정으로 생각해 볼 수 있습니다. 사회적 상호 작용과 그로 인해 발생하는 자율신경계의 상호 조절은 흐름도처럼 여러 단계로 나눌 수 있습니다. 각 단계는 나름의 이점을 제공하며, 다음 단계로 나아가기 위해 반드시 필요한 전제 조건입니다.

이 장을 다 읽기 전에는 잘 이해되지 않을 수 있겠지만, 쉽게 참고할 수 있도록 흐름도를 제공합니다.

상호 조절

안전 > **근접** > **접촉** > **유대**

상호 조절 1단계: 대면(얼굴 대 얼굴) 상호 작용

사회적 상호 작용을 통한 상호 조절의 첫 번째 단계는 얼굴을 맞대고 소통하는 것입니다.

안전감을 느끼게 하는 사람과 가까이 있을 때, 우리의 녹색 시스템과 배쪽미주복합체[VVC]는 얼굴과 머리 근육을 조절하는 뇌신경을 활성화합니다. 이 덕분에 우리의 사회 참여 체계는 감정을 얼굴 표정으로 드러낼 수 있게 됩니다. 반면, 황색이나 적색 상태에서는 흔히 표정이 거의 없는 상태가 되기 때문에, 감정이 자연스럽게 얼굴에 표현되는 것이 무척 어렵습니다. 사람들은 흔히 "감정을 겉으로 드러내지 않는다"라고 말하지만, 사실 우리는 감정을 얼굴에 고스란히 드러냅니다. 꼬리를 흔들며 감정을 표현하는 개들처럼 말이지요.

다른 신체적 변화도 일어나는데, 녹색으로의 전환은 우리를 더 매력적인 대화 상대로 만들어 다른 사람에게 안전감을 주는 신체 시스템으로 자원이 집중됩니다. 예를 들면, 중이 근육이 음성의 특정 주파수를 더 잘 들을 수 있도록 위치를 바꾸어 (주변의 위험을 감지하는 대신) 눈앞에 있는 사람의 목소리에 집중하게 됩니다. 우리의 목소리도 단조롭고 지루한 음색에서 벗어나 부드럽고 노래하는 듯한 밝은 톤으로 변합니다.

이런 변화가 일어나면, 상대방도 동일한 변화를 감지합니다. 그들의 신경지도 우리를 안전하다고 인식하고, 같은 신체적 변화가 나타납니다. 이것이 상호 조절의 핵심입니다. 우리는 위험에 대한 경계 상태에서 벗어나 서로를 치유와 행복의 안전한 공간으로 이끕니다.

더 나아가기 전에, 현대의 모든 사회적 상호 작용이 실제로 이렇게 이루어지는 것은 아니라는 현실을 짚고 넘어가야 합니다.

오늘날 우리는 실제로 얼굴을 마주하지 않고도 소통할 수 있습니다. 인간은 오래전부터 글을 쓰고, 전화로 대화하고, 인터넷에서 거의 모든 것을 할 수 있는 능력을 개발해 왔습니다.

하지만 인류 역사에서 대부분은 오늘날과는 전혀 다른 위험한 세계에서 살아왔습니다. 그 세계에는 슈퍼마켓도 에어컨도 응급실도 없었습니다. 치열한 경쟁과 위험이 가득한 세계였으며, 자원은 부족하고, 포식자는 넘쳐났습니다. 그런 세상에서 살아남기 위해 인간은 소통하고 협력하고 협동해야 했습니다.

이러한 사회적 행동은 생존에 매우 중요하기 때문에 우리 몸은 이러한 행동을 강력하게 유도하는 다양한 내적 매커니즘을 진화적으로 개발해 왔습니다. 이유는 명백합니다. 다른 사람들과 협력한 사람들이 고립된 사람들보다 생존할 확률이 더 높았기 때문입니다.

흔히 '적자생존survival of the fittest'이 지배력과 공격성을 의미한다고 생각합니다. 그러나 1960년대 초반, 저명한 우크라이나계 미국인 유전학자이자 진화생물학자인 테오도시우스 도프잔스키Theodosius Dobzhansky는 이 가정에 대해 새로운 해석을 제시했습니다. 그는 "가장 잘 살아남는 존재는, 가장 강한 이가 아니라 가장 온화한 이일지 모릅니다. 왜냐하면 생존을 위해서는 종종 상호 도움과 협력이 필요하기 때문입니다"라고 말했습니다.[1]

이와 같은 이유로 인간은 공격과 방어 상태에서 벗어나 협력과 사교로 전환하는 신경생리학적 메커니즘을 진화시켰습니다. 이는 우리가 다른 사람들과 함께 있을 때 안전감을 느끼게 해 주는 거대한 진화적 변화였습니다. 이러한 적응은 인간 사회는 물론 소, 염소, 개, 말과 같은 다른 포유류의 가축화에도 핵심적인 역할을 했을 것입니다.

이런 진화적 필수 요소를 통해 인간은 사회적 동물로 진화했으며, 오늘날까지도 다른 사람들과 소통하고 교류하도록 강력히 이끄는 생물학적 보상과 처벌 시스템이 내재되어 있습니다.

고대의 소통과 협력에 대한 필요를 충족시키면, 우리 몸은 신경계를 안정시켜 성장하고 치유하게 하며, 건강과 행복으로 보답합니다.

사회적 활동은 즐겁고 파티도 즐겁습니다. 수많은 연구에 따르면, 강력한 사회적 지지망과 건강한 관계를 가진 사람은 그렇지 않은 사람보다 더 행복하고, 더 건강하며, 더 오래 사는 경향이 있습니다.

하지만 고대의 충동을 무시하면 우리 몸은 질병과 우울증과 외로움에 시달릴 수 있습니다. 장기적인 사회적 고립은 고문과 다름없습니다. 독방에 갇힌 죄수에게 물어보거나(10장 참조), 팬데믹 기간에 몇 주, 몇 달, 심지어 몇 년 동안 고립된 채 지내면서 어떻게 느꼈는지 떠올려 보세요(7장 참조).

우리 몸이 사회적 활동과 협력을 장려하기 위해 '당근과 채찍' 방식으로 작동한다고 생각해 보세요.

> 당근: 다른 사람들과 안전하게 시간을 보내면 기분이 좋아지고 더 건강해집니다.
> 채찍: 고립되어 지내면 심즈 게임 속 망가진 캐릭터처럼 될 수 있습니다. 슬프고 외롭고 육체적으로도 건강하지 못합니다.

그렇다면 우리 몸이 사회적 상호 작용과 협력의 할당량을 채웠는지, 그리고 당근을 받을 자격이 있는지 어떻게 알 수 있을까요? 간단히 말해, 심즈 게임의 사회적 상호 작용 욕구Needs가 충분히 채워지고 있다는 것을 우리 몸이 어떻게 아는 걸까요?

인류의 진화에서 사회적 상호 작용은 단 한 가지 방식으로만 이루어졌습니다. 인터넷도 전화도 심지어 글로 된 편지조차 없던 시절에 인간이 서로 소통하고 협력할 수 있는 유일한 방법은 얼굴을 마주하는 상호 작용뿐이었습니다.

따라서 대면 상호 작용을 통해서만, 그리고 대면 상호 작용만이 우리 몸이 사회적 할당량을 채웠는지 여부를 판단할 수 있습니다. 다른 사람과 얼굴을 마주하고 대화할 때 신경계는 오래되고 복잡하며 대부분 무의식적인 상호 조절의 춤에 참여하며, 궁극적으로 신경전달물질이 보상적으로 분출되어 만족감을 얻게 됩니다. 더불어 신체적 · 정신적 건강도 향상됩니다.

얼굴과 목소리는 서로 안전하게 상호 작용하고 있음을 우리 몸과 상대방의 몸에 알리는 열쇠이자 촉매제가 됩니다.

뇌간에서 뻗어 나와 우리 몸의 주요 부위와 직접 연결되는 12개의 뇌신경을 기억하나요? 얼굴이 신경계에서 얼마나 중요한지 의심하는 사람은 없겠지만, 이 중요한 신경 중 상당수 특히 '배쪽미주복합체'와 관련된 네 개의 신경이 표정, 머리 제스처, 목소리의 억양에 관여하는 근육을 조절하는 데 직접적으로 연관된다는 사실에 주목해야 합니다.

다시 말해, 우리의 신경계 중 상당 부분이 대면 환경에서 다른 사람들과 어울리는 특정 시스템에 집중되어 있습니다.

이제 현대 사회로 넘어가 보겠습니다.

오늘날 우리들 대부분은 기본적이고 표면적인 생존에 필요한 자원에 쉽게 접근할 수 있습니다. 슈퍼마켓과 배달 서비스 덕분에 누구와 교류하지 않고도 무제한으로 식량을 조달할 수 있으며, 실제로도 매우 쉽습니다. 더는 식량을 사냥하거나 채집하거나 찾아다니기 위해 협력할 필요 없이, 핸드폰에 몇 번의 터치만으로 식사(어쩌면 때로는 지나치게 영양이 풍부한)가 문 앞까지 배달됩니다.

협력이 필요한 작업의 경우에도 현대의 커뮤니케이션 방식 덕분에 상대방의 얼굴을 보지 않아도 쉽게 끝낼 수 있습니다. 전화와 인터넷 덕분에 얼굴을 보지 않고도 다른 사람과 소통하는 것이 가능해졌고, 더 쉬워졌습니다. 말하자면 많은 사람이 '생계를 위해 필요한 모든 일'을 타인과의 물리적 접촉 없이도 컴퓨터를 통해 할 수 있게 되었습니다.

이제 단순히 생존만을 생각한다면, 많은 사람들에게 대면 상호 작용은 선택사항이 되어버렸습니다. 그러나 이 선택을 거부하는 대가는 매우 큽니다. 상호 조절을 통해 몸속의 얼굴 인식 메커니즘을 활성화하지 않으면, 우리의 신경계는 소통과 협력이라는 고대의 생물학적 욕구가 충족되었음을 인식할 수 없습니다. 그 결과, 그에 대한 보상으로 분비되는 행복을 유발하고 건강을 지원하는 화학물질의 분출 또한 누리지 못하게 됩니다.

그리고 상호 조절co-regulation에서 '상호co-'를 놓치지 마세요. 누군가와 친근하게 소통하려는 시도가 받아들여지지 않으면 기분이 상할 수 있습니다.

대학과 컨퍼런스 강당을 누비며 많은 시간을 보낸 학자로서 저[스티븐]는 이러한 상황을 자주 목격하거나 직접 경험했습니다. 많은 대학원생이 저명한 교수에게 다가가 대화를 시도하지만, 교수가 이를 인지하지 않고 그냥 지나쳐 버리는 경우를 자주 보았습니다. 이런 거절은 학생으로 하여금 자신이 부족하다거나, 교수의 관심이나 주목을 받을 만한 가치가 없다는 식의 자기 비판적인 서사를 만들게 할 수 있습니다. 물론 진실은 아무것도 아닐 수 있습니다. 교수가 약속 시간에 늦었거나, 애초에 인사하는 말을 듣지 못했을 수도 있습니다. 혹은 원래 무표정한 사람인데 학생이 이를 냉담하게 여겼을 수도 있습니다.

인간은 타인과 관계에서 주고받는 사회적 상호 작용을 기대하도록 진화했습니다. 우리가 곧 사회적 활동을 할 것이라고 신경계가 믿을 때, 몸은 방어 체계를 낮추고 사회 참여 체계를 활성화해 몸을 준비시킵니다. 그러나 우호적인 사회적 상호 작용에 대한 신경계의 기대가 깨지면, 신경계는 즉각적이고 극단적인 방어 상태로 전환되며, 이는 종종 정서적 상처를 수반합니다.

저는 이러한 신체 반응을 설명하기 위해 '생물학적 무례biological rudeness'라는 용어를 만들었습니다. 이는 호혜적인 사회적 참여를 기대했다가 어긋났을 때 발생하는 신체적 반응을 설명하는 개념입니다. 이런 반응은 일종의 연쇄 반응으로 볼 수 있습니다. 자발적인 사회적 상호 작용에서 호혜성을 느끼지 못하면, 자율신경 상태가 갑자기 방어 상태로 전환되고, 이는 불쾌하게 느껴지는 감정적 반응으로 이어져 때때로 공격적인 반응을 초래할 수 있습니다. 이는 의도하지 않은 사소한 사회적 무례함이 실제 폭력으로 이어지는 경우에서 종종 보게 됩니다. 이러한 부정적인 반응은 방어적인 상태로 쉽게 전환되는 경향이 있는 사람들, 즉 선천적인 성향이 있거나 폭력 또는 두려움 속에서 살아온 사람들에게서 나타날 가능성이 있습니다.

인간은 물과 음식이 필요한 것처럼 다른 사람과의 접촉이 필요합니다. 이러한 필요는 마치 퍼즐의 빈 조각처럼 고대에서부터 우리 몸에 깊이 자리 잡고 있으며, 실제와 매우 흡사한 대체물로 채워질 수 있습니다. 그리고 편리함과 통신 기술이 넘쳐나는 현대 사회에서는 대체물이 넘쳐납니다.

예를 들어, 비디오 게임(특히 온라인 멀티플레이어 게임)은 협력과 인간적 접촉에 대한 우리의 기본적인 욕구를 놀랍도록 잘 활용합니다. 이러한 게임에서는 대개 플레이어가 팀을 이루어 퍼즐을 풀거나 미션을 완수해야 하는데, 계획과 예측이 필요한 경우가 많습니다. 또 픽셀로 된 아바타가 사람들을 대신해 서로 만나 인사를 나누고, 우정을 쌓으며, 때로는 연인 관계로까지 발전하는 가상의 공간도 있습니다. 이런 게임은 인간적 접촉에 대한 우리의 필요를 충족시키기 위해 거의 맞춤 제작된 셈입니다.

하지만 뛰어난 그래픽과 프로그래밍에도 불구하고 이는 조잡한 시뮬레이션일 뿐입니다. 이 게임들은 우리의 신경계를 자극하고, 협력과 상호 작용에 대한 필요를 충족시키는 듯한 착각을 불러일으킵니다. 퍼즐이 협력적으로 풀리고, 단어와 감정이 교환되며, 대화가 오가는 것처럼 보입니다.

그러나 대면 접촉은 없습니다. 대면 접촉이 없기 때문에 신체는 상호 조절co-regulation을 인식하지 못하며, 궁극적인 만족감이나 생화학적 보상도 제공되지 않습니다.[39)]

이것이 아마도 인터넷과 비디오 게임의 중독성이 강한 이유일 수 있습니다. 겉으로는 사회적 신경계를 자극하지만, 실제로는 신경계가 원하는 사회적 상호 작용의 특정 요소들을 제대로 제공하지 않기 때문입니다.

또 사람들이 화면을 응시할 때 흔히 '좀비 얼굴'이라고 농담 삼아 말하는 모습을 보이는 이유이기도 합니다. 주의를 화면에 온전히 집중하고 있는 것처럼 보이지만, 여전히 무표정하고 감정 없는 얼굴을 보이는

---

39) Zoom 같은 화상회의 앱은 또 다른 이야기입니다. 이런 앱들은 실제 대면과 조금 더 가까운 경험을 제공할 수는 있지만, 상호 조절(co-regulation)이라는 무의식적 상호 작용은 단순히 얼굴을 시각적으로 보는 것 이상의 과정을 포함합니다. 따라서 이러한 비대면 상호 작용은 여전히, 실제 사람과 직접 마주하는 대면 경험만큼 신경계에 만족감을 주지는 못합니다(저자 주).

경우입니다. 다른 사람과 소통하고 있지만 대면 상호 작용을 할 때 사용되는 사회 참여 체계인 표정을 짓는 근육과 움직임은 사실상 작동하지 않는 상태입니다.

미묘한 표정이나 음성 신호가 없으면, 신경계는 해당 상호 작용에 충분한 점수를 주지 못합니다. 할당량이 충족되지 않으며, 소통과 협력을 통해 느끼는 행복감과 자율신경계의 녹색 상태로 전환이 충분히 실현되지 않습니다.

여기서 잠시, 이 책의 저자들이 비디오 게임을 좋아하고 스마트폰도 사용한다는 점을 언급하고 싶습니다. 저는 비디오 게임이나 기술에 반대하려는 것이 아닙니다. 게임은 재미있고 몰입감 있는 취미가 될 수 있으며, 엔터테인먼트, 스토리텔링, 예술과 학습의 매우 매력적인 형태입니다. 또 신체적 이유로 혹은 팬데믹 동안 집에 갇혀 있는 사람들에게 사회적 상호 작용의 창구를 제공합니다. 어떤 이들에게 게임은 긴장을 푸는 데 도움을 주며, 친구들과 유대를 유지하는 수단이 되기도 합니다.

하지만 어떤 형태의 디지털 기술도 대면 상호 작용을 완전히 대체할 수는 없습니다. 영상 통화, 가상 현실, 메타버스, 그리고 기타 사회적 모방물이 가득한 미래를 바라보는 오늘날의 우리는 서로 가까이 있고자 하는 인간의 오래된 필요를 기억하고 이를 충족시킬 방법을 찾아야 합니다. 직접 얼굴을 맞대고 함께 시간을 보낼 방법을 찾아야 합니다.

당신의 신경계와 건강이 이에 대해 고마워할 것입니다.

상호 조절 2단계: 친밀감

2장에서는 다양한 자율 상태에 관해 설명했습니다. 사교, 싸움/도주,

셧다운/해리 상태의 '순수한' 녹색 · 황색 · 적색 상태와 놀이 및 친밀감 같은 하이브리드 시스템이 있습니다.

상호 조절의 다음 단계를 이해하기 위해 안전하다고 느끼는 상태(녹색 시스템 작동)와 신체적으로 움직이지 못하는 상태(적색)의 조합에서 비롯되는 '친밀감'의 상태를 좀 더 구체적으로 살펴보겠습니다.

친밀감은 대개 1단계 이후에 오기 때문에 상호 조절 흐름도에서 2단계로 분류합니다.

1단계에서 녹색 시스템은 공격적이거나 방어적인 행동을 하지 않고도 다른 사람과 가까이 있게 합니다. 이러한 근접성은 진정한 친밀감에서 오는 신체적 접촉에 필수적입니다. 예를 들어, 엄마 품에 누워 있는 아이나 두 연인이 침대에서 서로 껴안고 있는 장면을 떠올려 보세요.

친밀하다는 것은 두려움 없이 움직이지 않는 상태를 말합니다. 이를 위해서는 상대방에 대한 엄청난 신뢰가 전제되어야 합니다. 이러한 신뢰가 깨졌을 때, 예를 들어 친밀감의 근접성과 접촉이 폭력적이고 원치 않는 것으로 변질되는 폭행 상황이라면, 이는 신체적 · 정서적 측면에 매우 큰 상처를 남길 수 있습니다.

하지만 성공적인 친밀감이 주는 보상은 매우 큽니다. 친밀감은 건강, 성장, 회복을 지원하는 생리적 상태를 유지하게 해 줍니다. 이는 휴식, 이완, 수면, 소화 그리고 기타 신체적 과정을 수행하는 능력을 최적화합니다.

성공적인 친밀감은 더 많은 친밀한 순간을 가능하게 해 더 깊은 신뢰, 안전, 사랑의 감정으로 이어집니다. TV 속 심리치료사들이 흔히 '친밀감 문제'를 언급하는 것은 흔한 클리셰가 되었지만, 친밀감은 실제로 취약성을 요구합니다. 실제로 과거에 이런 취약성이 침해된 적 있다면, 앞으로 이를 다시 드러내는 것은 엄청난 도전이 될 수 있습니다.

친밀감에 내재된 신뢰가 침해당하는 것은 파괴적이고 심각한 트라우마가 될 수 있습니다.

사회적 유대가 우리를 더 건강하게 만든다는 것은 점점 더 잘 알려지고 있는 사실입니다. 수많은 연구에 따르면 사회적 지원 네트워크가 탄탄한 사람들이 거의 모든 신체적 · 정신적 건강 문제에서 더 나은 결과를 보입니다.

그 이유는 무엇일까요? 가까운 사회적 유대와 건강한 친밀 관계가 실제로 신체적 회복을 돕는 걸까요?

이에 대한 답변의 많은 부분은 신경계와 안전감을 느끼게 하는 메커니즘에 달려 있습니다. 우리는 이미 안전감을 지원하는 자율신경 상태를 중재하는 데 있어 배쪽미주신경 경로의 역할을 강조했지만, 미주신경만이 이 역할을 단독으로 수행하는 것은 아닙니다. 오히려 다른 신경생리학적 및 신경화학적 메커니즘과 함께 책임을 같이 집니다.

그중 핵심은 단순하면서도 점점 더 유명해지고 있는 분자인 옥시토신입니다. 옥시토신은 흔히 '사랑' 또는 '포옹'의 호르몬으로 불립니다.

옥시토신: 독특한 포유류의 분자

옥시토신은 1950년대 초 미국 생화학자 빈센트 뒤 비뇨Vincent du Vigneaud에 의해 화학적으로 규명되었으며, 이후 실험실에서 합성하게 되었습니다. 이는 역사상 처음으로 폴리펩타이드 호르몬을 합성한 사례로, 뒤 비뇨는 이 업적으로 1955년 노벨 화학상을 수상했습니다.[2]

수십 년 동안 옥시토신은 우리 몸에서 다소 제한적인 역할을 하는 것으로 여겨졌습니다. 주로 수유와 출산에 필수적인 것으로 여겼을 뿐,

그 외에는 거의 연구되지 않았습니다. 모유와 출산이 생물학적으로 여성의 영역이기 때문에 옥시토신은 크게 중요하지 않게 간주되어 더는 연구할 가치가 없는 것으로 취급되었습니다.

그래서 1990년대 초 메릴랜드대학교의 수 카터Sue Carter 박사가 옥시토신(그리고 그와 밀접한 관련이 있는 호르몬 바소프레신)이 사회적 일부일처제, 즉 포유류의 짝짓기 능력(과학자들이 '사랑에 빠지는 것'이라고 표현하는 방식)에 깊이 관여한다는 사실을 발견했습니다. 심지어 그녀 자신도 이 결과를 믿기 어려워했습니다.[3]

현대의 독자들은 '사랑'이 호르몬과 펩타이드, 신경전달물질이 몸과 뇌 속에서 작용하며 우리를 설레게 하는 화학적 과정이라고 당연하게 생각하겠지만, 이는 비교적 현대적인 개념입니다. 수 세기 동안 사랑의 본질은 주로 시인과 철학자의 영역으로 여겨졌으며, 진지한 과학자들은 사랑을 학습된 행동으로 보았지 거기에 화학적이나 신경생리학적 근거가 있다고는 생각하지 않았습니다.[4]

카터 박사의 연구는 이와 반대되는 사실을 입증했습니다.

그의 연구는 처음에는 프레리 들쥐(사실상 작은 들쥐)를 대상으로 했으나, 이후 인간으로 확장되었습니다. 카터 박사는 짝짓기한 암컷 들쥐가 단순히 잠재적인 파트너 옆에 앉아 있었던 독신 동료보다 사회적 유대를 더 빠르게 형성하는 것을 발견했습니다. 이는 그녀와 동료들이 처음으로 친밀한 행동이 어떻게든 이 동물들을 결합시키고 사회적 유대를 강화한다는 사실을 관찰한 것이었습니다.[5]

카터 박사는 퍼즐 조각들을 하나씩 맞춰 가기 시작했습니다. 그녀는 성관계가 옥시토신 분비를 촉진할 수 있다는 사실을 이미 알고 있었습니다. 이는 수유 중인 여성이 오르가즘을 경험할 때 종종 모유가 분출된다는 관찰을 통해 뒷받침되었는데, 젖 분비에는 옥시토신이 필수적이기 때문입니다. 이러한 사실들을 바탕으로, 그녀는 옥시토신이 어머니와 아이 간의 유대 형성에 중요한 역할을 한다는 기존의 가설을 넘어, 성인 간 사회적 유대 형성에도 관여할 것이라는 믿음을 갖게 되었습니다.[6]

그 생각이 옳았습니다.

일련의 실험을 통해 카터 박사와 동료들은 옥시토신이 어미와 자식 간의 유대감만큼이나 성인 간의 친밀한 유대에도 중요하다는 사실을 발견했습니다.

오늘날 옥시토신은 일반적으로 사랑, 포옹, 허그 등 따뜻하고 포근한 감정과 흔히 연관됩니다. 옥시토신은 빌리 아일리시Billie Eilish의 노래 제목이기도 합니다("일단 시작되면 돌이킬 수 없어. 너 없이는 옥시토신을 얻을 수 없다는 걸 너는 알지"). 카터 박사의 들쥐 연구는 만화 「릭 앤 모티Rick and Morty」에서 괴짜 과학자 릭이 들쥐 호르몬으로 사랑의 묘약을 만들었던 에피소드에 영감을 주었을지도 모릅니다(물론 실제로 그렇게 되지는 않습니다).

하지만 이게 끝이 아닙니다!

우리는 이제 '사랑'이라는 감정조차도 옥시토신이라는 빙산의 일각에 불과하다는 것을 점점 더 이해하고 있습니다. 이 화학 물질은 사랑과 짝짓기 유대에 핵심적인 역할을 하지만, 최근의 연구들은 옥시토신이 단순히 따뜻하고 포근한 감정을 유발하는 것을 넘어, 우리를 신체적으로 치유하고 회복탄력성을 높이는 데에도 관여한다는 사실을 밝혀내고 있습니다.[7] 과학자들은 이러한 옥시토신의 역할을 아직도 계속해서 발견해 나가고 있습니다.

다시 이번 장의 주제이자 중요한 질문으로 돌아가 보겠습니다. 사회적 행동과 친밀감이 우리 몸을 회복시키는 이유는 무엇일까요? 왜 사회적 행동과 친밀감이 우리를 더 건강하고 행복하게 만들고, 세상의 거의 모든 신체적 · 정신적 건강 질환에 더 잘 싸울 수 있게 할까요?

답의 일부는 아주 간단합니다. 얼굴을 맞대고 상호 작용하는 식의 사회적 행동은 옥시토신을 분비하기 때문입니다. 이 옥시토신은 '사랑'이라고 부르는 유대감을 형성하는 데 도움이 되며, 신체의 치유 능력 및 어려움에 대처하는 자율신경계의 능력과도 깊이 관련되어 있습니다.

한 가지 예로, 높은 수준의 옥시토신은 상처를 치유하는 속도와 상관 관계를 보입니다.[8] 심장병, 조현병, 당뇨병 그리고 특정 종류의 암을 포함한 질환을 치료하는 데 옥시토신이 긍정적인 영향을 미친다는 연구 결과가 속속 발표되고 있습니다. 그 목록은 계속 늘어납니다. 현재 연구에 따르면 이러한 모든 질환이 옥시토신의 도움을 받을 수 있습니다.

옥시토신 시스템(앞서 언급한 바소프레신 같은 다른 성분과의 화학적 혼합물을 더 정확하게 설명하기 위해 '시스템'이라는 단어를 사용합니다)은 세상이 던지는 스트레스와 질병으로부터 우리를 보호하는 데 도움이 됩니다.[40)]

스트레스와 위협을 경험하면 옥시토신 수치가 급상승해 상황에 대처하는 데 도움을 줍니다. 옥시토신은 강력한 항염증제이자 항산화제이며, 진정과 회복 능력을 가지고 있습니다.[9] 오르가슴과 격렬한 운동은 옥시토신을 방출하는 다양한 방법 중 하나입니다.[10]

내장 기관에 대한 옥시토신의 효과는 단일 세포 수준에서도 생애

---

40) 이러한 긍정적인 영향들은 종종 자율신경계 상태의 변화와 함께 나타나거나, 그 변화를 강화시키기도 합니다. 이는 미주신경 조절 능력이 향상되는 형태로 표현되며, 몸 전체가 안전하고 회복적인 생리적 상태인 녹색 상태로 이동했음을 반영합니다. 프레리 들쥐를 대상으로 한 연구에 따르면, 특히 안전한 동반자가 있는 상황에서 옥시토신을 투여하면 교감신경계와 부교감신경계가 조화롭게 함께 작동하는 기능적 연결을 촉진할 수 있음이 밝혀졌습니다(Yee et al., 2016)(저자 주).

초기에 현저하게 나타날 수 있습니다. 미분화 줄기세포를 채취해 옥시토신이 포함된 배양 접시에 넣으면, 세포가 서로 응집하여 동기화된 박동을 하는 작은 심장 세포로 변모합니다. 이는 마치 옥시토신에 의해 프로그래밍된, 작게 고동치는 원시 심장과도 같습니다.[11] 이러한 심장 형성 능력은 우리 몸이 심장 질환을 치유하고 기능적인 자율신경계를 생성하는 자연적인 능력의 핵심일 수 있습니다.

다시 말해, 사랑과 관계로 이어지는 이 분자는 말 그대로 상처받은 마음을 치유할 수 있습니다. 이는 꾸며 낼 수 없는 사실입니다.

인간은 안전한 친밀감을 갈망합니다. 친밀감이 없으면 우리는 육체적 · 정신적으로 시들고 세상의 스트레스에 취약한 상태로 남게 됩니다. 사랑하는 사람 앞에서 이 글을 읽고 있다면 지금 바로 책을 내려놓고 안아 주세요. 그 포근한 위로의 감정은 단순한 설렘이 아니라 아마도 옥시토신일 것입니다.

옥시토신과 유사한 분자는 포유류나 다른 척추동물이 지구를 돌아다니기 훨씬 전인 7억 년 전에 처음 등장했습니다. 그러나 현대의 옥시토신 분자는 약 1억 5,000만 년에서 2억 년 전에 포유류와 함께 진화했습니다.[12] 옥시토신의 출현은 인간이 말하는 '사랑'이라는 필수적인 선택적 사회적 유대감을 가능하게 하는 생물학적 토대를 마련했습니다. 카터 박사에 따르면 자율신경계와 옥시토신은 매우 밀접하게 연결되어 있어 어느 한쪽 없이는 다른 한쪽을 가질 수 없습니다. 카터 박사는 옥시토신과 '사랑'은 모두 안전과 신뢰에 대한 생물학적 은유로 볼 수 있으며, 이들은 깊이 내재된 생물학적 욕구의 매개이자 표현이라고까지 주장합니다.[13]

이제 만약 여러분이 우주 속에 어떤 질서 같은 것을 기대하고 있다면, 여기 힌트를 드리겠습니다. 사실 카터 박사는 이 책의 저자 중 한 사람의 아내이자 다른 한 사람의 어머니입니다. 과학계는 분야별로 분절되어 있는 경우가 많아, 신경내분비학자로서 그녀의 연구는 처음에는 발달심리학자인 저[스티븐]의 자율신경계 연구와는 거리가 멀어 보였습니다. 그러나 수십 년 동안 함께 살아오면서, 우리 둘 다 사실은 같은 과정을 연구하고 있었음을 깨닫게 되었습니다. 바로, 신뢰와 사랑으로 이어지는 사회적 유대, 그리고 안전이 지각되는 상태에 있을 때 우리의 몸이 실제로 치유될 수 있다는 과정을 말입니다.

반려동물 사랑의 비밀스러운 세계

개나 고양이를 사랑하는 사람이라면 고개를 끄덕일 준비를 하세요. 상호 조절과 친밀감은 사람 사이에만 일어나는 일이 아닙니다. 다른 포유류 사이에서도 볼 수 있으며, 심지어 종을 뛰어넘어 존재할 수도 있습니다.

당신이 쓰다듬을 수 있도록 개가 배를 드러내고 누워 있는 것은 신뢰와 안전의 상태에서 몸을 움직이지 않는 것입니다. 개가 친밀하게 다가와 소파 옆에 웅크리고 있을 때 느끼는 특유의(그리고 마음을 안정시키는) 기쁨을 느껴 보지 않은 사람이 있을까요? 이 기분 좋은 시나리오는 상호 안전, 신뢰, 상호 조절의 신호를 투영합니다. 이는 옥시토신과 사회 참여 체계의 강력하고 상호적인 영향을 반영합니다.

연구에 따르면 개를 키우는 사람들은 오래 사는 것은 물론이고 다양한 지표에서 더 행복하고 건강하다고 밝혀졌으며, 대부분 개가 정서적 지지 동물이라는 개념을 알고 있습니다. 사실 이런 털북숭이 친구들은 우리에게 진정한 사랑과 친밀감, 상호 조절을 제공해 우리를 안전, 치유, 행복의 상태로 이끌어 진정시킬 수 있습니다.

반려동물을 옥시토신 기계로 만든다는 이기적인 생각이 들지 않도록, 상호 조절의 '상호'를 잊지 마세요. 반려동물도 여러분만큼이나 유대감을 통해 많은 것을 얻고 있을 것입니다.

이 마지막 장은 간단한 흐름도 형태로 정리할 수 있습니다. 앞서 133페이지에서 소개한 개념입니다.

안전감이 신체적 근접proximity을 가능하게 하고, 그로 인해 친밀한 접촉이 이루어지며, 이는 친밀한 유대감으로 이어집니다. 이 과정은 우리를 결속시키고 치유의 힘을 제공하는 옥시토신에 의해 촉진됩니다.

하지만 만약 누군가 결코 안전하다고 느끼지 못한다면 어떻게 될까요? 끊임없는 두려움이나 공격 속에 살면서 이 과정을 시작할 수도 완수할 수 없다면 어떻게 될까요? 바로 여기에 사랑의 치유력에 반대되는 힘, 즉 트라우마의 파괴력이 존재합니다.

6장

트라우마와 중독

사람들은 흔히 다른 이들이 겪은 트라우마를 가볍게 여깁니다. 그들이 겪은 일을 '그렇게 나쁘지는 않은 것'으로 여기고 '그냥 극복해야 한다'고 생각하기 때문입니다.

하지만 트라우마는 사건 자체로 정의되지 않습니다. 오히려 신경계가 그 사건에 어떻게 반응했는지에 따라 달라집니다. 그리고 그 반응은 오랫동안 남을 수 있습니다.

트라우마는 단일 사건에서 비롯될 수도 있고, 일련의 사건에서 비롯될 수도 있습니다. 이런 사건은 시스템에 심각하고 짧은 충격을 줄 수도 있고, 사소해 보이지만 오랜 시간에 걸쳐 누적될 수도 있습니다.

트라우마를 경험한다는 것은 우리의 신경지가 너무 두렵거나 생명을 위협하는 상황으로 해석한다는 것이고, 이로 인해 자율신경계가 생존 모드로 전환되어 우리 몸이 세상을 얼마나 안전하다고 인식하는지에 대한 기준점이 바뀌는 것을 의미합니다.

트라우마는 신경지와 안전감sense of safety을 재프로그래밍합니다. 그 결과, 이전에는 위험을 느끼지 않았던 곳이나 상황에서 위험을 감지하게 될 수 있습니다.

트라우마를 경험한다는 것은 어쩌면 결코 안전하다고 느끼지 못하는 것, 그리고 안전감에서 오는 건강상의 이점을 경험하지 못한다는 뜻이기도 합니다.

트라우마는 단순히 고통스러운 사건이 아니라, 우리 몸과 뇌가 그 사건에 얽혀 있는 복잡한(종종 무작위적으로 보이는) 연상 작용의 망입니다. 쥐에게 사소한 물건을 보여 주고 그걸 볼 때마다 전기 충격을 가한다면, 쥐는 본능적으로 그 물건으로부터 도망치는 법을 빨리 배우게 될 것입니다. 마찬가지로 트라우마를 떠올리게 하는 물건, 경험, 소리, 광경, 사람 혹은 그 외의 어떤 것이든 주변에 있다면, 우리 몸과 뇌는 그것으로부터 도망치거나 셧다운합니다. 이 같은 조건화는 의식적으로 알아차릴 수도 있지만, 동시에 매우 신체적이고 본능적입니다. 따라서 단순히 의지로 끄거나 없애 버릴 수 없습니다.

이러한 느낌은 몸이 스스로를 보호하고 추가적인 위험으로부터 멀어지게 하려는 시도로 볼 수 있습니다.

안타깝게도 일부 사람들에게는, 이러한 위험과 트라우마에 대한 연상이 주변의 거의 모든 것으로 퍼질 수 있습니다. 그 결과 세상 전체가 고통과 해리dissociation를 유발하는 자극이 되어버립니다. 우리가 진심으로 사랑하는 사람이나 장소조차도 트라우마를 떠올리게 할 수 있습니다. 또한, 인생 최악의 사건과 함께 경험했던 무해한 광경, 소리, 냄새 역시 트라우마를 상기시키는 방아쇠가 될 수 있습니다.

즉, 트라우마를 겪는다는 것은 진정으로 안전하다고 느끼는 일이 드물거나 아예 없는 상태를 말합니다. 안전감이 결여되면 우리 몸은 주로 공격적인 황색 시스템과 해리적인 적색 시스템에 갇히거나, 적어도 녹색 시스템에 도달하기가 훨씬 더 어려워집니다.

우리는 위험을 피하기 위해 황색과 적색 시스템을 단기간 활용하도록 진화했습니다. 이런 시스템은 생존을 돕기 위한 실질적인 목적을 가집니다. 하지만 이 같은 상태에 오랫동안 머무르거나 심지어 평생 지속된다면, 이는 우리의 몸과 뇌에 심각한 해를 끼칠 수 있습니다. 불행히도 많은 사람이 겪는 현실이기도 합니다.

녹색 시스템은 우리가 치유되고 행복을 느끼는 능력에 필수적입니다. 트라우마는 이 시스템으로부터 우리를 단절시킴으로써 외부 스트레스 요인에 신체적 · 정서적으로 더 취약하게 만들며, 사회 참여 체계를 통해 만족스러운 삶을 살거나 다른 사람들과 함께 조절하는 것을 더 어렵게 만듭니다. 특히 마지막 부분이 문제가 되는데, 상호 조절은 우리 몸이 치유하고 스트레스를 다루는 가장 중요한 방법 중 하나이기 때문입니다. 결국 상호 조절을 통한 치유가 가장 필요한 사람들(즉, 트라우마를 경험한 사람들)이 정작 그 혜택을 가장 얻기 어려운 상황에 놓이게 되는 것입니다.

트라우마는 세상을 살아가는 데 어려움을 만들기도 하며, 우리가 진심으로 사랑하는 사람이나 사물, 혹은 피할 수 없는 대상조차 몸에 각인된 트라우마 연상의 그물망에 얽히게 될 때, 실제로 대인관계에서 심각한 문제가 생기기도 합니다.

위험 앞에서 항상 도망치지만은 않습니다

거의 모든 사람이 트라우마에 대한 개념을 잘못 이해하고 있습니다. 이는 트라우마를 전문적으로 다루는 치료사들까지도 예외가 아닙니다.

오랫동안 인간은 스트레스에 대응할 때 주된 반응 방식이 '활성화'라고 여겨져 왔습니다. 즉, 황색 상태로 진입하는 것이라고 볼 수 있습니다.

다미주 이론은 우리 몸이 스트레스와 위험에 대처하는 방법에는 여러 가지가 있다고 가정합니다. 맞습니다. 물론 위협에 대처하기 위해 활성화 상태로 진입하기도 합니다. 그러나 신경지가 생명이 실제로 즉각적으로 위협에 처했다고 감지할 때, 우리는 다른 방식으로 반응합니다. 바로 얼어붙거나, 해리되거나, 혹은 셧다운됩니다. 바로 이것이 적색 시스템의 반응입니다. 이는 흔한 비자발적인 반사 반응으로, 최근까지도 거의 무시되어 왔습니다.

이러한 반응은 동물의 왕국에서 쉽게 볼 수 있습니다. 위협에 대한 방어 수단으로 주로 셧다운을 사용하는 원시 파충류는 물론, 다른 포유류에서도 볼 수 있습니다.

예를 들어, 유튜브에서 고양이의 턱에 물린 쥐 영상을 보면 이런 절박한 상황에서 쥐는 축 늘어져 죽은 것처럼 보입니다. 이 '죽은 척하기 Death-feigning' 행동은 쥐가 고양이에게서 벗어나는 데 도움이 될 수도 있습니다. 만약 그날 쥐가 실제로 죽는다면, 이 비자발적 셧다운 반응은 최대한 고통 없이 죽음을 맞이하게 해 줍니다.[41)]

이러한 셧다운 반응은 인간에게도 존재합니다. 이를 온전히 인정하

---

41) 커트 리히터(Curt Richter)는 생명의 위협을 받은 쥐가 갑자기 죽는 현상을 절망감의 결과로 설명했습니다(Richter, 1957). 그는 이러한 셧다운 반응이 미주신경에 의해 매개된다고 제안했습니다. 그의 관찰은 '학습된 무력감(learned helplessness)'이라는 잘 알려진 심리적 구성의 기초가 되었지만(Seligman and Maier, 1967), 미주신경이 이 현상에 이바지하는 역할과 리히터가 제안한 대로 그것을 인간에게 일반화할 수 있는 후속 연구는 아직 없습니다(저자 주).

지 않는다면 트라우마가 우리 몸에 미치는 영향과 이를 치료할 최선의 방법을 제대로 이해할 수 없습니다.

회복탄력성에 대하여

사람은 저마다 다릅니다.

두 사람이 똑같은 공포스러운 일을 겪더라도 한 사람은 상대적으로 큰 상처 없이 지나가는 반면, 다른 한 사람은 그 경험을 온몸으로 매일 되새기며 살아가게 될 수 있습니다.

이런 장기적인 영향 외에도 사람들은 트라우마 사건에 대해 순간적으로 다르게 반응합니다. 이는 고속도로 충돌 사고나 대규모 총격 사건 등 많은 사람이 함께 충격적인 경험을 할 때 나타납니다. 어떤 사람들은 싸우거나 도망치기 위해 활성화되는 반면, 어떤 사람들은 완전히 셧다운되어 버립니다. 어떤 방식으로 반응하든 이는 자연스럽고 비자발적인 반사이며, 궁극적으로 우리가 결정할 수 있는 것이 아닙니다.

그렇기 때문에 한 무리의 군인이 똑같이 잔혹한 폭력을 경험해도 일부만이 심한 외상 후 스트레스 장애[PTSD]를 겪는 것입니다. 인간의 신경계는 주변 세계에 반응하는 방식에 개입하는 변수이며, 동일한 자극과 경험이 우리 모두에게 매우 다르게 영향을 미칠 수 있습니다.

저[세스]는 2015년 11월 13일에 이를 직접 경험했습니다. 그날 저녁 파리에서 조직적인 대량 총격과 테러 공격이 연이어 발생했을 때 저는 거기에 있었습니다. 테러는 제가 머물던 레퓌블리크 광장 근처에서 집중적으로 발생했습니다. 그날 밤 간단히 저녁을 먹으려고 아파트에서 나왔다가 인도에 피가 묻어 있는 것을 보았고, 한 남자가 부상당한 손을 움켜쥐고 있는 것을 보았습니다.

몇 분 지나지 않아 사이렌 소리와 함께 "칼라시니코프!"라는 고함이 사방에서 들려왔습니다.

경찰이 거리를 정리하고 차단하는 동안 저는 아파트 밖에 갇혔고, 밖에 있어도 안전한지 전혀 알 수 없는 상태로 주변을 배회할 수밖에 없었습니다. 이미 여러 차례 공격이 있었고 앞으로 더 많은 공격이 있을 수 있는 상황이었습니다. 총알이 날아오는 것을 피하기 위해 구불구불한 길을 찾았던 기억이 납니다.

저는 우연히 잘못된 시간에 잘못된 장소에 있었던 미국인 기자였기 때문에 현장 상황을 파악하고 싶어 하는 TV 뉴스 프로듀서들로부터 쉴 새 없이 전화가 걸려 왔습니다. 통화를 기다리는 동안 저는 대기음 대신 뉴스 방송의 실시간 오디오 피드를 들었습니다. TV는 볼 수 없었기 때문에 오디오 피드를 통해 그날 밤 얼마나 많은 공격이 있었는지 알 수 있었습니다. CNN의 앤더슨 쿠퍼가 근처의 캄보디아 식당에서 총격 사건이 일어났다고 말했을 때, 그제야 모든 것이 실감 났습니다. 바로 전날 밤, 저는 그 식당 야외 테라스에 앉아 식사했고, 정확히 하루 뒤 바로 그 자리에 총알이 날아들었습니다.

안전하다는 느낌은 사라졌습니다.

감정의 파도가 저를 압도하기 시작했고, 어떤 것도 쉽게 정의할 수 없었습니다. 무릎이 꺾일 것 같았고, 울고 싶기도 했습니다. 하지만 가장 지배적인 느낌은 강렬한 활성화와 에너지였습니다. 아드레날린이 다른 모든 것을 마비시키는 것 같았습니다.

그 와중에도 약간의 안도감이 들었습니다. 제 삶에서 이런 상황을 직면한 적이 단 한 번도 없었고, 이런 상황에서도 정신을 잃지 않고 완전히 셧다운되지 않은 자율신경계의 회복탄력성을 가지고 있다는 사실에 안도했습니다. 다미주 이론에 대한 지식과 트라우마를 겪은 사람들과의 대화를 통해 셧다운이 쉽게 일어날 수 있다는 것을 알고 있었기 때문입니다.

트라우마는 실제 사건으로 정의되는 것이 아니라, 우리 신경계가 그것에 어떻게 반응하는지에 따라 정의됩니다. 다시 말해, 두 사람이 같은 공포를 겪어도 한 사람은 비교적 무사히 넘어갈 수 있는 반면, 다른 사람은 매일매일 그 경험을 몸의 모든 부분에서 떠올리며 살아갑니다.

개인이 고난을 겪으면서도 그것이 트라우마로 남지 않도록 견디는 능력을 회복탄력성Resilence이라고 하며, 이는 사람마다 다릅니다.

사람마다 트라우마 사건에 대처하는 능력이 각기 다르듯이 트라우마도 사람마다 다르게 나타납니다. 임상가들은 사람마다 외상 후 스트레스 장애를 서로 다른 증상으로 경험한다는 사실을 오래전부터 알고 있었습니다. 물론 환자들 사이에서 공통으로 나타나는 증상군이 있기는 하지만, 두 사람이 완전히 똑같은 방식으로 경험하지는 않습니다. 마찬가지로 환자가 PTSD 진단을 받았다고 해서 특정 증상이 반드시 나타나는 것도 아닙니다.

이러한 차이점은 치료에도 적용됩니다. 어떤 치료법은 한 환자에게는 매우 성공적일 수 있지만 다른 환자에게는 전혀 효과가 없을 수도 있습니다.

회복탄력성은 다미주 이론을 개발하기 훨씬 이전인 1970년대부터 제[스티븐]가 깊이 몰두해 온 주제입니다. 실제로 회복탄력성을 정의하고

정량화하려 했던 초기 시도는 대부분 다미주 이론의 전조로 볼 수 있습니다.

하지만 이 주제에 대한 연구에 관해 이야기하기 전에, '싸움/도주'라는 용어를 처음 만들고 저서 『몸의 지혜The Wisdom of the Body』를 통해 이 용어를 대중화시킨 전설적인 생리학자 월터 브래드퍼드 캐논Walter Bradford Cannon의 이야기로 가 보겠습니다.[1]

캐논은 이 책에서 여러 차례 반복하는 또 다른 중요한 용어 '항상성Homeostatis'이라는 개념도 만들었습니다. 항상성은 우리의 건강, 성장, 회복에 최적화된 기준선으로 생각할 수 있습니다(항상성 상태에 있다는 것은 녹색 상태에 있다는 것입니다).[2] 이 분야에서 캐논의 연구는 주로 프랑스 생리학자 클로드 베르나르Claude Bernard의 아이디어에 기반을 두는데, 그는 이 상태를 '내부 환경internal milieu'으로 설명했습니다.[3]

항상성에서 중요한 점은 우리 몸은 이 상태에 있기를 *원하지만*, 때로는 즉각적이고 일시적인 위협에 대처하기 위해 이 상태에서 벗어나야 한다는 것입니다. 이상적인 시나리오에서는 몸이 위협(또는 주의력이나 자원을 소모하는 상황)을 처리하고 곧바로 항상성 상태로 돌아와 치유와 성장을 계속할 수 있어야 합니다.

다미주 이론 이전의 연구를 포함해 저의 많은 연구는 항상성에 대한 캐논의 정의를 암묵적으로 확장하는 내용을 담고 있습니다. 항상성을 고정된 지점이 아니라 그 안에서 유동적으로 머물 수 있는 범위로 간주하는 것입니다. 정신과 의사인 댄 시겔Dan Siegel은 이를 '인내의 창window of tolerance'[42)]이라고 부르는데, 저는 이 표현이 매우 적절하다고 생각합니다.[4]

다시 말해, 우리는 이상적인 범위 내에 머무는 한 항상성을 벗어나지 않고도 어느 정도의 스트레스를 감당할 수 있습니다. 그리고 이 범위는 트라우마, 스트레스 및 신경계와 관련된 많은 것처럼 사람마다 다릅니다.

그렇다면 우리의 인내의 창은 정확히 어디까지일까요? 그리고 개인마다 회복탄력성의 수준이 다르다고 가정할 때, 이를 실제로 측정할 수 있을까요?

1970년대부터 저는 이 연구를 시작했습니다.

스트레스

1980년대 중반, 저[스티븐]는 스트레스라는 주제로 논문을 쓰면서 자주 사용되는 이 단어의 모호함을 풀어내고자 했습니다.[5] 이는 단지 의미에 집착하는 것이 아니었습니다. 심박변이도에 대한 연구를 통해 이 추상적인 개념을 정확하게 측정할 방법을 찾고자 했습니다. 무언가를 측정하려면 측정하려는 대상이 무엇인지 명확히 정의되어야 하기 때문입니다.

사실 저는 '스트레스'라는 용어가 다소 모호하고 혼란스럽다고 생각했습니다. 이 단어는 우리에게 고통을 주는 것('나는 스트레스를 받고 있어')과 그에 대한 신체적 반응('나는 스트레스를 느껴')을 모두 지칭하는 데 사용되기 때문입니다. 즉, '스트레스'는 자극과 그에 대한 몸의 반응을 설명하는 데 모두 사용됩니다.

---

42) '내성영역(window of tolerance)'은 댄 시겔(Dan Siegel)이 제시한 개념으로, 개인이 스트레스나 감정적 자극을 받아도 비교적 안정적으로 기능할 수 있는 신경계의 활성 범위를 의미합니다.

'인내의 창'이라는 표현은 다소 감성적으로 느껴질 수 있지만, 여기서 '인내'는 단순히 참는다는 의미가 아니라, 신경계가 외부 자극 속에서도 균형을 유지하고 조절할 수 있는 능력을 가리킵니다.

전문적으로는 '내성영역'이라는 번역이 함께 사용되며, 심리치료와 트라우마 회복 과정에서 중요한 개념으로 자리잡고 있습니다(역자 주).

다미주 관점에서는 스트레스를 외부에서 가해지는 힘으로 보는 기존의 시각에서 벗어나, 우리의 신경계가 그것에 어떻게 반응하는지에 초점을 맞춥니다. '안전'이라는 개념을 실제 위협의 객관적인 척도가 아니라 신경계와 몸이 얼마나 안전하다고 느끼는지에 관한 것으로 이해하듯, 다미주 이론에서 '스트레스'란 각 개인의 신경계가 그것에 어떻게 반응하는지를 의미합니다.[6]

이 새로운 스트레스의 개념화는 항상성 기능이 방해받는 측정 가능한 상태로 재정의됩니다. 즉, 성장과 회복의 녹색 상태에서 벗어났다면, 스트레스를 경험하고 있는 것입니다.

여기서 가장 중요한 점은 같은 스트레스 요인이 어떤 사람에게는 거의 영향을 미치지 않거나, 다른 사람에게는 항상성을 심각하게 방해할 수 있다는 것입니다. 마찬가지로 우리의 자율신경 상태에 따라 특정 스트레스 요인을 가볍게 넘길 수도 있고, 압도되어 마비될 수도 있습니다.

사람마다 스트레스에 대처하는 인내의 창이 다르며, 인내의 창은 자율신경 상태와 얼마나 안전하다고 느끼는지에 따라 달라집니다. 따라서 이 책에서 다룬 다른 주제들과 마찬가지로 우리가 녹색, 황색, 적색 상태 중 어디에 있는지에 따라 스트레스가 미치는 영향은 달라집니다.

물론 이 부분은 우리 모두 직관적으로 알고 있는 것이며, 스트레스 상황에서 "지금은 안 돼!"라고 말하거나 생각할 때 이를 경험합니다. 이미 몸이 과부하 상태에 있을 때는 특정 상황을 처리할 수 없는 순간이 있기 마련입니다.

이 모든 것은 미숙아를 포함한 신생아들이 스트레스 요인을 다르게 처리하는 이유와 방식을 이해하려는 시도에서 시작되었습니다.

이 연구의 일환으로 저[스티븐]는 심박변이도(또는 Heart rate variability, HRV)라는 지표를 처음으로 정량화한 사람이 되었습니다. 산부인과 의사들은 이전부터 저산소증(또는 산소 부족)과 태아와 신생아의 일반적인 생명 위협에 대한 반응으로 HRV를 인식하고 있었지만, HRV를 자율신경 기능과 관련된 특정 정보를 담고 있는 것으로 여기거나 정량화하지는 않았습니다.

심박수(일반적으로 1분당 박동수로 측정되는 심장의 박동 속도)에 관해서는 여러분이 이미 알고 있으리라 생각합니다. 심박변이도는 이와 관련이 있기는 하지만, 매우 다른 개념입니다.

가만히 앉아 몇 분간 심박수를 측정해 보면, 심박수가 하나의 숫자에 고정되지 않고 일정 범위 내에서 오르락내리락한다는 것을 알 수 있습니다. 예를 들어, 어떤 순간에는 80이었다가, 다음에는 75, 그다음에는 84가 될 수 있습니다. 이는 모두 지극히 정상적인 현상입니다.

이를 통해 말하고자 하는 것은 달리기나 다른 신체 활동을 할 때 심박수가 증가한다는 명백한 개념이 아니라, 스트레스 요인이 없는 상황에서도 안정 시 심박수에 약간의 변화가 발생한다는 것입니다.

이 범위의 크기가 바로 심박변이도입니다. 즉, 일정 시간 동안 측정한 심박수가 넓은 범위에서 자연스럽게 변동한다면 심박변이도가 높다고 할 수 있습니다. 반대로 안정된 상태에서 심박수가 상당히 고정적이고 크게 움직이지 않는다면 심박변이도가 낮다고 할 수 있습니다.

1960년대 후반에 저는 이 지표를 처음으로 정량화했습니다. 이 과정에서 HRV에 대해 두 가지 중요한 사실을 배웠습니다.

첫째, 두 사람의 심박수가 자연스럽게 오르락내리락하는 범위는 서로 다를 수 있습니다. 이 측정값은 사람마다 다르다는 점에서 과학자들은 이를 개인차라고 부릅니다.

둘째, 우리는 모두 고유의 기본 HRV를 가지고 있지만, 주의력이 필요하거나 심리적 스트레스를 수반하거나 신진대사가 많이 소모되는 활동(달리기 또는 기타 신체 활동을 수반하는 모든 작업)을 하면 실제로 HRV가 올라가거나 내려갑니다.

또한 HRV가 높을수록 반응 시간과 같은 지표에서 더 나은 수행 능력과 연관된다는 점을 관찰했습니다.[43)]

이 모든 것을 신생아를 대상으로 하는 연구에 적용했을 때, HRV를 측정하면 어떤 아기가 생존할 수 있을지 예측할 수 있다는 것을 알 수 있었습니다. HRV가 실제로 스트레스를 처리하고 항상성을 유지하는 선천적 능력을 매우 정확하게 나타낸다는 사실이 분명했습니다.

다시 말해 HRV, 즉 일정 기간에 심박수가 얼마나 달라지는지는 우리의 회복탄력성과 트라우마 사건 같은 스트레스 요인을 처리하는 능력에 대한 매우 좋은 지표로 밝혀졌습니다.

이 개념은 과학계뿐 아니라 웨어러블 기술 제조업체에서도 널리 받아들였고, 그 결과 심박수 모니터나 애플 워치Apple Watch 같은 기기에 HRV 측정 기능이 점점 더 많이 탑재되고 있습니다.

하지만 왜 그럴까요? 도대체 우리의 심박수는 트라우마 및 그것을 견디는 능력과 어떤 관련이 있는 걸까요?

이를 이해하기 위해 바닥에 놓여 있는 단순한 금속 용수철을 떠올려 보세요. 그대로 두면 기본 형태를 지니지만, 유연한 모양 덕분에 부

43) 일반적으로 HRV가 높다는 것은 심장 박동 간의 간격이 다양하게 변화하고 있다는 뜻으로, 이는 자율신경계가 유연하게 작동하며 스트레스 회복력이 높다는 것을 의미합니다.
특히 SDNN(전체 심박 간격 변동성)은 전체적인 변동성을, RMSSD(부교감신경 활동)와 HF 파워(고주파 영역의 심박변이도 지표)는 부교감신경(특히 미주신경)의 활성도를 반영합니다.
높은 HRV는 자율신경계의 조절 능력이 잘 유지되고 있다는 지표로, 스트레스에 더 잘 적응하고 회복이 원활하게 이루어질 가능성이 큽니다.
반대로 HRV가 낮으면, 신경계의 회복 탄력성이 떨어지고 스트레스에 취약할 수 있음을 시사합니다(역자 주).

러지지 않고 펴지거나 서로 밀어낼 수 있습니다.

용수철이 늘어나거나 접히는 움직임의 범위가 넓을수록 다양한 스트레스 요인에도 부러지지 않고 더 잘 견뎌 낼 수 있습니다. 따라서 더 많이 움직일 수 있는 용수철의 회복력이 더 큽니다.[44]

우리의 심장 박동은 용수철처럼 효과적으로 작용합니다. HRV가 높은 사람(심박변이도 간격이 더 넓다는 의미)은 항상성을 깨거나 벗어나지 않고도 늘렸다 줄였다 할 수 있는 자율신경계를 가지고 있습니다.

이러한 사람들은 '인내의 창'이 더 넓고, 스트레스와 트라우마에 대한 회복력이 더 클 가능성이 높습니다.

대부분 사람이 회복탄력성에 관해 이야기할 때, 스트레스 요인을 처리하는 능력이 사람마다 다르다는 개념을 심리학적인 용어로 설명하곤 합니다. 마치 이 모든 과정이 우리 머릿속에서만 일어나고 뇌에서 시작해 뇌에서 끝나는 것처럼 말입니다.

그러나 저[스티븐]는 1990년대 중반에 다미주 이론을 제안하면서, 회복탄력성이라는 개념을 우리 몸 전체에 걸쳐 있는 적응 기능이자 생리적 시스템, 곧 도전에 대응하고 회복하게 해 주는 또 다른 개념으로 보기 시작했습니다.

다미주 이론을 통해 저는 회복탄력성을 우리 몸에 내재해 항상성을 유지하고 녹색 상태에 머무르게 함으로써 충격으로부터 회복하는 데

44) 또 하나의 현실적인 비유는 자동차의 범퍼 같은 충격 흡수대를 떠올릴 수 있습니다. 이는 사고가 나면 충격을 흡수해 승객을 보호하기 위해 고안된 것입니다(저자 주).

도움이 되는 능력으로 보았습니다.

회복탄력성은 타고난 것이지만 고정된 것은 아닙니다. 트라우마 사건은 회복탄력성을 떨어뜨릴 수 있으며, 우리의 사회 참여 체계는 마치 근육처럼 꾸준히 단련해야 유지될 수 있습니다.

그리고 우리는 이를 단련할 수 있습니다! 이전에 논의했던 놀이의 개념으로 돌아가 보면, 다미주 이론은 놀이를 위험 상태에 갇히지 않고 녹색과 황색 시스템 사이를 원활하게 오갈 수 있는 능력을 강화하는 자율신경 훈련으로 이해했습니다. 이런 의미에서 놀이의 상태(그리고 다른 사람들과 함께 노는 행위)는 마치 근육처럼 우리의 회복탄력성을 효과적으로 단련해 필요할 때 사용하게 해 줍니다.

요약하자면, 안전한 사회적 행동이나 다른 사람들과 함께하는 놀이가 트라우마에 대한 회복력을 키울 수 있습니다.

하지만 항상성을 벗어나면 우리는 몸이 지닌 치유, 성장 그리고 회복할 수 있는 능력에 접근하지 못하게 됩니다. 어떤 사건이나 일련의 사건으로 인해 인내의 창을 넘어서고 다시 그 안으로 돌아오지 못하게 된다면, 이러한 능력에 무기한 접근할 수 없게 됩니다.

이것이 바로 트라우마의 본질이며, 트라우마가 뇌와 마음뿐 아니라 몸과 신체적 건강에도 그토록 치명적인 이유입니다.

트라우마는 우리를 항상성에서 벗어나게 하고, 다시 회복 상태로 쉽게 돌아가는 능력을 아예 차단해 버릴 수도 있습니다.

우리는 저마다 다른 수준의 회복탄력성을 가지고 있다는 사실을 이해하는 것은 트라우마를 겪고 있는 사람을 대할 때 특히 중요합니다.

누군가가 어떤 사건으로 인해 충분히 상처받지 않았다고 느끼거나 혹은 나라면 그런 일에 그다지 영향받지 않았을 것이라고 확신한다면, 그 사람의 경험을 무시하거나 실제로 트라우마를 겪은 게 아니라고 단정 짓기 쉽습니다. 요즘은 언론에서도 피해자들에게 사건의 영향을 과장해 주목이나 돈을 얻으려 한다고 비난하는 사례를 흔히 볼 수 있습니다.

이런 발언을 관대하게 해석한다면, 무지에서 비롯된 것이라고 생각할 수 있습니다. 하지만 그 영향은 상당히 잔인할 수 있습니다.

한 유명한 TV 뉴스 진행자가 생방송에서 성폭력 생존자에게 진짜 트라우마를 가진 사람은 전쟁을 겪은 군인들뿐이며, 당신이 그 용어를 스스로 사용하는 것은 군인들에게 무례한 일이라고 말했던 적이 있습니다.

이런 식의 모욕은 종종 우리 자신을 대하는 방식과 자신의 경험에 관해 이야기하는 방식으로까지 확장됩니다. 트라우마를 안고 살아가는 수백만 명의 사람은 트라우마를 인정하는 것이 나약함이나 결함을 암시하는 것처럼 비칠까 봐 이를 인정하는 데 어려움을 겪습니다. 이러한 딜레마는 영화 「소프라노스Sopranos」에 잘 드러납니다. 한 마피아 두목은 자신이 치료받는 것을 다른 갱단이 알게 되면 자기를 나약하다고 여겨 죽일 것이라고 믿었습니다. 그래서 트라우마를 처리하는 대신 억누르고 그냥 사라져 버리기를 바랍니다.

안타깝게도 트라우마는 그저 쉽게 사라지지 않습니다.

그 대신 우리 몸에 깊이 묻혀 있다가 종종 통제되지 않는 폭발적인 분노, 공격성, 슬픔으로 나타나는 경우가 많으며, 이는 신체적 건강에도 부정적인 영향을 미칩니다. 치료되지 않은 트라우마는 본인에게는 물론, 우리 곁에 있는 모든 사람 위에 어두운 구름처럼 드리워집니다.

그리고 트라우마는 전염성이 있습니다. 사회적 안전감이 다른 사람에게 전파될 수 있는 것처럼, 위험감과 트라우마 역시 다른 사람에게 전파됩니다. 우리는 타인의 자율신경 상태를 반영하기 때문에 공격적이고 방어적인 상태에 있다면, 다른 사람에게도 그렇게 하라는 신호를 보내게 됩니다. 오늘날 우리는 이런 현상이 사회 전체에서 발생하는 것을 목격합니다. 많은 정치인과 미디어가 분노와 격분을 퍼뜨릴 모든 기회를 활용하고 있습니다. 이는 사실상 우리의 기본적인 두려움 수준을 움직여 사회 전체를 트라우마 상태로 몰아넣으며, 그러한 공포를 삶의 상시적인 요소로 만들어 가고 있는 것입니다.

그리고 트라우마는 우리 아이들에게도 대물림될 수 있습니다.

세대를 거쳐 전해지는 트라우마는 매우 실질적인 문제입니다. 우리는 부모의 고통에 함께 노출되거나, 또는 DNA를 통해 물려받습니다.[45] 트라우마는 함께 사는 사람들, 어쩌면 사랑하는 사람들에게 신체적 혹은 정서적인 학대라는 가혹한 현실(트라우마를 겪은 사람이 다른 사람에게 트라우마를 가함으로써 이를 전파하는 경우)을 통해 전파되기도 합니다. 또는 안전하다고 느끼지 않고 모든 것을 위협으로 여기는 사람과 함께 살면서 배운 행동을 통해 전파되기도 합니다. 이런 사람들과 함께 있으면 우리 몸도 그에 맞춰 재조율되어 그들과 같은 방식으로 살게 됩니다.

분명히 말하자면, 트라우마를 겪은 사람들에게 가족이나 가까운 사람들을 해치거나 트라우마를 일으키려는 의도가 있다는 뜻이 아닙니

---

45) 이런 정보가 여러 세대에 걸쳐 어떻게 전달되는지 설명하려는 시도가 이루어지고 있습니다. 지금까지 관찰된 세대 간 행동 전달은 DNA가 자손에게 전달되는 것에 의존한다고 가정되어 왔지만, 현재로서는 인간에게서 이를 입증할 만한 설득력 있는 후성유전학적 데이터는 아직 없습니다(저자 주).

다. 많은 경우, 그저 자신이 자라온 환경에서 배운 것일 뿐입니다. 수치심과 죄책감이 사람들을 파괴적인 행동에 더 빠지게 만들 수 있다는 점을 인정하는 것이 중요합니다. 주위 사람들에게 해를 끼쳤다는 사실을 인정하는 것은 누구에게나 어려운 일입니다. 특히 자신이 통제할 수 없는 것이라면 더 그렇습니다. 하지만 악순환의 고리를 끊는 첫 번째 단계는 이를 인정하는 것입니다.

사회적 유대와 트라우마

이전 장에서 우리는 타인과 함께 상호 조절하고 친밀하게 유대감을 형성하는 데 필요한 과정과 이를 통해 건강과 행복을 증진하는 방법에 관해 이야기했습니다.

간단히 요약하자면 물리적 접촉을 위해서는 신체적 근접이 필요하고, 이를 위해서는 안전하다는 느낌이 필요합니다. 친밀한 유대가 형성되면 옥시토신이 분비되어, 우리를 치유합니다.[46)]

그러나 트라우마는 우리가 안전하다고 느끼는 능력에 영향을 미치기 때문에 이 과정을 원천적으로 차단해 버립니다. 그 결과, 트라우마를 겪은 사람들은 종종 타인과 건강한 사회적 유대감을 형성하는 데 큰 어려움을 겪는 경우가 많습니다. 이는 단순히 관계적인 측면(타인과 친해지는 데 어려움을 겪는)에서만 해로운 것이 아니라, 항상성과 옥시토신 시스템의 유익하고 건강한 영향을 놓치는 원인이 되기도 합니다.

안전과 신뢰에서 비롯된 사회적 유대가 없는 경우, 많은 사람이 두

46) 133페이지에 있는 도표를 참고하세요(저자 주).

려움과 위협에서 비롯된 해로운 관계 패턴과 유대에 빠지게 됩니다.

분명한 것은 두려움과 위협은 강력한 사회적 결속의 접착제 역할을 하지만 건강한 유대는 아니라는 점입니다. 그리고 여기서 말하는 '건강하지 않다'는 표현은 비판적인 의미가 아니라, 말 그대로 안전한 사회적 유대가 우리를 치유하는 방식처럼 치유하지 못한다는 뜻입니다.

안전하다고 느끼지 못한다면, 당장의 생존에 대한 필요가 다른 모든 것을 압도하게 됩니다.

수많은 연구에 따르면, 함께 위험을 경험한 사람들은 서로 더 강한 애착을 형성할 가능성이 높습니다.[7] 이 같은 생리적 특징은 해롭지 않은 방식으로도 활용될 수 있습니다. 예를 들면, 롤러코스터나 유령의 집에서 느끼는 '공포'는 데이트 장소로 좋은 이유가 되기도 합니다. 하지만 공포와 애착 사이의 강한 상관 관계는 종종 우리를 건강하지 않은 관계로 몰아넣습니다.

흔히, 우리가 인지하는 위협의 근원이 동시에 그 위협을 해소해주는 역할도 합니다. 학대하는 파트너는 때로는 화를 내고 공격적으로 굴다가, 다정하고 차분하게 변하는 식으로, 온탕과 냉탕을 넘나듭니다. 이러한 위협과 위협 해소의 반복 주기 속에서, 우리 신경계는 위험에서 벗어나려는 본능에 이끌려, 해롭고 파괴적인 관계에 갇혀버릴 수 있습니다.

학대하는 파트너가 흔히 사용하는 레퍼토리 중 하나는 피해자가 진정한 사랑을 받을 자격이 없으며, 다른 누구도 그런 사랑을 줄 수 없다는 것입니다. 이는 허구일 뿐이며, 종종 트라우마를 겪고 스스로 깊은 상처를 입었거나 무가치하다고 느끼는 가해자의 투사일 가능성이 높습니다.

우리는 종종 우리를 괴롭히고 학대하는 사람만이 그 고통을 멈추게 하거나, 어떤 형태로든 사랑을 줄 수 있는 유일한 존재로 여기게 됩니다.

이런 감정은 떨쳐내기 매우 어려울 수 있습니다. 이 책의 저자들은 여러분을 개인적으로 잘 알지 못합니다. 그러나 여러분 중 누군가가 혹여 이렇게 느낀다면 그것은 진실이 아니라고 분명히 말씀드릴 수 있습니다. 이는 누구에게도 진실일 수 없기에, 여러분에게도 진실일 수 없습니다.

트라우마는 실제로 강렬하고 심지어 중독적인 유대[47)]를 만들어낼 수 있지만, 이러한 유대는 치유를 가져오지 않으며, 우리의 몸이 정신적 · 신체적 상처를 치유하기 위해 필요로 하는 항상성 상태로 우리를 이끌지도 않습니다. 또한 이런 유대는 우리가 안전감에서 비롯된 새로운 유대를 찾고 형성하는 것을 방해할 수 있으며, 모든 사랑은 위협과 트라우마에서 비롯되어야만 한다는 잘못된 믿음을 더욱 강화시킬 수 있습니다.

다미주 이론과 중독

우리는 트라우마로 가득한 세상에 살고 있습니다.

이는 많은 사람에게 만연한 스트레스, 불안, 만성 통증, 우울증 또는 해리 증상으로 나타납니다. 많은 사람들의 기본적인 생리적 상태는 단

47) 트라우마 본딩은 학대, 위협, 그리고 간헐적 애정 표현이 반복되면서 형성되는 병리적 · 정서적 유대를 의미합니다. 피해자는 신경계가 위협 해소를 갈망하는 특성 때문에 가해자와의 관계를 끊지 못하고, 오히려 집착하게 되는 경향을 보입니다. 이러한 유대는 안전과 신뢰를 기반으로 한 건강한 관계와는 달리, 불안정성과 공포를 기반으로 형성되며, 장기적으로 정신적 · 신체적 건강에 부정적인 영향을 미칠 수 있습니다(역자 주).

순히 불쾌하고 감당하기 어려운 상태입니다. 그러다 보니 어떻게 해서든 지금과 다른 기분을 *느끼기* 위해 극단적인 선택까지 감행하는 경우도 있습니다.

이런 상황에서 우리가 중독의 세계에서 살고 있다는 사실은 전혀 놀랍지 않습니다.

수많은 연구가 트라우마나 학대의 경험이 있으면 물질 남용이나 중독으로 이어질 확률이 높아진다는 사실을 보여 줍니다. 일부 연구에서는 그 영향이 매우 심각하다는 점이 밝혀졌으며, 일부 연구자는 트라우마 없이는 중독이 발생하는 경우가 거의 없다고 주장하기도 합니다. 제[스티븐]가 진행 중인 연구에서도 만성 통증으로 고통받는 대부분 사람이 트라우마 과거력이 있다는 사실이 밝혀졌습니다.[8] 이런 통증을 오피오이드 같은 약물로 관리하는 것은 안타깝게도 중독으로 가는 흔한 경로입니다.

요컨대, 중독과 트라우마는 불가분의 관계에 있습니다. 다미주 이론은 이러한 현상이 왜 일어나는지를 간결하게 설명해 줍니다.

만약 불안과 스트레스가 만연한 상태(황색 상태)에 고착되어 있는 경우, 오피오이드나 벤조디아제핀 같은 '진정 및 억제성 약물downers'은 일시적인 안정과 조절을 제공하는 것처럼 보이는 둔감 시키는 효과를 낼 수 있습니다.

반대로 해리적 안개(적색 상태)에 갇혀 있다면, 코카인이나 암페타민 같은 '흥분성 약물uppers'이 그 안개에서 벗어나게 만들 수 있습니다.

중독은 종종 범죄나 도덕적 실패로 취급됩니다. 다미주 이론에 따르면 많은 중독 행동은 실제로는 몸이 필사적으로 생리적 상태를 바꾸고, 조절하고, 현재 느끼는 것과 다르게 느끼고 싶어 하는 데서 비롯된 대처 메커니즘입니다.

중독은 종종 느낌을 관리하려는 필요에서 비롯됩니다.

'느낌feeling'은 우리 몸에서 일어나는 직감적인 상태에 대한 의식적인 뇌의 해석입니다. 자율신경계가 잘 조절되고 녹색 시스템을 통해 항상성을 유지할 수 있을 때, 우리는 안전, 신뢰, 우정, 상호 조절, 사랑의 감정이 나타날 수 있는 신경생리학적 기반을 경험하게 됩니다.

하지만 이 상태가 깨지면 위협감, 외로움, 고통, 절망감 등 부정적인 감정이 연쇄적으로 발생하는 악순환이 생길 수 있습니다. 이 같은 부정적인 느낌이 있을 때 우리 몸은 이 상태를 바꾸어 기분이 나아지게 만드는 것을 최우선 과제로 삼습니다.

몸이 상태를 전환하는 가장 효과적이고 자연스러운 방법은 사회적 행동과 상호 조절의 진정 효과를 이용하는 것입니다. 그러나 이 방법을 사용할 수 없거나 트라우마를 경험한 많은 사람들처럼 녹색 시스템에 접근하는 데 어려움을 겪는 경우, 몸은 부정적인 느낌에서 벗어나기 위해 다른 방법을 모색합니다. 여기에는 종종 물질 남용이 포함됩니다.

상태 전환의 욕구는 의식적인 것이라기보다는 생존의 기본적인 수준에서 몸에 의해 주도됩니다. 특히 트라우마 병력이 있는 사람에게는 더 복잡하게 작용하는데, 이들은 종종 트라우마를 상기시키는 생리적 상태에 취약하며, 때로는 이런 상태로 들어가는 것에 대해 깊이 뿌리박힌 두려움을 가지고 있습니다. 예를 들어, 누군가가 트라우마 사건 동안 움직이지 못했거나 신체적으로 억압당했다면, 단지 움직이지 못하거나 셧다운되는 느낌만으로도 고통스러운 연상을 유발할 수 있습니다. 그러면 이러한 생리적 상태에서 벗어나기 위해 물질을 사용해 몸을 가동시키거나 촉발된 상태에서 벗어나려는 행동으로 이어질 수 있습니

다.[48]

느낌과 자율 상태를 조절하기 위해 물질에 의존하는 것의 문제점은 단지 일시적인 도피일 뿐이며 시간이 지날수록 효과는 점점 줄어든다는 것입니다.

많은 사람이 고통스러운 상태에서 벗어나기 위해 오피오이드 같은 중독성 물질을 사용하기 시작합니다. 하지만 몸이 거기에 적응하게 되면 더는 이전처럼 기분이 나아지지 않습니다. 게다가 금단 증상은 자율신경계에 큰 충격을 주어 몸을 극단적인 방어 상태로 몰아넣습니다. 이로 인해 고통스러운 상태에서 벗어나고자 하는 욕구가 증폭되어 물질 남용을 더 부추기는 결과로 이어집니다.

물질을 끊는 과정에서 사람들은 분노나 공격성을 보이기 쉽습니다. 이는 안정된 상태에서 벗어나 황색의 싸움 혹은 도주의 방어 상태로 전환되는 자율신경계의 조절 곤란 때문이며, 이것이 바로 금단 과정에서 분노와 공격성이 드러나는 이유입니다.

이 책은 우리 몸이 종종 우리의 의식적인 의지와는 다르게 작동하는 방식을 다루고 있습니다. 그런 몸과 뇌 사이의 단절이 가장 뚜렷하게 드

48) 사실, 운동이나 성관계처럼 자연스럽게 진정을 되찾는 효과를 가져오는 건강한 행동처럼 보이는 것조차도 트라우마 과거력이 있는 사람들에게는 불안정을 유발할 수 있습니다.
예를 들면, 합의된 성관계가 부정적인 감정을 유발할 가능성을 '성관계 후 불쾌감(post-coital dysphoria)' 또는 '성관계 후 블루스(post-sex blues)'라고 부르기도 합니다. 이런 상태는 당사자에게 혼란과 분노를 느끼게 할 수 있으며, 파트너에게도 영향을 미칠 수 있습니다. 또 이 같은 혼란스러운 상태에서 벗어나기 위해 몸을 조절하려는 시도로 물질을 사용하게 될 수도 있습니다(저자 주).

러나는 곳이 바로 중독입니다.

이 점이 중요합니다. 중독을 겪는 사람들은 자신의 행동을 통제하지 못하는 것에 수치심을 느낍니다. 이러한 수치심은 다른 사람들에게 도움 및 지지를 구하거나, 자신의 어려움을 온전히 이해하는 것을 어렵게 만듭니다. 게다가 수치심은 단순히 기분 나쁘게 만들기 때문에 이를 바꾸기 위해 다른 방법을 찾으려는 욕구를 더 키울 수 있습니다.

다미주 이론은 중독을 대처 전략으로 바라볼 것을 제안합니다. 분명한 것은 중독은 종종 실패하기도 하고 지속 불가능한 대처 전략이지만, 그럼에도 불구하고 우리를 안전하게 지키고 생리적 상태를 조절하려는 신체적 욕구에서 비롯된 전략이라는 점입니다.

정신적 혹은 신체적 문제가 있는 개인이 기분을 나아지게 하려고 약물이나 알코올에 의존하는 자가 처방self-medication[49]이라는 개념에 관해 들어본 적이 있을 것입니다.

이 개념은 자율신경 조절 곤란이 있는 개인이 중독에 가장 취약하다는 다미주 이론과 일치합니다. 이러한 조절 곤란은 정신 건강, 트라우마 과거력, 또는 만성 통증 같은 다양한 근본 원인에서 비롯됩니다.

또 인종, 민족, 성별, 장애로 인해 소외되는 것도 중독의 위험 요소로 간주됩니다.

소외는 종종 개인을 만성적인 위협과 불안 상태에 놓이게 하며, 직장이나 학교 또는 지역 사회에서 사회적 교류와 상호 조절의 기회를 제

---

49) 자가 처방(self-medication)은 개인이 정신적 또는 신체적 고통을 완화하거나 감정을 조절하기 위해, 전문가의 진단이나 처방 없이 스스로 약물, 알코올, 니코틴, 카페인 등 외부 자극에 의존하는 행동을 말합니다. 예를 들어, 불안을 가라앉히기 위해 술을 마시거나, 우울한 기분을 없애려 진통제나 수면제를 반복적으로 사용하는 경우가 이에 해당합니다. 처음에는 고통을 줄이기 위한 시도로 시작되지만, 이런 습관이 반복되면 신체적·심리적 의존, 나아가 중독으로 발전할 수 있습니다(역자 주).

한합니다.

이전 장에서는 인간이 진화 과정에서 사회적 행동과 상호 조절에 의존해 정신적 · 신체적 건강을 유지해 왔다는 내용을 다루었습니다. 이것이 자율신경계 상태를 조절하는 가장 효율적이고 건강한 방법입니다. 하지만 모든 사람이 이 방법을 항상 이용할 수 있는 것은 아닙니다.

주변 사람들이 우리를 위협적인 존재로 여기거나 이방인처럼 대할 때, 우리는 사회적 행동을 진정 효과를 주는 신경 조절 수단으로 활용하는 능력을 잃을 수 있습니다. 안전한 사회적 교류에 접근할 수 없게 되면, 몸은 스스로의 상태를 조절할 다른 방식을 찾아야 하고, 많은 사람들은 그 대안으로 결국 중독성 물질을 선택하게 됩니다.

트라우마, 중독 또는 정신 건강 문제가 있는 사람들은 건강한 사회적 상호 작용에 적합하게 몸을 조절하는 데 어려움을 겪을 수도 있습니다. 위험을 감지하는 데 편향된 신경지는 이미 상당한 위협을 경험했기 때문에 긍정적인 사회적 신호를 잘 알아차리지 못하며, 억양이나 표정, 몸짓 등을 오해해 친근하게 끄덕이는 고개나 미소, 눈맞춤도 위협으로 받아들일 수 있습니다.

마치 겁에 질린 개처럼 이런 신경계는 종종 타인과의 사회적 교류를 안전하다고 믿지 않는 경우가 많습니다. 이는 사회적 상호 조절이라는 자연스러운 도구를 통한 조절을 더 어렵게 만들어 결국 물질과 같은 대체 수단에 대한 신체적 필요를 더 증가시킵니다.

물질은 사회적 상호 조절의 대체물로서 결코 좋은 대안이 아닙니다. 고통이나 괴로움을 무감각하게 만들 수는 있지만, 항상성의 치유 과정을 지원하는 생리적 평온을 가져다주지는 못합니다. 또 타인에게 안전감을 전달하거나 이를 감지하는 우리 몸의 능력을 효과적으로 최적화하지도 못합니다.

다미주 이론은 많은 사람이 중독성 물질에 의존하는 *이유*를 설명하기만 하는 것이 아닙니다. 이 이론은 중독을 효과적이고 공감 어린 방식으로 치료할 수 있는 단서도 제공합니다.

이를 위해 다미주 연구소[9]에서는 '다미주 이론 기반polyvagal-informed' 중독 치료 센터를 인증하고 있으며, 이는 환자에게 접근하고 치료하는 방식에서 다미주 이론의 원칙을 활용한다는 의미입니다.

이 같은 접근 방식은 환자의 부정적인 느낌을 수백만 년의 진화를 통해 우리 몸에 내재된 근본적인 생존 메커니즘의 표현으로 이해하는 것입니다. 목표는 환자가 자신의 몸이 방어 상태로 전환되는 느낌을 인식하면서도, 이러한 느낌이 환자를 압도하지 않도록 돕는 것입니다.

부정적인 느낌에 대한 책임이 환자 자신이나 혹은 주변 사람에게 있다고 여기는 것은 흔합니다. 이러한 느낌을 방어 상태로 촉발된 선천적인 생존 시스템의 자연스러운 결과로 재구성하면, 개인적인 비난이나 수치심의 시각에서 벗어나 그 느낌을 경험할 수 있게 됩니다.

이를 통해 환자는 그 느낌을 의도에 의한 서사와 분리하게 됩니다. 이는 부정적인 것을 경험하더라도 그것이 우리를 완전히 압도하지 않게 하는 데에, 그리고 자연스럽고 흔히 발생하는 신체적인 느낌에서 의미나 비난을 찾느라 심리적으로 악순환에 빠지지 않게 하는 데 매우 중요합니다.

다미주 이론은 또한 환자의 물리적 환경이 회복에 결정적인 영향을 미칠 수 있음을 시사합니다. 금단 증상처럼 몸이 위협을 느낄 때는 신경지가 안전하다고 느낄 수 있도록 시각적이고 청각적인 신호를 제공하는 환경을 조성하는 것이 특히 중요해집니다.

쉽게 말하자면, 많은 약물 치료 센터가 말리부의 숨 막히게 아름다운 절벽 근처에 있는 데는 그럴 만한 이유가 있습니다.

다미주 관점에서 본 트라우마

다미주 이론과 자율신경계에 대해 알게 된 것을 고려하면, 트라우마에 대한 많은 미스터리가 한층 더 명확하게 이해되기 시작합니다.

"왜 나는 폭행당했을 때 얼어붙거나 해리되었을까? 왜 반격하지 않았을까? 내가 동조했다는 뜻일까?"

트라우마 사건을 겪었을 때 얼어붙는 것은 의식적인 사고나 의도적인 행동의 범위를 벗어난 자연스러운 반응입니다. 적색 시스템이 작동하면 몸이 셧다운되고 심지어 기절할 수도 있습니다. 다른 경우(특히 반복적인 트라우마 이후)에는 이 시스템이 피해자의 의식을 가혹한 현실로부터 보호하면서 신체적으로는 어느 정도 각성 수준을 유지하도록 해리 상태를 유발합니다.

이러한 반응은 선택이 아니며, 피해자가 공격을 환영했거나 동조했다는 의미가 아닙니다. 단지 이 점을 이해하는 것만으로도 타인이나 자신에게 죄책감을 부여하는 걸 바꿀 수 있습니다.

"트라우마를 겪은 후 왜 모든 것이 다르게 느껴지고, 다르게 보이고, 다르게 들리는 걸까?"

자율신경계 상태는 세상을 경험하는 필터입니다. 신경계가 얼마나 안전하다고 느끼는지에 따라 감각적 경험은 완전히 달라질 수 있습니다. 이로 인해 사물이 다르게 보이고, 냄새나 소리나 맛이 다르게 느껴질 수 있습니다. 또 한때 사랑했던 것들이 더는 기쁨을 주지 못하거나, 반대로 트라우마 사건과 밀접하게 연관되어 신경계의 황색이나 적색의 방어적 시스템을 촉발할 수도 있습니다.

"트라우마 이후 왜 소리가 다르게 들릴까?"

앞서 언급한 감각적 변화를 바탕으로 소리에 대한 감각에 초점을 맞춰 보겠습니다.

우리의 중이에는 시끄러운 환경에서 사람의 말소리를 포착하는 데 도움이 되는 근육이 있습니다. 녹색에서 황색으로 상태가 바뀌면 이 근육은 물리적으로 위치를 변경함으로써 귀가 포식자(덤불 속의 호랑이 등)와 관련된 초저주파 소리를 포착해 위험을 감지하게 합니다.

트라우마로 고통받는 사람들에게 흔히 나타나듯이, *결코* 안전하다고 느끼지 *못하면* 이 중이 근육은 그 위치에 계속 머무를 가능성이 높습니다. 그 결과 트라우마를 겪은 사람들에게서 청각 처리 장애가 흔히 발생하며, 이는 종종 배경 소음에 대한 과민 반응으로 나타납니다.

다음으로 넘어가기 전에 한 가지 더 말씀드리자면, 이 책의 저자들은 빈집에 혼자 있을 때 삐걱거리는 소리를 견디기 힘들어하는 수많은 사람과 이야기를 나눴습니다. 저주파 소음이 신경계에 의해 위협으로 인식되어 처리되기 때문에 여기에서도 동일한 현상이 일어나는 것입니다.

"왜 특정한 것이 트라우마를 촉발하는 것처럼 느껴질까?"

우리의 신경계는 환경과 삶의 경험으로부터 끊임없이 학습하고 연결을 형성합니다.

예를 들어, 아이가 쓴맛을 느끼거나 불쾌한 음식을 먹었다면 그 경험을 통해 그 음식을 다시는 먹지 않게 될 가능성이 큽니다. 이와 마찬가지로, 고통스럽거나 트라우마 사건과 연관된 거의 모든 것이 우리의 신경지를 자극해 미래에 유사한 상황에 직면했을 때 위험이 다가오고 있다고 인식하게 만들 수 있습니다. 냄새, 색깔, 장소, 사람 등 거의 모든 것이 이에 해당할 수 있습니다. 여기에는 사람이나 사물도 포함될 수 있습니다.

트라우마로 인해 특정한 일상 경험을 위험과 연관 짓게 되므로, 그 경험을 견디기 어려워하는 것은 나약함의 표시가 아닙니다. 따라서 그런 사람들을 탓하거나 비난해서는 안 됩니다. 이는 실제로 그들에게 큰 고통을 주는 일이기 때문입니다.

"나는 왜 항상 이렇게 불안할까?"

트라우마는 우리의 신경계를 재조율해 실제로 아무것도 없는 상황에서도 위험 신호를 포착하게 합니다. 이러한 상태에서는 교통 체증, 마감일, 소셜 미디어 알림 같은 일상적인 스트레스 요인조차도 생명을 위협하는 상황에 대비하는 신경 경로를 활성화시킵니다. 이 신경 경로는 원래 필요한 경우에만 드물게 활성화되도록 설계된 것입니다.

이런 상태로 평생을 산다는 것은 매일의 일상적인 사건을 실존적 위협처럼 느끼며 사는 것과 같습니다. 이것이 바로 불안의 본질입니다.

"다른 사람은 그냥 쉽게 넘길 수 있는 일을 왜 나는 이렇게 힘들어하는 걸까?"

사람마다 회복탄력성의 수준이 다르기 때문에 어떤 사람에게는 쉽게 떨쳐 버릴 수 있는 사건이 다른 사람에게는 평생의 트라우마로 남을 수 있습니다. 트라우마와 스트레스에 대한 회복탄력성이 낮다는 것은 나약함의 징후가 아니라, 자연스럽고 어느 정도 측정 가능한 차이입니다. 회복탄력성은 사회적 상호 작용과 신체적 놀이를 통해 근육처럼 단련할 수 있으며, 이는 미래에 있을 트라우마의 영향을 완충하는 데 도움이 됩니다.

"트라우마를 겪은 후로 사람들과 어울리고 관계 맺는 게 왜 이리 힘들까?"

5장에서는 진정한 치유로 이어지는 안전한 사회적 유대감을 형성하는 데 필요한 일련의 과정에 관해 이야기했습니다. 이 과정의 핵심은 다른 사람들 사이에서 안전하다고 느끼는 능력입니다. 그러나 트라우마로 고통받는 사람들에게는 이것이 매우 어려울 수 있으며, 그 결과 사람들과 어울리거나 건강한 관계를 맺는 것이 어려워집니다.

이는 또 다른 악순환을 낳는데, 사회적 상호 작용과 건강한 관계는 트라우마와 스트레스를 처리하는 데 매우 필수적인 요소이기 때문입니다.

"트라우마는 왜 그렇게 오래 지속될까? 그리고 치료하기는 왜 그렇게 힘든 걸까?"

트라우마는 종종 심리적 또는 정신과적 문제로 잘못 인식되고 있으며, 대화 치료나 약물 치료가 유일한 해결책으로 여겨지는 경우가 많습니다. 물론 상담 치료와 약물 치료가 일부 사람들에게 도움이 되긴 하지만, 이러한 접근 방식은 트라우마를 마치 뇌에서 시작되어 뇌에서 끝나는 것처럼 다룹니다.

트라우마가 우리를 어떻게 변화시키는지 이해하기 시작하면, 트라우마에 대해 뇌를 넘어 우리 몸의 거의 모든 구석구석으로 확장된 생리적 문제로 접근할 수 있습니다.

다미주 이론은 트라우마를 지속적으로 안전하지 않다고 느끼는 신경계의 상태에서 비롯된 결과로 새롭게 정의합니다. 그리고 치료가 가장 효과적이기 위해서는, 신체가 '안전하다'라고 느낄 수 있도록 설계되거나, 사람들이 안전감을 느낄 수 있는 환경에서 이루어져야 한다고 봅니다.

이제 다음 내용으로 넘어가겠습니다.

다미주 이론과 트라우마 치료의 만남

사실 저[스티븐]는 다미주 이론을 개발할 때 트라우마를 염두에 두지 않았습니다.

그래서 제 연구가 트라우마 분야에서 채택되어 많은 트라우마 전문가가 트라우마를 다루는 방식에 영향을 준 것을 보게 된 것은, 저에게 커다란 놀라움과 겸손함을 안겨주었습니다. 이 공은 다미주 이론을 자신의 임상 경험과 연결해 받아 들여준 트라우마 치료사들에게 돌아가야 할 것입니다. 그리고 한 번 다미주 이론이 트라우마를 어떻게 설명하는지, 그리고 트라우마 치료에 어떤 가능성을 제시하는지 알게 되면, 더 이상 그것을 모른 척할 수 없게 됩니다.

저는 인디애나대학교 킨제이 연구소Kinsey Institute의 트라우마 스트레스 연구 컨소시엄Traumatic Stress Research Consortium 창립 이사입니다. 이 컨소시엄의 일환으로 트라우마 치료사 약 1,000명을 대상으로 지속적인 설문조사를 진행하고 있습니다. 이 조사에 따르면, 치료사들은 트라우마 치료에서 가장 유용하고 가장 많이 사용하는 범주로 '다미주 이론에 기반한 정보'를 꼽았습니다. 그리고 설문조사에 참여한 트라우마 치료사 중 약 65%가 자신의 임상 방식을 '다미주 이론에 기반했다'로 설명했습니다.[50)]

즉, 다미주 이론은 치료사들이 트라우마에 대해 논의하는 방식뿐 아니라 특정 치료 기술의 발전에도 영향을 미치고 있습니다.

다미주 이론의 핵심 원리는 우리 몸이 세상을 어떻게 느끼고 반응하는지가 가장 중요하다는 것입니다.

우리는 모두 다양한 신체적 경험과 느낌을 가지고 살아갑니다. 또한 종종 고통을 겪기도 합니다. 때로는 사회적이고 활기차게, 때로는 에너지가 넘치고 공격적으로 느낄 수도 있습니다. 때로는 마비된 듯 움직일 수 없기도 합니다. 우리는 기쁨, 공허감, 만족감 등 다양한 감정을

50) 이 숫자는 신중하게 해석해야 합니다. 저[스티븐]는 컨소시엄의 창립 책임자이며, 설문조사에 참여한 치료사 중 다수가 훈련 과정에서 다미주 이론에 대해 배웠으며, 이는 설문조사에 참여한 사람들이 전체 트라우마 치료사 집단보다 다미주 이론에 익숙할 가능성이 더 높다는 것을 시사합니다(저자 주).

느낍니다.

이는 모두 보편적이고 대부분 적응적인 것입니다. 본질적으로 '나쁜' 것이 아니라 생존을 돕고 안전한 상태로 돌아갈 수 있도록 진화한 특정 기능을 수행하기 위해 우리 안에 존재합니다.

그러나 트라우마를 겪은 사람들에게는 특정한 신체 감각이 트라우마와 깊게 연결되어 있을 수 있습니다. 방어적이거나 화가 나는 감정을 느끼는 것이 결코 즐거운 일은 아니지만, 건강한 사람들은 대체로 이런 감정을 큰 어려움 없이 지나칠 수 있습니다. 하지만 트라우마를 겪은 사람들에게는, 단순히 어떤 감정을 느끼는 것 자체(그것이 방어심, 분노, 혹은 우리가 일반적으로 '긍정적'이라고 여기는 감정이라 할지라도)가 강력한 트리거가 되어 심각한 혼란과 고통을 초래할 수 있습니다.

그렇기 때문에 트라우마 스트레스 연구 컨소시엄의 임상 고문이자 『다미주 이론의 임상적 적용Clinical Applications of the Polyvagal Theory』이라는 책의 공동저자인 뎁 데이나Deb Dana는 다미주 이론을 지침 삼아 트라우마 사건이 아닌 그와 관련된 신체적 느낌에 초점을 맞추도록 치료 세션을 재구성합니다.

이는 치료 방법에서 큰 변화입니다. 기존의 대화 치료는 환자가 *왜* 그렇게 느끼는지에 대한 설명을 제공하는 데 목표를 둡니다.

그러나 데이나처럼 다미주 정보에 기반한 치료사들은 '왜'라는 질문에서 '어떻게'라는 질문으로 전환하는 데 목표를 둡니다.

요점은 우리 자신의 느낌을 이해하고 트라우마로부터 분리하는 데 있습니다. 결국, 환자들이 이러한 보편적인 신체적 감각에 익숙해지도록 함으로써 그것이 더는 방해가 되지 않도록 돕는 것입니다. 우리는 모두 안 좋은 느낌과 좋은 느낌을 경험합니다. 트라우마를 겪은 사람들의 문제는 안 좋은 느낌에 사로잡혀 정상적인 일상을 영위하기가 어렵다는 점입니다.

이 과정의 첫 번째 단계는 어떤 신체 상태든 '좋다' 또는 '나쁘다'라는 평가를 내려놓고, 있는 그대로 그 상태를 인식하는 것입니다. 데이나는 환자들이 호기심과 탐구심을 가지고 이러한 감각을 바라보도록 안내합니다. 그녀는 이렇게 말합니다. "이것은 하나의 신체 감각입니다. 좋거나 나쁘다고 판단할 필요는 없습니다. 그저 내가 지금 느끼고 있는 것이며, 이런 느낌이구나 하고 알아차리면 됩니다."

이 같은 인식이 없으면 우리는 종종 부정적인 느낌에 대해 비난을 만들어 냅니다. 기분이 나빠지면 자신이나 가까운 사람들을 탓합니다. 사랑하는 사람이나 주변 환경이 의도치 않게 우리를 자극해 우리 몸과 뇌가 그 사람이나 사물이 문제라고 믿게 할 수 있습니다. 이는 실제 대인관계 문제와 갈등을 초래할 수 있으며, 자신의 나쁜 감정을 탓할 다른 누군가를 찾게 되면서 상호 작용에서 부정적 편향이 생길 수 있습니다.

비난은 하나의 대처 전략입니다. 하지만 비난은 쉽게 빠져들 수 있는 동시에 매우 비효율적인 대처 전략입니다.

환자가 자신의 신체적 느낌을 온전히 알아차리면 비난의 맥락에서 벗어나 이런 느낌을 경험할 수 있으며, 실제로 무엇이 그런 느낌을 유발하는지 이해할 수 있습니다.

알아차림의 다음 단계는 환자가 이런 느낌과 상태에 갇히지 않고 안팎으로 움직일 수 있는 능력을 키우는 것입니다. 이 같은 느낌을 큰 혼란 없이 경험할 수 있다면 삶의 질이 개선됩니다.

호흡과 움직임 같은 메커니즘을 통해 이런 상태와 느낌을 오가며 조절할 수 있습니다. 이 기술을 익힌 환자는 안전한 항구를 찾는 배처럼 자신의 고통스러운 신체적 느낌을 잘 헤쳐 나가면서 장애물에 부딪

히지 않고 능숙하게 지나갈 수 있습니다.

이 치료는 환자가 자신의 신체적 느낌을 알아차리고, 통증과 트라우마의 맥락에서 이 느낌들을 천천히 제거하게 하는 점진적인 훈련(데이나의 표현에 따르면 '사다리')으로 작업합니다. 환자들에게 트라우마와 연관된 느낌을 짧지만 점점 더 길게, 그리고 안전한 환경에서 '느끼도록' 권장합니다. 너무 지나치면 데이나는 환자를 거기서 다시 데리고 나옵니다.

결국 환자들은 이런 느낌을 트라우마의 트리거가 아닌 단순한 느낌으로 받아들이게 됩니다. 그렇게 되면 이 느낌들은 파괴적인 힘을 잃습니다. 우리는 그것들을 인정하고, 존중하고, 느끼고, 감사하며 계속 나아갈 수 있습니다.

공통적으로 나타나는 증상들

트라우마와 관련이 있는 많은 증상이 다양한 의학적 진단과 정신과 질환에서도 발견될 수 있습니다.

자폐증, 조현병, 우울증, 경계성 인격장애 등 여러 다른 질환에서도 공통된 핵심 증상들이 나타납니다. 청각 과민, 배경 소음에서 사람의 목소리를 구별하기 어려움, 무표정한 얼굴, 행동 상태 조절의 어려움, 목소리에서 운율 부족, 심박수가 높고 심장의 미주 조절이 떨어지는 경향을 보이는 기본 자율신경 상태 등입니다.

이 공통된 증상 중 대부분은 사회 참여 체계에서의 신체적 특징과 정서를 감지하고 표현하는 능력과 관련이 있습니다.

이런 증상에 관해 이야기하고 이를 '치료treating'한다고 할 때, 우리의 목표는 종종 누군가를 '완치cure'하는 것이 아니라는 점을 명시해야 합니다. 신경다양성 운동을 통해 많은 사람이 단지 다르게 연결되어 있을 뿐이며 그 자체로는 아무 문제가 없다는 인식이 확산되고 있습니다.

감각적 · 자율신경 과민 상태에서 포식자나 다른 위험을 더 잘 탐지할 수 있다는 점을 고려하면 진화적 관점에서 볼 때 때로는 유익한 것으로 볼 수 있습니다. 우리는 경계와 예민함이 얼마나 소모적인지 앞서 많이 이야기했지만, 사회적 행동은 또한 많은 것을 소모함으로써 야생에서 치명적인 위험을 발견하는 것을 더 어렵게 만들 수 있습니다.

우리의 목표는 사람들이 더 나은 삶을 살도록 돕는 것입니다. 과잉 경계와 청각 과민으로 인해 일상을 사는 것이 고통스럽거나 사람들이 안전하다고 느끼는 데서 오는 이점이 차단된다면, 우리는 그것에 주목해야 합니다. 마찬가지로 트라우마를 '완치cure'할 수는 없지만, 트라우마가 사람들에게 미치는 해로운 영향을 줄이고 삶에 큰 지장을 주는 것을 막을 수는 있습니다.

이런 증상 중 상당수는 특정 진단과 밀접하게 연관되어 있기에 사람들은 오랫동안 이를 선천적인 특징, 심지어 질환을 정의하는 특징이라고 여겼습니다. 특히 청각 문제와 자폐증이 대표적인 예입니다. 둘은 오랫동안 밀접하게 연관되어 있어서, 자폐증이 있는 한 청각 문제는 본질적으로 치료할 수 없는 것으로 여겨져 왔습니다.

하지만 이제 우리는 이것이 항상 그런 것은 아니라는 사실을 알게 되었습니다. 청각 문제를 자폐증의 핵심 요소로 보기보다는 신경계가 과잉 경계 상태에 갇혀 제대로 안전하다고 느끼지 못하는 결과로 보는 것이 더 정확하다고 생각합니다. 그리고 다미주 이론을 지침으로 삼는다면, 이는 충분히 접근할 수 있는 문제입니다.

치료에서 안전의 중요성

다미주 이론에 기반한 치료사가 된다는 것은 생리적 상태의 중요성을 이해한다는 것을 의미합니다. 다시 말해, 이러한 생리적 상태는 우리가 세상을 경험하는 필터입니다. 이는 주변의 모든 것을 인지하고 반응하는 방식을 변화시키는 중재 변수와도 같으며, 여기에는 치료 과정도 포함됩니다.

다미주 이론에 기반한 치료사는 소매틱 익스피어리언싱(somatic experiencing, SE), 안구운동 둔감화 및 재처리(eye movement desensitization and reprocessing, EMDR), 인지행동치료(cognitive behavioral therapy, CBT), 내면가족체계(internal family systems, IFS) 등 다양한 임상 전문 분야에서 활동하고 있습니다. 이 치료법들이 공통으로 가지는 관점은 트라우마로 인해 발생하는 많은 문제를, 안전을 필요로 하는 우리 몸의 기본적인 욕구가 침해된 상태로 본다는 것입니다.

또 이들은 치료 과정에서 안전의 힘을 이해합니다. 안전하다고 느끼는 것이 건강과 회복의 상태에 들어가게 하는 마중물이라면, 사람들로 하여금 안전하다고 느끼게 하면 거의 모든 치료나 개입이 더 효과적일 수 있습니다. 이는 트라우마뿐 아니라 다른 질환과 의료적 개입에도 마찬가지입니다.

이를 염두에 두고 환자를 치료하는 새로운 방법과 치료받는 환자를 위한 실제 물리적 공간과 경험을 설계하는 데서도 사람들이 안전하다고 느끼게 하는 가치를 최고로 중요하게 생각하기 시작했습니다.

번쩍거리는 형광등, 눈앞에 훤히 보이는 다른 환자들, 정신없이 긴박한 상황, 그리고 환풍기의 저주파 소리와 환자들의 신음이 복도를 가득 채우고 있는 무균 병동에 들어섰다고 상상해 보세요.

이번에는 차분하고 평온한 공간을 상상해 보세요. 우리의 신경지와 신경계가 시각, 청각, 후각을 해석하는 방식을 고려해 설계된 매우 *안전하게* 느껴지는 공간입니다.

다미주 이론에 따르면 안전하다고 느끼는 환경에 있거나, 친절하고 안전해 보이는 전문가의 보살핌을 받는 것만으로도 신경계가 항상성과 치유의 녹색 상태로 전환하게 만들어 거의 모든 치료의 효과를 높일 수 있습니다.

기억하세요. 우리 몸과 뇌는 녹색 상태에 있을 때 더 민첩하며 더 잘 치유됩니다. 따라서 안전하다고 느끼게 하는 건축적, 음향적, 미적 특징은 우리 몸이 스스로 치유하는 능력에 실질적인 변화를 가져올 수 있습니다.

이 같은 일반적인 아이디어 외에도 저는 다미주 이론의 개념을 활용해 청각 과민증, 외상 후 스트레스 장애, 조현병, 만성 통증, 불안, 우울증, 청각 처리 장애, COVID-19 후유증, 해리, 심지어 파킨슨병을 포함한 문제와 관련된 증상을 완화하는 데 도움이 되는 매우 구체적인 개입을 개발했습니다.

세이프 앤 사운드 프로토콜

간단한 질문 두 가지가 있습니다.

> 만약 갓난아기가 울고 있다면, 어떻게 말을 걸어 진정시키겠습니까?
>
> 사랑하는 반려견이 착하게 군다면, 그것을 어떻게 알려 줄 수 있을까요?

아마도 '*사랑해*' 또는 '*우리 착한 강아지*'라는 말을 떠올렸을 것입니다.

이제 그 목소리가 *어떻게* 들릴지 상상해 보세요. 단조롭고 엄격한 목소리인가요? 아니면 노래하듯 멜로디가 있는 목소리인가요?

분명 후자일 것입니다.

아기에게 단조롭고 무미건조한 목소리로 말하는 것을 상상하는 것만으로도 본능적으로 이상하고 불편하게 느껴질 수 있습니다. 우리에게 있는 타고난 양육 본능에 어긋나는 것처럼 보입니다. 그 본능은 아기에게 속삭이고, 미소를 지으며, 음악가가 악기를 다루듯이 목소리를 위아래로 움직이라고 말해 줍니다. 비록 상대가 너무 어리거나 강아지라서 말의 의미를 이해하지 못하더라도 그렇게 하는 것이 본능적으로 안전하고 사랑받고 있다고 느끼게 할 것임을 알고 있습니다.

이런 상황에서 중요한 것은 *무슨* 말을 하느냐가 아닙니다. 중요한 것은 *어떻게* 말하느냐입니다.

이런 상황에서 중요한 것은 그런 역할을 하고 있는 운율입니다.

목소리의 운율은 말할 때 음성의 높낮이가 얼마나 변화하는지를 나타내는 척도입니다. 즉, 높은 수준의 운율로 말한다는 것은 노래하듯이 높낮이가 있는 음성으로 말하는 것입니다. 기본적으로 운율이 있는 목소리는 단조로운 목소리와 반대입니다.

운율은 인간의 목소리에서 중요하지 않은 요소처럼 보일 수 있지만, 실제로는 신경계에 매우 중요한 역할을 합니다. 운율이 신경지에 누군가가 안전하다는 신호를 보내기 때문입니다. 이런 소리는 부교감

신경을 자극해 우리를 차분하고 평온한 상태로 유도합니다.[51)]

이 같은 변화의 이면에는 해부학적 구조에 기반한 무의식적 반사가 있습니다.

2장에서 언급했듯이 우리 귀에는 사회적 의사소통을 원활하게 하기 위해 말소리를 더 잘 듣게 해 주는 작은 근육이 있습니다. 우리가 안전하다고 느끼고 녹색 상태에 있을 때는 말 그대로 사람들이 말하는 소리를 더 잘 들을 수 있습니다. 반대로 위협을 느끼고 황색 상태로 전환되면, 이 근육의 기능이 사라지고 위협과 관련된 초저주파 소리(으르렁거리는 짐승이나 뒤따라오는 발소리 등)에 과민해집니다.

이것이 외상 후 스트레스 장애를 겪는 많은 사람이 청각 처리 문제와 청각 과민 증상을 겪는 이유입니다. 몸이 *절대로* 안전하지 *않다고* 느끼면, 이 근육은 위험과 경계 상태에서 벗어나지 못합니다. 이는 전쟁에서 돌아온 군인들에게서 자주 나타나는 현상이며, 그들은 큰 소음을 처리하는 데 어려움을 겪습니다. 또 학대 가정이나 위험한 환경에서 자란 아이들에게도 이런 현상이 나타납니다. 그들은 종종 말에서 특정 단어를 제대로 구분하지 못하며, 말을 잘 듣지 못하거나 심지어 멍청하다는 비난을 받기도 합니다. 실제로 무슨 일이 일어나고 있는지 깨닫지 못한 채 스스로 그렇게 믿기도 합니다.

청각 과민증은 자폐증 환자에게 매우 흔하게 나타나는 특징입니다. 오랫동안 많은 사람이 청각 과민증을 자폐증의 핵심적인(심지어 자폐증을 정의하는) 특징이라고 생각했지만, 저는 청각 과민증을 다르게 보았습니다. 안전 상태에서 벗어난 몸이 만들어 낸 결과라고 생각했습니다.

---

51) 엄마의 목소리가 더 운율이 있으면 일시적인 스트레스에 노출된 아기를 더 효과적으로 진정시킬 수 있다는 연구 결과가 있습니다(Kolacz et al., 2021)(저자 주).

이 생각은 제[스티븐]가 치료적 개입인 세이프 앤 사운드 프로토콜(The Safe and Sound Protocol, SSP)을 개발한 계기가 되었습니다. 이 개입법의 목표는 운율이 있는 소리의 핵심적인 특징과 타고난 진정 효과를 도구로 사용해 신경계를 안전하다고 느끼게 만드는 것입니다.

저는 이 진정시키는 소리를 일종의 신뢰의 본질로 분해해, 엄마의 자장가 같은 목소리가 아이를 진정시키거나 *"우리 착한 강아지"*라는 음율 있는 소리가 개를 꼬리 흔들게 하는 것처럼 우리를 진정시키는 데 사용할 수 있기를 바랐습니다. 이렇게 하면 신경계를 안정된 상태로 전환하고 그에 따른 건강상의 이점을 얻을 수 있다는 것이 바로 다미주 이론의 주장입니다.

저는 1990년대 후반에 이 개입법을 개발하기 시작했고, 초기 목표는 단순했습니다. 자폐증에서 청각 처리 및 과민성 장애를 치료하는 데 도움을 주는 것이었습니다. 이 같은 소리로 신경계가 안전감을 느끼게 하면, 듣고 이해하는 데 어려움을 겪는 수백만 명의 사람에게 실질적인 도움을 줄 수 있으리라 생각했습니다.

초기 실험의 결과는 놀라웠습니다. 거의 즉각적으로 청각 과민증이 현저하게 감소하고, 청각 처리 능력이 개선되었으며, 행동 조절이 향상되고, 자발적인 사회적 행동이 나타나기 시작했습니다.

말을 하지 않던 자폐 아동이 자발적으로 말하기 시작했습니다. 부모들은 깜짝 놀란 선생님들로부터 전화를 받았다고 했습니다. 이전까지 조용하고 반응이 없던 아이들이 수업에 집중하고 적극적으로 참여하는 모습을 보고 선생님들이 놀라움을 금치 못했던 것입니다.

이 효과는 여기서 끝나지 않습니다. 안전하다고 느끼지 못했던 신경계에 신뢰와 안전감이라는 본질을 전해 줄 때 마법 같은 일이 일어납니다. 청각적인 개선 외에도 실험 참가자들이 SSP를 경험한 후 심장의

미주 조절 능력이 증가한 것으로 측정되었습니다. 이는 신체 내부에서 광범위하고 다양한 생리적 변화가 일어나고 있음을 시사하는 결과입니다.

다미주 이론의 핵심 원칙은 안전하다고 느끼는 것이 우리 몸을 다양한 방식으로 변화시키고 치유할 수 있으며, 이러한 효과는 귀에서 시작해 귀에서 끝나는 것이 아니며, 자폐증 환자에게만 국한되지 않는다는 것입니다.

2016년에 통합 청취 시스템Integrated Listening Systems이라는 회사(현재는 Unyte Health라는 다른 회사에 합병됨)에서 상업적으로 출시한[52] 이 개입 방법이 다양한 필요와 목표 및 욕구를 가진 임상가, 치료사, 환자들에게 퍼져 나갔습니다. 그러면서 제가 처음 생각했던 범위나 희망을 훨씬 뛰어넘어 실질적이고 혁신적인 변화를 일으키는 것을 보고 놀랍고도 겸허한 마음이 들었습니다. 특히 트라우마로 고통받는 성인들을 위한 도구로서 매우 강력하다는 것이 입증되었습니다. 그 외에도 거의 매일 임상가나 환자로부터 SSP를 시도한 결과 제가 생각지도 못했던 방식으로 효과를 보았다는 이메일이나 편지를 받습니다.

이는 모두 신경계가 조금 더 안전하다고 느끼기 때문에 가능한 일입니다.

---

52) 자세한 내용은 https://integratedlistening.com/ssp-safe-sound-protocol/에 있습니다(Kolacz et al., 2021)(저자 주).

2부

세상 속에서

7장

팬데믹의 역설

인간은 사회적 동물로서 서로에게 의지하며 살아갑니다.

다미주 이론의 핵심 원칙 중 하나는 안전하고 신뢰할 수 있는 사람들과의 사회적 상호 작용, 특히 *대면 상호 작용*이 우리 몸의 치유 능력을 활성화하고 세상의 스트레스로부터 자신을 보호하며, 동시에 최상의 상태로 성장하도록 돕는 열쇠라는 점입니다.

다른 사람들과 함께한다는 필요성은 단순한 욕구를 넘어선 생물학적 필수 요소이며, 인류가 장기적으로 생존하는 데 없어서는 안 되는 요소로, 우리의 DNA와 사회 및 문화의 거의 모든 측면에 깊이 내재되어 있습니다.

타인으로부터 고립되면 우리 몸과 뇌는 쇠약해집니다. 신체적 · 정신적 건강의 거의 모든 측면이 악화됩니다. 평소라면 쉽게 넘길 수 있는 스트레스 상황도 오랫동안 지속되는 트라우마로 변질될 수 있습니다. 우리는 균형을 잃고 건강을 해치며, 고통을 겪고, 이기적으로 변하게 됩니다.

2020년 초부터 시작된 COVID-19 팬데믹은 수백만 명의 목숨을 앗았고, 세계 경제를 뒤흔들었으며, 현재 전 세계 곳곳에서 불안과 공포의 불길에 기름을 부었습니다.

또 우리 자신을 사회적으로 고립시키기도 했습니다.

COVID-19는 타인과 밀접한 접촉을 통해 전염되는 감염병입니다. 팬데믹 초기, 특히 생명을 구할 수 있는 백신이 널리 보급되기 전에는 개인의 생존과 공공 보건을 위해 타인과 밀접한 접촉을 피하라고 했습니다. 그렇게 하는 것이 우리 자신과 타인의 생명을 구하는 방법이라고 들었습니다.

그러나 바이러스가 치명적일 수 있는 것과 마찬가지로, 다미주 이론에 따르면 사회적 고립 또한 그 자체로 좋지 않은 결과를 초래합니다.

안전해 보이는 타인과의 상호 작용은 우리 몸이 치유되고 회복되는 중요한 방법입니다. 이는 우리 몸이 건강, 성장, 회복을 촉진하는 시스템, 즉 자원을 집중하게 해 주는 '녹색 상태'를 활성화시킵니다. 이런 건강과 성장 그리고 회복이야말로 치명적인 바이러스에서 살아남을 수 있도록 돕는 요소입니다.

사회적 상호 작용이 없으면 우리 몸은 기본적으로 '황색' 상태나 '적색' 상태로 돌아가려는 경향이 더 강해집니다. 이는 단지 건강에 나쁠 뿐 아니라, 서로를 대하는 방식에도 악영향을 미칩니다.

안전하다고 느낄 때, 우리는 자연스럽게 타인에 대한 관심과 이타심을 표현하게 됩니다. 하지만 사회적 고립으로 인해 증폭되는 '황색'의 두려움 상태에서는 개인의 생존이 다른 모든 것보다 우선시됩니다. 따라서 이기적이고, 분노하며, 반응적으로 행동하게 됩니다. 최근 몇 년간 정치적 · 문화적 갈등이 더 심해진 것을 보면, 이는 부인할 수 없는 사실입니다. 사람들이 이전보다 더 화가 나 있다는 느낌을 떨칠 수 없습니다.

분명히 말씀드리지만, 공공 보건에 대한 상식보다 사회적 행동에 대한 우리의 필요가 우선시되어야 한다는 뜻은 아닙니다. 상황을 더 복잡하게 만드는 것은 COVID-19가 단순히 우리를 죽음에 이르게 하는 데서 그치지 않는다는 점이 점점 더 분명해지고 있다는 사실입니다. 살아남은 사람 중 일부에게는 코로나바이러스가 자율신경계를 교란시켜 신경계의 조절 능력과 온전히 안전하다고 느끼는 데 영향을 미칠 수 있습니다.

*바로 이 때문에 이 장의 제목을 '팬데믹의 역설*The Pandemic Paradox*' 이라고 명명한 것입니다.*

이 책을 읽을 때쯤이면, 많은 사람이 이미 팬데믹이 '끝났다'고 생각할 것입니다. 대부분 미국인은 이미 백신을 맞았거나, 바이러스에 감염된 경험이 있거나(어쩌면 여러 번), 감염 위험을 감수하더라도 일상으로 돌아가는 것이 더 낫다고 결정했을 것입니다.

저자들 또한 팬데믹에 관한 거의 모든 것이 돌이킬 수 없을 정도로 정치화되었다는 점을 인정합니다. 우리가 팬데믹에 어떻게 대처했고, 앞으로도 어떻게 대처할지는 정치와 문화적 갈등의 대리전이 되었습니다.

이 책은 팬데믹과 관련된 특정 정책을 제안하거나 팬데믹의 도전에 대한 개인의 대처 방식을 판단하려는 것이 아닙니다. 그 대신 COVID-19와 그것이 초래한 스트레스와 고립이 우리를 어떻게 변화시켰는지, 그리고 왜 이 경험이 많은 사람에게 그토록 고통스러웠는지에 대한 복잡하고도 놀라운 측면을 살펴보고자 합니다.

다미주 이론은 특히 팬데믹 이후로 우리 문화에서 불가피하게 커져

버린 갈등과 분노를 바라보는 새로운 관점을 제시합니다. 다미주의 렌즈로 이를 본다면, 이러한 분열은 적어도 일부는 선의, 연민, 공통점을 찾기보다는 위협을 탐색하도록 재조율된 결과로 볼 수 있습니다. 우리 몸이 위협을 찾고 감지하면 우리는 이기적이고, 분노하며, 반응적인 종으로 변하게 됩니다.[1]

COVID-19 팬데믹은 아마도 우리 모두에게 어떤 방식으로든, 어느 정도의 트라우마를 남겼을 것입니다. 그리고 그 과정에서 팬데믹은 우리 신경계를 대규모로 재조율했으며, 이는 아마도 수십 년 동안 우리가 문화적으로 한 번도 경험하지 못한 규모일 것입니다.

다미주 이론이 최근 팬데믹과 같은 상황을 어떻게 대처해야 하는지에 대한 명쾌한 해답을 줄 것이라고 기대하며 이 글을 읽고 있다면, 안타깝게도 여기서는 그런 답을 찾을 수 없을 것입니다. 특히 생명을 구할 수 있는 백신이 널리 보급되기 전의 상황은 "전부 셧다운해라!"나 "전부 다 열어라!"와 같은 담론보다 훨씬 더 복잡했습니다.

사회적 고립은 치명적인 바이러스의 확산을 막기 위한 필수 조치로 제시되었지만, 그로 인해 발생할 파급 효과와 사람들을 어떻게 변화시킬 수 있는지에 대한 고려는 충분히 이루어지지 않았습니다.

역학자들은 바이러스의 직접적인 위협에만 집중했기 때문에 팬데믹에 관한 공공의 메시지는 고립이 얼마나 고통스러울 수 있는지, 그리고 사회적 상호 작용이 우리의 건강과 웰빙에 얼마나 필요한지를 충분히 설명하지 못했습니다. 또 사람들에게 이런 시련을 견딜 수 있게 도와줄 정신 건강 지원도 제대로 제공하지 못했습니다.

그 결과, 우리는 대규모로 지치고 소진되었습니다.

'봉쇄lockdown'라고 불렸던 그 강도 높은 고립의 시기는 많은 사람에게 너무도 고통스러웠고, 많은 사람이 더는 신경 쓰기를 포기하게 만들었습니다. 감염 위험을 크게 줄일 수 있는 상식적인 조치를 취하는 대신, 단순히 팬데믹의 존재 자체를 부정하거나 무시하기로 결심한 사람이 많았습니다. 감염 위험이나 공중 보건 문제는 더 이상 고려되지 않았습니다.

위협받는 신경계에서 솟아나는 개인적 생존 본능은 많은 사람이 자신의 행동이 다른 사람들에게 어떤 영향을 미칠 수 있는지를 무시하거나, 완전히 이해하지 못하게 만들었을 가능성도 큽니다. 팬데믹 동안 사람들은 자기 행동을 개인적인 선택의 문제로 여기기 시작했고, 자신이 심각하게 아프거나 사망할 위험이 있는지만이 유일하게 중요한 판단 기준이 되었습니다.

우리의 행동이 다른 사람들에게 영향을 미친다는 것은 명백한 사실입니다. 이는 평상시에도 사실이며(이 책의 주요 주제 중 하나가 우리의 본질적인 상호 연결성입니다), *특히* 전 세계적인 팬데믹 기간에는 더 그렇습니다.

우리가 젊고 건강하다면 감염되더라도 크게 아프지 않을 수 있지만, 자칫하면 병원에 입원하거나 사망할 수도 있는 고위험군에게 바이러스를 쉽게 전파할 수도 있습니다. 동시다발로 감염이 급증하면서 이미 한계에 다다른 의료 시스템이 감당하지 못하게 되고, 실제로도 많은 지역에서 그랬습니다. 병원마다 포화 상태가 되어 환자들은 수술 일정을 잡거나 COVID-19 감염이 아닌 응급 상황에 대해 치료받기가 어려웠습니다. 많은 COVID-19 환자가 사랑하는 사람들과 완전히 고립되어 따뜻한 손길이나 미소조차 받지 못한 채 죽음을 맞이했습니다. 최전선에 있는 의료진은 누구도 상상할 수 없는 장기간의 스트레스와 트라우마를 견뎌야 했습니다.

이러한 일을 반기는 사람은 아무도 없습니다. 하지만 우리가 고립되었거나 위협을 느끼는 상황에서는, 우리의 신경계가 지닌 연민과 이타심의 능력은 자기 생존을 위한 본능에 가려지게 됩니다. 특히 팬데믹 기간 동안 사회 전반에 걸쳐 고립이 확산되면서, 사실은 우리 모두가 행동이 초래할 파급 효과를 이해하고 서로를 위해 나서야 했던 바로 그 시기에, 사회 전체는 그러한 역할을 수행하기에 가장 힘든 상태에 놓여 있었습니다.

2020년 초, COVID-19가 처음 미국에 등장했을 때만 해도 우리는 이 바이러스와 전파 방식에 대해 거의 알지 못했습니다.

당연한 일입니다. 과학은 진실을 탐구하다가 새로운 증거가 나오면 신념과 행동을 기꺼이 수정하는 과정입니다. 우리는 바이러스에 대처하는 방식에 신중할 수밖에 없었고, 나중에 많은 조치가 불필요한 것으로 판명되었더라도 당시에는 그렇게 해야만 했습니다.

우편물을 소독하고, 음식 용기를 닦아 내고, 소독제를 모든 곳에 뿌렸습니다. 사람들에게 실내에 머물 것을 독려했고, 심지어 등산로와 해변 같은 장소도 폐쇄했습니다. 지금은 이런 곳들이 팬데믹 기간에도 안전하게 즐길 수 있었던 활동 장소임을 압니다.

이제 우리는 바이러스를 확산할 가능성을 최소화하면서 사람들이 서로 교류하고 '녹색 시스템'을 활성화할 수 있는 안전한 방법이 있다는 것을 압니다. 하지만 공공의 영역에서는 새로운 정보와 과학을 따라 행동을 조정하기보다는 소음과 불신을 퍼뜨리는 목소리로 가득 찼습니다.

과학이 어떻게 작동하는지 이해하지 못하거나 모르는 척하는 냉소적인 정치인들과 논평가들은 최신 과학이 몇 주 또는 몇 달 전과 다른 조언을 한다며, 바이러스와 관련된 모든 과학은 엉터리이며 신뢰할 수 없다고 말했습니다.

새로운 연구와 이해를 바탕으로 조언을 제공해야 했던 과학자들과 공중보건 당국자들은 살해 위협의 대상이 되기도 했습니다. 우리는 명쾌하게 정리되기를 원했습니다. 쉬운 답을 원했습니다. 그리고 그런 답이 없자 사람들은 분노했습니다.

이 분노는 격리 조치로 인해 더 심해진 것이 분명해 보입니다. 안전한 사회적 상호 작용을 통해 회복력을 제공하고 '녹색 상태'로 갈 수 없다면, 우리 몸은 방어적인 '황색 상태'에 빠집니다. 감정적이고, 과민하게 반응하며, 더 쉽게 자극받습니다. 다른 사람을 미워하거나 공격하라는 목소리에 귀를 기울이거나, 세상의 모든 문제가 저들의 탓이라고 비난합니다.

이 글을 쓰는 시점을 기준으로 팬데믹이 완전히 종식된 것은 아니지만, 2020년 초와 같은 고립은 없습니다. 사람들은 다시 세상으로 돌아오고 있습니다. 우리는 다시 친구들과 시간을 보내고, 함께 어울려 즐거운 시간을 보내고 있습니다.

상호 조절을 돕고 안전하다고 느낄 수 있는 사람들과 가까운 접촉이 가능해진 만큼, 우리의 이성적인 판단이 다시 한번 힘을 발휘할 수 있기를 바랄 뿐입니다.

취약한 신경계

공감은 쉽지 않으며, 특히 다른 사람들의 경험이 나와 다른 경우 공감하기 어려울 수 있습니다. 이러한 경향은 팬데믹 동안 바이러스에 감염되었어도 가볍게 겪었거나 감염되지 않은 사람들이 자신에게 COVID-19가 별일 아니었으니 따라서 누구에게도 큰 문제가 되지 않을 것이라고 주장하는 모습에서 자주 목격했습니다.

하지만 실제로 COVID-19 같은 질병은 사람마다 다르게 영향을 미칩니다. 일부는 경미한 증상만 겪거나 아예 증상이 없었지만, 어떤 사람들은 목숨을 잃었습니다. 어떤 사람들은 쉽게 지나갔지만, 다른 이들은 몇 달 혹은 몇 년이 지나도록 장기적인 후유증에 시달리고 있습니다.

우리 몸은 이러한 바이러스가 우리에게 영향을 미치는 방식에 중요한 변수로 작용합니다. 우리는 저마다 COVID-19 같은 스트레스 요인에 대한 타고난 회복력이 다릅니다. 어떤 사람에게는 단순한 감기처럼 지나가는 일이 다른 사람에게는 생명을 위협하는 질병이 될 수 있습니다.

그리고 다른 건강 문제와 마찬가지로 COVID-19는 역경이나 트라우마 병력을 가진 사람들에게 더 큰 타격을 줍니다. 이는 바이러스 자체로 인한 생존 확률과 장기적인 건강 문제뿐 아니라, 팬데믹에 따른 다른 모든 상황을 처리하면서 발생한 심리적 영향에서도 사실인 것으로 보입니다.

저[스티븐]는 2020년 10월 「프런티어스 인 사이키어트리Frontiers in Psychiatry」에 게재된 연구의 공동저자였는데, 이 연구에서는 역경이나 트라우마 병력이 있는 비감염자들이 COVID-19와 관련된 자율신경계 반응의 불안정성, PTSD, 우울증, 불안, 걱정 수준이 더 높게 보고된

다는 결과를 제시했습니다.[2]

또 다른 연구에서는[3] 이 같은 경향이 단지 바이러스에 감염된 개인에게만 해당하는 것이 아니라, 안전한 사회적 상호 작용과 상호 조절의 기회가 제한된 봉쇄 상태의 변화된 세상 속에서 살았던 사람들에게도 동일하게 나타났다고 보고했습니다. 팬데믹은 아마도 거의 모든 사람의 신경계를 재조율한 것으로 보이며, 이러한 변화는 감염 여부와 관계없이 훨씬 더 광범위하게 영향을 미쳤음을 시사합니다.

COVID-19에 대한 대다수의 논의는 종종 천식이나 당뇨병 같은 기저질환이 있거나 고령이나 과체중인 이른바 고위험군에 대한 위험성에 중점을 두었습니다. 그러나 이 연구는 트라우마 병력을 고위험군 목록에 추가해야 한다고 제안합니다.

다미주 이론은 우리의 고유한 자율신경계가 세상의 스트레스 요인에 대해 얼마나 취약하거나 저항력이 있는지를 부분적으로 결정짓는 중재 변수라로 말합니다. 또한 트라우마의 과거 경험은 거의 모든 것에 대해 우리를 더 취약하게 만듭니다. 이 연구는 이러한 취약성이 코로나 바이러스와 같은 병원체의 경우에도 마찬가지임을 시사합니다.

COVID-19 초기에는 연구 대상자 중 역경 점수가 낮은 사람(트라우마 병력이 없다는 뜻)은 거의 감염되지 않았습니다. 반면, 역경 점수가 높은 사람들은 바이러스에 감염될 확률이 약 75%에 달했습니다. 맥락적으로 살펴보면, 연구 수행 당시에는 전체 참가자 중 감염된 사람은 10% 미만이었습니다.

이러한 결과는 COVID-19가 처음 유행했을 때 수집된 것으로, 새로운 변종이 등장하면 그 격차가 좁혀지거나 사라질 가능성이 높습니다. 그럼에도 불구하고 연구에서 발견한 것은 충격적이었습니다.

우리 연구진은 일반적으로 의료 종사자들이 감염될 확률은 일반인과 비슷한 수준이지만, 특히 팬데믹 동안 스트레스가 많고 트라우마적인 병원에서 근무하는 사람들은 코로나바이러스에 감염될 확률이 훨씬 더 높다는 사실을 발견했습니다. 감염을 피한 병원 종사자들조차도 정신 건강 문제가 나타날 가능성이 높았습니다.

이 모든 것의 원인은 간단합니다. 트라우마 병력이 있거나 만성적인 스트레스에 시달리는 사람들은 녹색 상태의 치유하고 완충하는 효과를 충분히 접하기가 어렵기 때문입니다.

트라우마의 영향은 사건이 끝난다고 해서 끝나지 않습니다. 트라우마는 신경계를 재조율하는 생리적 반응을 수반하며, 특정 사건이 지나간 후에도 오랜 시간 동안 몸이 스트레스와 건강 문제에 반응하는 방식에 영향을 미칩니다.

우리는 COVID-19와 같은 병원체를 흑백논리처럼 '전부 아니면 아무것도 아닌 것all or none'으로 생각하는 경향이 있는데, 즉 병원체에 노출되면 반드시 감염된다고 생각하는 것입니다.

그러나 팬데믹이 우리에게 가르쳐 준 것은 항상 그렇지는 않다는 사실입니다. 우리는 모두 자연적인 방어 체계를 가지고 있으며, 이 방어 체계는 COVID-19와 같은 바이러스에 감염되지 않게 하거나, 감염되더라도 심각한 문제를 피하도록 도와줍니다. 이런 방어 체계는 백신과 같은 조치를 통해 강화될 수 있으며, 사회적 상호 조절을 통해서도 강화될 수 있습니다. 반면, 기저질환이나 트라우마 병력 같은 요소들은 이 같은 방어 체계를 약화시킵니다.

이는 또한 차별받는 소수자나 빈곤층 등 소외된 특정 집단이 COVID-19나 다른 여러 건강 문제로 인해 입원하거나 사망할 가능성이 더 높은 이유도 설명해 줍니다.

트라우마에 관해 이야기할 때, 우리는 종종 그것을 하나의 사건으로 다루곤 합니다. 다미주 이론은 트라우마 사건의 심각성과 위험성을 인정하면서도, 우리의 신경계가 이에 어떻게 반응하거나 변화할 수 있는지에 중점을 둡니다.

트라우마와 소외marginalization는 신경계를 방어적인 상태로 재조율할 가능성을 지닙니다. 연구 데이터가 보여 주듯이 이렇게 재조율된 신경계는 사실상 이미 존재하는 기저질환처럼 작용해 COVID-19를 비롯한 직면할 수 있는 거의 모든 건강 문제에 대한 방어 능력을 약화시킬 수 있습니다.

생존자들이 겪는 어려움

COVID-19 감염의 결과는 종종 이분법적으로 다뤄집니다. 즉, 죽거나, 별일 없이 넘어가거나.

하지만 다른 많은 질병과 마찬가지로, COVID-19의 현실은 그렇게 단순하지 않습니다. 병에 걸려 죽지 않았다고 해서 아무런 대가 없이 넘어가는 것은 아닙니다.

많은 사람들이 아마 '롱 COVID'[53]에 대해 들어봤거나, 혹은 직접 겪어봤을 것입니다. 롱 COVID는 피로, 브레인 포그(머릿속이 흐릿한 느

53) '롱 코비드(long COVID)'는 코로나19 바이러스 감염 이후 급성기 감염이 끝난 뒤에도 수주에서 수개월 이상 다양한 증상이 지속되거나 새롭게 나타나는 상태를 의미합니다. 흔히 보고되는 증상에는 만성 피로, 두뇌 안개(brain fog), 호흡 곤란, 집중력 저하, 기억력 감퇴, 우울·불안 등의 정신적 증상, 수면 장애, 심박수 이상, 소화기 증상 등이 포함됩니다. 세계보건기구[WHO]와 각국 보건기관들은 이를 "감염 후 증후군(post-COVID condition)"으로도 부르며, 원인과 기전은 아직 명확히 규명되지 않았으나 자가면역 반응, 신경계 교란, 지속적인 염증 반응 등이 관여하는 것으로 추정됩니다. '롱 코비드'는 개인의 일상 기능과 삶의 질에 심각한 영향을 미칠 수 있어, 다학제적 접근과 장기적 추적 관리가 요구됩니다(역자 주).

낌), 호흡 곤란, '어딘가 이상하다'거나 '나답지 않다'라는 느낌, 다양한 신경학적 문제 등을 초기 감염이 끝난 뒤에도 오랫동안 경험하게 되는 상태를 말합니다.

이러한 증상들은 자율신경계의 기능이 방해받을 때 나타나는 여러 다른 질환들과 유사합니다. 이는 결국 우리를 녹색(안정) 상태에서 벗어나 방어 상태로 향하게 만듭니다. 저(스티븐)는 이것을 통해 COVID-19가 자율신경계 교란자autonomic disruptor 역할을 한다는 가설을 세웠고, 롱 COVID의 많은 증상이 바로 이러한 교란 능력에서 비롯된다고 보게 되었습니다.

팬데믹의 영향을 평가할 때 사망률에만 집착하는 태도는, 비치명적인 부정적 영향들을 무시하거나 축소하는 결과를 낳았습니다. 그러나 자율신경계를 교란시키고 우리가 안전하고 편안함을 느낄 수 있는 능력 자체를 흔드는 질병의 경우, 그 여파는 우리 건강과 웰빙의 거의 모든 영역에 스며들 수 있습니다.

결국, 우리를 죽이지 않는다고 해서 우리를 더 강하게 만드는 것은 아닙니다.

COVID-19 팬데믹은 우리 모두에게 엄청난 도전을 안겨주었습니다. 우리의 신경계는 평소에는 타인과 함께함으로써 상호 조절과 치유를 얻습니다. 하지만 팬데믹 동안, 우리가 의지하던 사회적 연결은 오히려 잠재적인 치명적 위협으로 재구성되었습니다. 사회적 모임을 피하라, 포옹을 피하라, 함께 식사하는 것도 피하라는 지침이 내려졌습니다.

앞으로도 인류는 또 다른 팬데믹이나, 생존을 위해 분리될 수밖에 없는 상황을 맞닥뜨릴 수 있습니다. 우리가 앞으로 해야 할 일은, 감염병이라는 위기 속에서도 어떻게 사회적 연결감을 유지할지를 의식적으로 고민하는 것입니다. 우리의 건강과 정신적 안녕이 이에 달려 있을지 모릅니다.

전 세계적인 팬데믹이라는 공동의 트라우마를 겪으면서, 우리의 신경계가 공포와 방어 상태로 재조율되었을 수도 있습니다. 하지만 동시에, 이 경험은 진정한 공감의 기회를 열어줄 수도 있습니다.

지난 몇 년간 우리는 모두 고통을 겪었습니다. 그리고 우리가 개인적으로 느낀(또는 여전히 느끼고 있는) 고통이 다른 이들과도 공유되고 있다는 사실을 인식할 때, 우리는 서로에게 조금 더 너그러워질 수 있을 것입니다. 모두가 요즘 들어 예민해져 있다는 사실을 이해하고, 그 어느 때보다 친절하고 안전한 존재가 되는 것이 중요하다는 점을 받아들일 수 있을 것입니다.

지금 이 새로운 세상에서, 모두의 신경계는 위험을 더 쉽게 감지하도록 다시 조율되었을지 모릅니다. 그리고 우리는 그런 신호에 분노와 두려움으로 반응하기 쉽습니다. 하지만 우리는 주변 사람들의 자율신경 상태를 거울처럼 반영합니다. 우리가 분노와 두려움으로 대응하면, 그 신호가 다시 우리에게 돌아옵니다. 사랑과 친절을 실천하는 것은, 특히 이런 시기에는 결코 쉬운 일이 아닙니다. 하지만 그런 감정들을 자율신경의 메아리 공간에 흘려보낸다면, 그 메아리가 결국 우리 자신에게도, 그리고 세상 어딘가에 있는 상처받고 분노한 사람들에게도 돌아올 것입니다(바로 그런 이들이야말로 가장 따뜻함과 친절을 필요로 하는 사람들이니까요).

8장

직장에서의 다미주 이론

누구나 한 번쯤 이런 경험을 해 보았을 것입니다. 휴가 중이거나 수영장에서 쉬고 있는 상황일 수 있습니다. 아니면 집에 가만히 앉아 있을 수도 있습니다. 가족과 함께 저녁을 먹거나, 영화를 보며 느긋하게 휴식을 취하거나, 잠자리에 들기 전에 피로를 풀기 위해 무언가를 하고 있을 수도 있습니다.

여느 날과 마찬가지로 스트레스가 많은 날이었을 것입니다. 교통체증이나 기한이 촉박한 일들, 까다로운 상사의 압박이 있었을 수도 있습니다. 동료 몇 명이 아파서 결근하는 바람에 일을 대신 떠맡아야 했을 수도 있습니다. 9시간을 서서 일했거나, 아니면 의자에 앉아 컴퓨터 화면의 불빛을 보며 많은 시간을 보냈을 수도 있습니다.

그리고 하루의 스트레스가 마침내 녹아내려 평안해지기 시작할 때쯤, *휴대폰이 울리기 시작합니다.*

갑자기 야근하라는 상사의 전화일 수 있습니다. 아니면 그냥 무시해 버릴 스팸일 수도 있습니다. 어쨌든, 과거 경험으로 인해 최악의 상황을 예상하게 됩니다.

파블로프의 개는 종소리를 듣고 침을 흘렸습니다. 오늘날에는 많은 사람들이 주머니에서 휴대폰 진동이 느껴지는 것만으로도 심장이 두근거립니다.

그리고 휴대폰을 쳐다보기도 전에 이미 불안과 두려움의 물결이 밀려오는 것을 느낍니다. 몸이 굳고, 숨이 가빠지며, 위장이 조여 옵니다.

그리고 다시금 깨닫습니다. 결코 일에서 벗어날 수 없다는 사실을.

오늘날 직원들은 항상 근무 중이거나, 갑작스러운 요청에도 즉시 업무에 투입될 수 있어야 하는 경우가 많습니다. 사무직 근로자의 경우, 이는 종종 근무 시간 이후에 받는 이메일 형태로 나타납니다. 소매업이나 서비스업에 종사하는 사람들의 경우에는 상황이 더 심각할 수 있습니다. 예고 없는 교대 근무에도 응해야 한다는 압박이 있는 경우가 많습니다.

이런 업계에서 일하지 않는다면, 시간제 직원의 현실에 놀랄 수도 있습니다. 시간제 직원들은 파트타임으로 분류되어 의료보험 같은 혜택도 받을 수 없는데, 종종 예고 없이 호출받거나 심지어 며칠 동안 계속 근무해야 하는 경우도 있습니다.

주말 계획을 세우는 것은 물론이고 저녁 식사 계획을 세우는 것은 사치에 불과할 수도 있습니다.

생활 방식의 관점에서 이는 치명적입니다. 언제 출근해야 할지 모른다면 규칙적인 일상에 적응할 수 없고, 육아 일정이나 식사 준비와 같은 기본적인 필수 사항조차 계획할 수 없습니다. 또 항상 대기하고 있어야 하기 때문에 다른 일을 하며 '파트타임' 수입을 보충할 수도 없습니다. 그렇다고 대기 시간에 대해 임금을 받는 것도 아닙니다.

이런 삶은 스트레스를 유발하고 심지어 트라우마로 작용하기도 합니다. 상사의 이메일처럼 출근 요청 전화 또한 예고 없이 언제든 올 수 있습니다. 그리고 그 전화가 올 때, 우리 몸은 이를 즉각적으로 느낍니다.

심지어 그런 전화가 오지 않더라도 그럴 가능성이 구름처럼 머릿속을 맴돌며 업무에서 완전히 벗어나거나 주어진 휴식을 온전히 누리지 못하게 만듭니다. 이런 지속적인 스트레스는 실재하며, 경제적 불안감이 이를 더 악화시킵니다.[54] 그리고 이 모든 것이 합쳐져 결국 파괴적인 결과를 초래합니다.

인간은 다른 포유류와 마찬가지로 언제 휴식을 취하고 재충전할 수 있는지 알기 위해 일정한 루틴에 의존합니다. 이는 항상성이라는 치유 상태에 안착하게 해 줍니다. 일반적으로 신경계는 예측 가능한 것을 안전하다고 해석하고, 무작위적이거나 예측 불가능한 것은 잠재적인 위협으로 인식합니다.

우리 뇌는 위협과 안전을 평가할 수 있는 패턴을 찾아, 생존을 위해 몸을 가동할 때와 치유를 위해 다시 긴장을 풀고 휴식을 취해야 할 때를 구분합니다. 실험에서 쥐를 미치게 만들려면(또는 죽게 만들려면), 언제 어떤 일이 일어날지 모르게 모든 것을 무작위로 만들면 됩니다. 특히 처벌받거나 집중력을 떨어뜨리는 사건이 무작위로 일어나면, 우리 뇌는 항상 고도의 경계 태세를 유지해야 한다고 학습해 몸이 완전히 긴

54) 말할 필요도 없이, 이런 식으로 운영되는 일자리는 대개 저임금 직종입니다(저자 주).

장을 풀거나 휴식을 취할 수 없게 됩니다.

황색 상태는 짧은 순간 위험을 피하는 데 도움이 되도록 진화한 것입니다. 그러나 생활 방식이 스트레스, 불안, 경계가 늘 존재하는 형태가 되면 우리 몸과 뇌에 심각한 문제가 발생합니다. 건강이 악화됩니다. 쉽게 화를 내고, 공격적이고, 방어적인 상태에 갇히게 됩니다. 자유롭고 창의적인 사고와 감정 조절에 필요한 뇌의 부위에 접근하지 못하게 됩니다. 감정적이고 반응적이 되어 더는 본연의 나 자신처럼 느끼지 못하게 됩니다.

고용주 입장에서는 이런 근무 환경이 비용과 수익 측면에서 논리적일 수 있습니다. 상시 대기 상태로 언제든 이용 가능한 직원을 확보하면서도, 의료비나 기타 복리후생 비용을 지불할 필요가 없기 때문입니다.

그러나 직원 입장에서는 저임금으로 인한 스트레스가 일과를 계획하거나 충분한 휴식과 회복을 취할 수 없게 하기 때문에 더 악화될 수밖에 없습니다.

녹색 상태에 접근하는 것은 '켜져 있는(긴장해 있는)' 상태, 즉 황색 시스템의 활성화로 인해 강렬하고 자원 소모적인 영향을 상쇄하는 데 도움을 줍니다. 사람은 대부분 일을 해야 하지만, 건강을 유지하려면 활성화와 경계alertness의 시간을 진정한 이완으로 균형을 맞춰야 합니다. 우리 몸은 매일 최소 몇 시간 동안이라도 항상성을 유지할 시간이 있어야 스트레스를 다루고 이를 해소할 수 있으며, 스트레스가 우리를 완전히 압도하거나 탈진시키는 것을 막을 수 있습니다.[55)]

---

55) 반드시 하루 종일 안전감을 느낄 필요는 없지만, 매일 몇 시간 동안 신뢰할 수 있는 상호 조절자들과 함께하는 시간이 필요합니다. 이를 통해 신경계는 위협 상태에서 벗어나 항상성 기능을 지원할 수 있습니다. 이러한 항상성 기능은 생물학적 측면과 심리적인 측면 모두에서 중요합니다(저자 주).

우리 뇌가 호랑이든 상사의 전화든 무언가를 경계해야 한다고 인식하는 한, 결코 온전한 치유를 위한 녹색 상태로 들어갈 수 없습니다. 이는 우리 몸이 갈망하는 항상성의 느낌을 온전히 얻지 못하게 하며, 스트레스의 폭발적인 순간에 압도되거나 트라우마에 빠지지 않고 처리할 수 있는 능력을 방해합니다.

물론 많은 사람이 이런 상황이 얼마나 나쁜지 알고 있습니다. 몸소 겪고 몸으로 느꼈기 때문에 잘 압니다. 하지만 사회는 우리에게 참고 일하라고 요구합니다. 계속 분투하라고 합니다. 우리의 느낌은 사소하고 중요하지 않다고 말합니다.

따라서 많은 사람에게 다미주 이론은 이미 알고 있는 것을 상기시켜 주는 것일 뿐입니다. 일에서 결코 벗어날 수 없는 것이 스트레스가 되고 건강에 나쁘다는 건 익히 알고 있습니다. 우리는 점점 더 한계를 넘어 일하라고 요구받고 있으며, 그로 인한 부작용이 우리의 전반적인 웰빙과 삶을 즐길 수 있는 능력에 깊이 영향을 미친다는 것도 알고 있습니다.

다미주 이론은 우리 몸에 귀를 기울이고, 만연한 스트레스와 불안의 그늘에서 벗어난 삶을 사는 것이 사치스러운 특권이 아니라 진정한 생물학적 필수 요소라는 것을 깨닫게 해줍니다.

다미주 이론은 이것이 *중요하다*고 알려 줍니다.

현대의 직장은 많은 면에서 우리를 안전하지 않게 만들도록 과학적으로 설계된 것처럼 보입니다.

이런 문제는 공감적이고 인간적인 관점(안전하다고 느끼는 직원은 더 행복하고 건강할 것이다!)이나 실용적이고 냉소적인 관점(안전하다고 느끼는 직원은 더 좋은 성과를 낼 것이다!) 모두에서 접근해 볼 수 있습니다.

다미주 이론은 많은 상황에서 타인을 안전하게 느끼게 하는 것이 우리에게도 이롭다고 제시합니다.

이는 생물학적 수준에서도 사실입니다. 친근하고 안전한 행동은 사람들 사이에서 서로 영향을 주고받으며 결국 우리에게 되돌아옵니다. 이는 정량화할 수 있는 방식으로도 사실이며, 숫자와 데이터에 의해 움직이는 사회나 산업에서는 아마도 더 설득력 있을 것입니다.

조금 냉소적으로 들릴 수 있더라도 실용적인 관점에서 말하자면, 안전하다고 느끼는 근로자가 더 창의적이고 생산적이며, 장기 근속할 가능성도 높다고 주장할 수 있을 것입니다. 하지만 현대의 직장은 이러한 사실을 무시하는 경향이 있으며, 이는 근시안적이고 자멸적인 결과를 초래합니다. 이는 고용주와 직원 모두에게 손해입니다.

우리는 감시받고 있습니다

지난 몇 년 동안 고객 서비스 센터에 전화를 걸어 본 적이 있다면, 용건 후 간단한 설문조사를 해 달라는 메시지를 받아 본 적 있을 것입니다.

요청에 응하면, 자동 음성이 "1점부터 5점 중 5점이 최고점일 때, 방금 통화한 고객 서비스 담당자에게 몇 점을 주시겠습니까?"와 같은 질문을 던집니다.

대부분은 이 평가를 사소한 일로 생각하며, 특별히 기분이 좋거나 기분이 좋지 않을 때가 아니라면 점수를 매기지 않는 경우가 많습니다.

하지만 전화기 너머의 직원에게는 그 평가가 직업적 운명을 결정할 수도 있습니다. 우리는 일선 직원을 사실상 오디션 프로그램 참가자처럼 만들었습니다. 이 질문에 응답하는 인원과 평가 점수에 따라 해고나 승진 여부가 결정되는 경우가 많습니다.

설문조사는 직원의 머리 위에 매달린 다모클레스의 검이 됩니다. 직원이 아무리 친절하고 전문적으로 대처했더라도(우리 모두 그렇듯이 그 직원 역시 가끔은 힘든 하루를 보내고 있을 수 있습니다) 어떤 고객들은 어김없이 낮은 평가를 남기게 마련입니다. 그리고 오늘의 점수가 좋더라도, 내일은 어떻게 될지 아무도 알 수 없습니다. 뒤처질 수 있다는 위협은 결코 완전히 사라지지 않습니다.

현대의 직장은 생산성과 순응도를 최대한 끌어올리기 위해 수치와 지표에 집착합니다. 사무직 세계에서는 주로 스프레드시트 기반의 성과 평가 형태로 나타납니다. 순위가 매겨지고 서로 경쟁합니다. 상사와 동료는 친절할지 모르지만, 차트와 알고리즘은 냉혹합니다.

이런 성과 평가의 엑셀 세계에서 뛰어난 성과를 보여도, 심지어 *최고 수치*를 기록하더라도 압박감에 시달리는 건 여전합니다.[56] 이런 만연한 불안감은 포식자로부터 빠르게 도망치는 것과 같은 동일한 신경 경로를 통해 퍼져 나갑니다. 직장에서 벗어나 있을 때도 스트레스와 불안감을 느낍니다. 이런 느낌은 밤에 집에 간다고 해서 사라지지 않습니다.

요즘에는 직원을 지속적으로 측정하는 것뿐 아니라 직원의 일거수일투족을 감시합니다. 이메일을 모니터링하거나 GPS(global positioning system, 위성 위치정보시스템)로 트럭 운전사를 추적하는 등 많은 사람

56) 이 같은 현실은 분기별 수익과 주가에 따라 평가받는 기업의 고위 경영진에게도 적용됩니다(저자 주).

이 일하는 내내 감시받고 있다는 느낌을 받습니다.

감시받는다는 이런 느낌은 경고 신호로 작동합니다. 원초적인 수준에서 이런 느낌은 우리의 생존 본능을 자극합니다. 누군가에게 감시당하고 있다는 것을 알게 되면 본능적으로 황색 시스템의 경계 상태가 활성화됩니다.

고용주가 직원의 성과를 모니터링하거나 주의를 기울이는 것은 당연한 일입니다. 그러나 이런 지표를 세밀하게 관리하는 데는 대가가 따른다는 사실을 알아야 합니다. 항상 경계하고 신경을 곤두세워야 한다면 우리에게 큰 부담이 되고, 녹색 시스템의 창의성과 생산성을 향상시키는 기능을 활용하지 못하게 됩니다.

우리는 모두 긴장을 풀고 치유할 기회가 필요합니다. 하지만 요즘 많은 사람이 그런 기회를 얻지 못합니다. 창의성이나 문제 해결을 중시하는 직업에 종사하는 경우, 끊임없이 감시당하고 있다는 느낌은 창의적인 문제 해결을 뒷받침하는 뇌의 기능에 접근하는 것을 어렵게 합니다. 서류상으로는 이런 평가와 감시하는 조치가 직원들로 하여금 더 열심히 일하게 하는 효과적인 방법처럼 보일 수 있습니다. 그러나 실제로는 직원들의 성과, 사기, 업무 및 일상생활의 스트레스를 처리하는 능력을 저하시킵니다.

물론 고용주들은 종종 두려움 때문에 이런 접근 방식을 취합니다. 직원들에게 삶의 유연성을 조금이라도 허용하면 일을 그만둘 것이라는 두려움, 직원들을 계속 모니터링하고 측정하지 않으면 나태해질 것이라는 두려움, 괜찮은 수준의 임금을 지급하면 경제적 자유로 인하여 직원들이 더 자유롭게 이동할 수 있기에, 결국 아무도 하고 싶어 하지 않는 일을 맡으려 하지 않을 것이라는 두려움입니다.

그 결과, 많은 저임금 산업이 높은 이직률을 전제로 구조화되어 있습니다. 직원이 번아웃에 빠지거나, 좌절하거나, 더는 참지 못하고 떠나는 것을 당연하게 여깁니다. 하지만 그런 일이 발생하더라도 걱정할 필요가 없습니다. 그 자리를 대신할 절박한 사람이 많기 때문입니다.

이 모델은 COVID-19 팬데믹 때 소위 '대퇴사Great Resignation'라 불리던 기간 동안 시험대에 올랐습니다. 그 원인은 논란의 여지가 많고 복합적이겠지만, 광범위한 번아웃이 마침내 사람들에게 나타난 것으로 보입니다. 수백만 명의 사람이 더는 24시간 내내 압박 속에서 살아갈 수 없음을 깨달았고, 실업과 빈곤이 차라리 더 낫겠다는 생각에 이르렀습니다.

이 글을 쓰는 지금, 다양한 산업의 많은 기업이 처음으로 직원을 구하는 데 어려움을 겪고 있습니다.[57] 새로운 직원을 유치하고 기존 직원의 이탈을 막기 위한 해결책 중 한 가지는 직원들이 안전하다고 느낄 수 있게 노력하고, 충분한 휴식과 회복과 항상성에 도달할 기회를 제공하는 것입니다.

그렇게 하면 직원들은 더 행복하고 건강해지며, 더 나은 업무를 수행할 것입니다.

출퇴근

출퇴근에 관해 잠시 이야기해 보겠습니다.

출퇴근은 종종 *스트레스*가 됩니다. 하지만 모든 출퇴근이 똑같이

57) 노동 시장과 경제 사이클의 작동 방식을 고려할 때, 이 문장은 미래의 독자들에게는 적절하지 않게 느껴질 가능성이 있습니다(저자 주).

스트레스를 주는 것은 아닙니다.

비슷한 시간이 걸리는 두 가지 유형의 출퇴근을 예로 들어 보겠습니다.

한 사람은 교외에서 도심까지 한 시간 동안 운전하며 정체된 교통 체증 속에서 경적을 듣고, 배기가스를 마시며, 언제 끼어들지 모르는 난폭 운전자를 피해야 합니다.

또 다른 사람은 전철에 앉아 팟캐스트를 듣고, 책을 읽고, 비디오 게임을 하거나, 심지어 잠깐 잠을 자면서 올 수 있습니다.

단순하게 볼 때 두 가지 출퇴근 방식에 소요되는 시간과 비용이 모두 같습니다. 하지만 우리 신경계에서는 이 두 가지가 크게 다릅니다.

교통 체증 속에서 운전하려면 계속 주의를 기울이며 경계해야 합니다. 잠시라도 긴장을 놓치면 사고로 이어질 수 있기 때문에 한순간도 눈을 떼지 않는 고도의 집중력이 필요합니다. 이는 우리를 거의 확실하게 황색 상태에 놓이게 합니다.

반면, 전철에 앉아 있으면 이보다는 조금 상황이 나을 수 있습니다. 운이 좋으면 잠시나마 여유와 휴식을 취할 수도 있습니다. 너무 붐비거나 혼잡하지 않다면 녹색 상태와 항상성에 도달할 수 있습니다.

많은 사람이 돈을 절약하거나 특정 동네에 살기 위해 장거리 출퇴근을 선택합니다. 종종 시간, 비용, 부동산 현실만을 고려하는 경우가 많습니다. 출퇴근으로 인해 가족과 떨어져 보내야 하는 시간, 추가 연료비와 자동차 유지보수비, 더 나은 학군 등을 고려합니다.

하지만 스트레스가 많은 출퇴근길은 우리 몸을 지치게 하고 신경계를 지속적인 경계 상태로 만듭니다.

수풀 속에 숨어 있는 포식자를 경계해야 했던 선사 시대 조상들이 그랬던 것처럼, 교통 체증에 시달리며 급하게 끼어드는 운전자를 경계하려면 우리도 황색의 경계 상태를 유지해야 합니다.

게다가 출퇴근은 실제 업무라는 또 다른 장시간 스트레스가 이어질 시간의 직전과 직후에 이루어집니다. 우리는 모두 안전한 곳에서 잠시 마음을 내려놓고 쉴 수 있는 시간이 필요합니다. 이러한 순간이 우리를 회복시킵니다. 그러나 잠시 쉴 틈도 없이 스트레스를 벗어나기도 전에 또다른 스트레스로 바로 뛰어들면, 원래는 짧게 끝날 수도 있었던 스트레스가 완충 효과 없이 연속적으로 쌓여 지속적인 고압 상태가 되어 버립니다.

팬데믹으로 인해 많은 사람이 이러한 출퇴근 비용을 재평가하게 되었습니다. 몇 달(혹은 그 이상) 동안 사무실에 가지 않으면서 지낸 후에야 출퇴근이라는 행위가 우리에게 어떤 영향을 미쳤는지 깨달았습니다.

이는 많은 사람이 재택근무를 유지하고자 하는 열망과 대퇴사Great Resignation의 또 다른 원인일 수 있습니다. 많은 사람들이 하루에 몇 시간씩 교통 체증 속에서 보내지 않아도 되는 삶이 어떤 것인지 경험해 본 이상, 그전의 생활로 다시 돌아간다는 생각 자체만으로도 스트레스가 크고, 심지어는 트라우마처럼 느낄 수도 있습니다.[58)]

사무실 공간

현대적인 사무실이라고 하면 무엇이 떠오르나요?

물론 예외도 있겠지만, 대부분 직장인은 종일 의자에 앉아 화면을

58) 물론 이와 반대되는 측면도 있습니다. 몇 년 동안 고립된 채 재택근무를 하다 보면 사람들은 실제 사무실에서 얻을 수 있는 사회적 상호 작용과 예측 가능한 일상을 그리워하게 될 수도 있습니다(저자 주).

바라보는 경우가 많습니다. 최고 경영진이 아닌 이상, 프라이버시는 타이핑 소리, 동료들의 잡담, 근처 복사기 소음을 전혀 차단하지 못하는 칸막이벽으로 제한됩니다. 소위 '오픈 오피스'에서는 그조차도 사치에 불과합니다. 주변의 모든 움직임과 소리가 업무에 집중하는 데 방해가 되기 때문입니다. 모든 사무실이 긴 형광등(형광등은 종종 불가피하게 윙윙거리는 소리를 내기도 합니다)으로 조명을 밝히는 것은 아니지만, 꽤 많은 사무실이 그렇습니다.

이런 업무 공간을 구축할 때 대부분은 실용성을 고려해 디자인합니다. 오픈 오피스는 유연하고 예측 가능하며 상대적으로 비용이 저렴합니다. 그리고 비용 절감에 집중하는 고용주가 미적 감각이나 음향과 같은 '사치스러운' 요소에 신경을 쓸 이유가 없습니다.

하지만 다미주 이론은 이러한 것들이 중요하다고 가정합니다. 우리의 신경지는 끊임없이 환경을 스캔해 신경계에 얼마나 안전한지, 이에 따라 어떤 자율신경 상태에 있어야 하는지 결정합니다. 이 과정에서 공간의 조명이나 기본적인 배경 소음 같은 미적 · 음향적 요소는 매우 중요한 역할을 합니다.

학교나 교도소 같은 다른 기관의 환경에도 동일한 진리가 적용되며, 이는 다음 장에서 다룰 것입니다. 안전하다고 느낄 수 있는 환경을 조성하면 실제로 생리적인 상태와 건강에 실질적인 변화를 가져옵니다. 직원들이 행복하고 건강하며 생산적으로 일하길 바라는 직장이라면, 이를 무시해서는 안 됩니다.

끊임없는 대화 소리는 우리 뇌에 스며들어 집중 상태에서 벗어나게 하고 황색의 경계 상태로 들어가게 합니다.

형광등, 환기 시스템, 복사기 같은 장비에서 발생하는 저주파 소음은 신경지에 의해 위험 신호로 해석됩니다.

시각적 프라이버시가 전혀 없는 상황에서는 지속적인 고도의 경계 상태에 놓입니다.

이런 환경에서 하루 8시간, 9시간, 10시간 이상 보내다 보면 긴장을 풀고 휴식을 취하기가 어렵습니다. 항상성에 도달하거나 가장 생산적이고 건강하며 집중력 있는 상태가 되기도 어렵습니다. 개인의 건강과 행복은 말할 것도 없습니다.

고용주는 사무실을 설계할 때 단순히 실용성만 고려한 사항이 초래할 수 있는 의도하지 않은 결과를 이해해야 합니다. 더 따뜻하고 환영받는 느낌의 공간을 만드는 것이 근로자들이 직면하는 모든 문제를 해결하는 것은 아니겠지만, 어느 정도 개선의 실마리를 제공할 수 있습니다. 그것만으로도 분명 가치가 있습니다.

그리고 만약 당신이 열악한 사무실 환경에 갇혀 있다면 노이즈 캔슬링 헤드폰을 사용해 보길 권합니다. 끝없이 쏟아지는 음향 자극을 차단하고 신경계가 조금 더 안전하다고 느끼게 하는 데 큰 도움이 될 수 있습니다.

다미주 이론이 말하는 성과의 비밀

현대의 직장인은 종종 혼자 일하는 경우가 많습니다.

주변에 수십 명의 다른 직원이 있다고 해도, 많은 사람이 컴퓨터를 쳐다보고 키보드를 두드리며 사실상 혼자 일하며 시간을 보냅니다. 회의에 참석할 때조차도 참여형 세미나보다는 강의에 가까운 경우가 많습니다.

하지만 인간의 신경계는 생물학적 필수 요소라고 할 수 있는 사회적 상호 작용을 갈망합니다. 진정으로 상호 작용할 기회가 주어지면 방어막은 녹아내리고 따뜻하고 환영하는 녹색 상태에 들어섭니다. 우리 두뇌는 더 명확하고 창의적으로 작동합니다. 시간 가는 줄 모르고 모든 것이 재미있게 느껴집니다. 더 창의적으로 되고, 문제를 더 잘 해결하며, 생산성도 높아집니다.

이러한 사실을 이해하면, 관리자가 의식적으로 사회적 상호 작용을 직장에 통합할 길을 열어 줄 수 있습니다. 협력적인 소그룹 활동을 장려해야 합니다. 회의는 참여적인 느낌을 주어야 하며, 정수기나 커피머신 옆에서 나누는 잡담은 시간을 낭비하는 것이 아니라 오히려 생산성을 높이는 요소로 여겨야 합니다.

사회적 행동이 우리를 녹색 상태에 있게 하는 것처럼, 우리의 녹색 상태는 사회적 행동을 가능하게 합니다. 이 순환적이고 자기 강화적인 시스템을 활용할 기회를 창출하면 직원들은 더 안전하게 느끼고, 생산성이 향상되며, 업무 중 불가피한 스트레스를 더 잘 이겨낼 수 있습니다.

나아가 고용주가 신체적이고 사회적인 활동을 통해 놀이 요소를 업무에 통합할 수 있다면 더 좋습니다.

저[세스]의 이전 직장에서는 점심시간에 농구 게임을 했는데, 이와 같은 활동은 사람들에게 필요한 신체 운동과 팀워크 기회를 제공할 뿐 아니라 놀이의 생리적 상태를 활용해 스트레스에 대한 회복력을 키우는 데도 도움이 됩니다.

다미주 이론을 활용한 대중 연설

몇 년 전 코미디언 제리 사인펠드Jerry Seinfeld는 사람들이 죽음보다 대중 앞에서 말하는 것을 더 두려워한다는 연구 결과를 재치있게 말한 적이 있습니다.

"이 말은 곧 평범한 일반인에게는 장례식에서 추도사를 하는 것보다 관 속에 있는 것이 더 낫다는 뜻이네요"라고 농담을 던졌습니다.

농담은 제쳐 두고, 사람들 앞에서 주목의 대상이 된다는 것은 원초적이고 두려운 일입니다. '무대 공포증'이라고 불리는 이 증상은 우리 몸을 두려움으로 가득 채웁니다. 많은 사람이 본능적으로 높은 불안(황색 상태)이나 심지어 완전한 셧다운(적색 상태)에 빠집니다.

물론 몸을 떨거나 말을 더듬거나 얼어 버리면 발표를 제대로 하지 못하게 된다는 것을 머리로는 잘 알고 있습니다. 하지만 다른 많은 신체 반응처럼 이 또한 자율적이고 자동적인 반사 작용입니다. 즉, 우리의 의식적인 통제 밖에 있습니다.

그렇다고 해서 아무것도 할 수 없다는 뜻은 아닙니다.

저[세스]는 지난 15년 동안 뉴스와 생방송 모닝쇼를 비롯해 수많은 방송에 출연했습니다. 잡지 편집자로 일할 때도 이런 일이 제 업무의 큰 부분을 차지했습니다. 과학이나 기술과 관련해 큰 기사가 나올 때마다 방송에 출연해 대중에게 설명하는 것이 저의 업무였습니다.

2008년쯤 잡지사에서 저를 TV 스튜디오에 내보냈을 때 처음 몇 번은 토할 것만 같았습니다. 2분짜리 짧은 TV 광고를 앞두고 며칠 동안 잠도 제대로 못 자고 긴장했던 기억이 납니다. 심장이 미친 듯이 뛰었고, 마음 한구석에서는 무슨 일이 생겨서 방송이 취소되기를 은근히 바랐습니다. 갑작스러운 우박 폭풍이나 도시 전체의 정전, 혹은 중요한 속보로 제 순서가 연기되기를 바랐습니다.

모든 것이 너무 위태롭게 느껴졌습니다. 스튜디오 안의 청중은 TV 진행자와 촬영기사 몇 명 정도로 한정되어 있었지만, 대중 연설에서 오는 모든 본능적인 감정과 두려움이 무한대로 증폭되었습니다.

방송이 잘 되면 수천 명이 볼 것이고, 잘못되면 수백만 명이 영상 클립을 퍼 나르며 저를 조롱할 것만 같았습니다.

정말 끔찍한 기분이었습니다.

몸이 얼마나 불편했는지 지금도 생각만 하면 소름이 돋습니다. 그래도 어떻게든 웃으며 그 상황을 넘겼고, 한 번 나오고 마는 단발성 출연자로 끝나지 않아서 다행이었습니다.

다음 출연 때는 조금 더 쉬워졌고, 그다음에는 더 편해졌습니다. 요즘에는 카메라 앞에서 말하는 것이 가끔은 재미있게 느껴지기도 합니다. 반복된 연습을 통해서 무서웠던 상황이 더는 제 몸을 긴장시키지 않는 상태까지 된 것입니다.

우리는 알지 못하는 것과 낯선 것에 대해 본능적으로 두려움을 느낍니다. 우리의 신경계는 새로운 상황을 신중하게 받아들이는데, 특히 위험 부담이 커 보이는 상황으로 느껴지면 몸이 두려움을 느끼고 황색 상태의 불안에 빠지거나 적색 상태의 완전한 셧다운으로 갑니다.

물론, 천부적으로 두려움 없이 대중을 사로잡는 능력을 타고난 사람이 소수의 몇 명은 있을 수 있겠지만, 대부분은 대중 앞에서 말하기 위해 연습과 숙련이 필요합니다. 단순히 잘하기 위해서만이 아니라, 이 상황이 실제로는 위험하지 않다는 것을 가르치고, 방어적인 생리적 상태로 돌아갈 필요가 없다는 것을 훈련해야 합니다.

문제는 그렇게 할 기회가 거의 없다는 것입니다. 대중 연설을 연습할 유일한 기회는 실제로 공개적으로 말하는 것입니다. 천천히 발가락부터 물에 담그는 것이 아니라, 한 번에 물속으로 뛰어들어야 하는 상황입니다. 잘 해내지 못하면 다시는 그런 기회가 주어지지 않을 수도 있고, 이 상황이 주는 불편함을 피하기 위해 무슨 수를 써서라도 그런 기회를 피하려고 할지도 모릅니다.

사람들은 저에게 대중 앞에서 말하는 것과 TV 출연에 어떻게 익숙해졌는지 자주 묻습니다. 물론 반복적인 경험을 통해 조금씩 나아졌지만, 작은 비밀을 하나 알려드리자면 안전하고 지지적인 공간에서 연습했습니다. 공개 연설을 하는 곳과 비슷한 환경이지만 실패해도 아무런 영향이 없는 곳을 찾았습니다. 다시 말해 무대에 서는 것에 익숙해지는 동시에 무대에서 느끼는 부정적인 신체적 느낌을 극복할 수 있는 완벽한 장소를 찾았습니다.

그 훈련 장소는 바로 노래방이었습니다. 특히 친구들과 단둘이 있는 방이 아니라, 낯선 사람들 앞에서 노래를 불러야 하는 무대가 있는 곳이 가장 좋았습니다.

제가 노래를 잘하나요? 전혀 아닙니다. 하지만 음정을 제대로 맞추지 못하더라도, 반복해서 노래방 무대에 올라가다 보니, 사람들 앞에서 공연하는 게 매우 편안해졌습니다. 노래방에서는 실수해도 아무도 신경 쓰지 않습니다. 우리 뇌나 몸도 마찬가지입니다. 이 편안함은 무대 위나 카메라 앞에서 말하는 것에도 상상했던 것보다 훨씬 더 잘 적용되었습니다.

다미주 이론을 활용한 최고의 성과

"대중 연설에 대한 두려움은 당연한 일입니다." 자신의 임상에 다미주 이론을 통합한 공연 코치 마이클 앨리슨Michael Allison의 말입니다. "우리는 많은 것을 걸고 있습니다. 인정받고, 신뢰받고, 가치를 인정받고, 그룹에 남고 싶어 합니다. 한때 집단에서 버림받는다는 것은 곧 죽음을 의미하기도 했기 때문에 이것은 생존을 위한 대리전이 될 수 있습니다."

앨리슨은 최고의 운동선수와 경영진을 고객으로 두고 있는 만큼 대중 연설 같은 고압적인 상황에서의 수행 능력에 다미주 이론을 어떻게 적용할 수 있을지 많은 시간을 두고 고민했습니다. 그리고 이를 바탕으로 이 같은 상황을 헤쳐 나갈 수 있는 실행 가능한 로드맵을 제공합니다.

그가 고객에게 가장 먼저 기억하라고 하는 것은 우리가 의식적으로 인지하지 못하는 중에도 우리의 생리적 상태는 신경지를 통해 끊임없이 주변 세계를 파악하고 다양한 방식으로 생존을 최적화한다는 것입니다. 안전하고 연결되어 있는 안정된 상태라면, 우리 몸은 건강과 수행하는 일에 자원을 투입할 수 있습니다. 그러나 압도당하고 불안하며 동요하는 느낌이 든다면 이러한 느낌이 우리 몸을 지배하게 됩니다. 이 같은 신체적 느낌은 의식적 통제 밖에 있기 때문에 우리를 몸의 조수석으로 내몰아 생각과 행동을 실제로 통제할 수 없게 만듭니다.

이런 느낌을 극복하기 위한 첫 번째 단계는 있는 그대로 느끼고 인정하는 것입니다. 그런 느낌을 무시하거나 단순히 없애려고 하는 것이 아니라 어디에 있든, 어떤 상황에 있든 몸이 본능적이고 자연스럽게 반응하고 있다는 사실을 이해해야 합니다.

이를 통해 앨리슨은 고객에게 고압적인 상황에서 몸의 상태를 수행에 도움이 되는 방향으로 전환할 수 있는 효과적인 다양한 대처 전략을 가르칩니다.

안전감 투사하기

대중 연설의 경우 목표는 간단합니다. 신경지에 대해 알고 있는 지식을 활용해 청중이 안전하다고 느끼고 사회적으로 참여하게 만드는 것입니다. 우리는 주변 사람들의 생리적 상태를 반영합니다. 따라서 이를 위한 가장 좋은 방법은 우리의 몸과 목소리, 그리고 다른 모든 도구를 사용해 우리 자신이 안전하고 따뜻하며 참여하고 있다는 느낌을 전달하는 것입니다. 이렇게 하면 청중도 같은 느낌을 받을 수 있습니다.

이를 위한 구체적인 방법은 다음과 같습니다.

얼굴을 사용하기

우리의 표정은 수많은 작은 근육으로 이루어진 상호 연결된 시스템에 의해 조절되며, 단순한 표정만으로도 감정과 느낌을 표현할 수 있습니다.

이 시스템은 다른 사람과 안전하게 사회적 관계를 맺는 데 중요한 역할을 하며, 녹색 상태와 깊은 관련이 있습니다. 그렇기 때문에 사회적인 녹색 상태에 있는 사람들은 입가에 미소를 짓거나 눈을 찡그리는 등 시각적으로 감정을 표현하는 경향이 있습니다. 반면 황색 상태나 적색 상태로 겁에 질려 있는 사람들은 얼굴이 무표정한 경우가 많습니다.

이처럼 표정은 다른 사람들로부터 안전감을 느끼고 이를 우리 자신에게 반영하는 핵심적인 방법입니다. 입으로만 웃는 것이 아니라 얼굴 전체로 웃는 사람은 더 안전하고 매력적이며 카리스마 있는 사람으로 느껴집니다. 친구들과 즐겁게 대화를 나눌 때면 이런 움직임이 자연스럽게 일어날 것입니다. 하지만 무대 위에서 두려움으로 얼어붙는다면,

좀 더 의식적으로 표정을 지을 필요가 있습니다.

이 점에서 앨리슨은 고객에게 얼굴 전체로 미소 짓는 것에 집중하고 연습할 것을 권합니다. 눈을 부드럽게 하고, 고개를 살짝 움직이며, 얼굴 근육을 부드럽게 의도적으로 만드는 연습을 통해 실제 상황에서도 자연스럽게 이런 미소를 지을 수 있게 하는 것입니다.

다른 사람들이 이런 표정을 보면 안전감과 따뜻함을 느끼고 이를 다시 우리에게 비추게 될 것입니다.

안전한 얼굴 찾기

수많은 낯선 사람 앞에서 말하는 것은 두려운 일입니다. 하지만 소규모 그룹과 나누는 상호 작용에서는 우리의 신경계가 가까운 사람들이 보내는 안전감과 따뜻함을 잘 느낄 수 있습니다.

이를 활용해 볼 수 있습니다.

군중 속에 친근한 얼굴이 있다면 그 사람에게만 말하는 것처럼 집중해 보세요. 그 사람에게 초점을 맞추어 시선을 고정하면 그가 우리에게 보내는 따뜻함과 안전감을 느낄 수 있습니다.

루틴 찾기

NBA 경기에서 선수들이 자유투를 던지기 전에 독특한 행동을 반복하는 모습을 본 적 있을 것입니다.

길버트 아레나스Gilbert Arenas는 슛을 던지기 전에 공을 허리춤에 세 번 돌리고, 스티브 내쉬Steve Nash는 손가락을 핥은 다음 머리를 빗습니다. 더크 노비츠키Dirk Nowitzki는 슛을 쏘기 전에 데이비드 핫셀호프David Michael Hasselhoff의 노래 '자유를 찾아서Looking for freedom'를 흥얼거립니다.

이런 기괴한 동작은 팬들 사이에서 전설이 되고, 팬들은 종종 이 동작이 무엇을 의미하는지 자세히 살펴보기도 합니다. 연인에게 비밀 암호를 보내는 것일까요? 조절할 수 없는 틱일까요? 아니면 스폰서에 대한 계약상의 의무일까요?

다미주 이론은 이를 간단하게 설명합니다. 루틴은 안전감을 느끼게 합니다. 긴장되거나 낯선 상황에서 루틴은 우리 몸이 어떻게 대처해야 하는지 알고 있는 인식 가능하고 예측 가능한 익숙한 무언가를 신경계에 제공합니다. 따라서 루틴을 통해 새롭거나 압박이 있는 상황을 조금 더 익숙하게 만들면 우리 몸을 진정시키는 데 도움이 됩니다.

불안한 사람들이 침착한 상태를 유지하기 위해 일상의 루틴을 엄격하게 따르는 이유도 바로 이 때문이며, NBA 선수들이 자유투 라인에서 슛을 던지기 전에 이 같은 동작을 하는 이유도 여기에 있습니다.

앨리슨은 고객에게 이러한 점을 활용해 무대나 경기장에서 느끼는 압박감을 완화할 수 있는 자신만의 루틴을 개발하고 연습하도록 가르칩니다.

운율 있게 대화하듯 말하기

운율 있는 목소리는 인간에게 안전한 목소리입니다. 다미주 이론에 따르면 운율이 있는 목소리는 우리의 생리적 상태가 안정적이며 심리적 · 신체적으로 다른 사람들과 연결될 준비가 되어 있음을 알립니다. 이런 이유로 딱딱한 모노톤보다는 운율 있는 음성으로 말하는 것이 청중을 사로잡는 간단하고도 효과적인 방법입니다.

그 효과는 생물학적이고 즉각적입니다.

운율 있는 목소리는 기능적으로 말하는 사람과 청중 모두에게 미주신경 자극기처럼 작용해 자율신경계를 녹색 상태로 진정시키고 사회적 관계를 맺을 준비가 되도록 조율합니다. 운율 있는 목소리를 들으면 사회 참여 체계가 켜지면서 얼굴과 머리의 근육이 활성화되어 청중이 실제로 말을 듣고 이해하기 쉬워지며, 동시에 발표자와 정서적으로 더 많이 연결될 수 있습니다.

그 외에 발표에 대화형 요소와 사회적 일화를 녹이는 것도 좋습니다. 인간에게는 상호적인 방식으로 소통하려는 본능적인 동기가 있기 때문에, 이렇게 사회적인 수준에서의 상호 작용에서는 일방적인 강의와 다르게 신경계가 반응합니다.

이런 점을 활용해 청중에게 직접 이야기하듯 즉흥적이고, 비공식적이며, 대본에 의존하지 않는 방식으로 말해 보세요.

또 간단한 질문을 통해 청중이 몰입하고 경청하며 소통하도록 유도하는 것도 좋은 방법입니다. 저[스티븐]는 강연 중에 청중의 얼굴에서 관심이나 호기심의 신호를 포착하는 것을 즐깁니다.[59)]

이런 방식으로 우리는 마치 아이가 친구들과 놀면서 상호 작용에서 호혜의 기쁨을 느끼는 것처럼 상호 조절을 통해 사회적 자양분을 얻습니다. 상호 작용의 호혜적 느낌이 형성되면 대규모 강의도 더 개인적이고 친밀하게 느껴지며, 낯선 청중에게 우리가 안전하게 느껴지고, 우리 역시 청중을 더 안전하게 느끼게 됩니다.

---

59) 말할 필요도 없이, 팬데믹 동안 온라인으로 강연하는 것은 매우 힘든 일이었습니다. 줌(Zoom) 갤러리 뷰에서는 사회적 연결의 단서를 쉽게 감지하기 어렵기 때문입니다(저자 주).

읽지 말고, 말하세요

아무리 많이 연습하고 훈련한 연사라도 대본을 읽으면 딱딱하게 느껴질 수 있습니다. 노트가 필요하다면 사용하되, 즉흥적으로 말하듯이 발표하면 더 유연하고, 더 놀랍고, 더 사회적으로 느껴질 수 있습니다. 팬데믹 동안 대부분 강연이 온라인으로 이루어졌을 때, 저는 강연에 대화형 인터뷰 형식을 반영하려고 노력했습니다. 이런 방식이 자연스러운 사회적 상호 작용처럼 느껴지기 때문입니다.

우리의 신경계는 예측 가능성을 안전의 신호로 해석하도록 진화했습니다. 그렇기에 예측에서 벗어나는 것은 즉시 호기심과 관심을 끕니다. 이런 갑작스러움은 우리를 놀라게 해서 방어적인 상태를 활성화시킬 수 있지만(갑작스러운 천둥소리 등), 안전하다고 느낄 때는 유머러스하거나 즐거운 방식으로 나타납니다(안전한 상황에서 엄마와 아기가 까꿍 놀이를 하는 것 등).

호흡 조절

94페이지에서 다뤘듯이 호흡, 특히 천천히 숨을 내쉬는 것은 우리가 안전한 상태에 있다는 신호를 몸에 보냅니다. 천천히 집중해서 숨을 내쉬는 것은 미주신경 브레이크vagal brake를 활성화해 심박수를 늦추고, 우리 몸 전체를 녹색 상태로 만듭니다.

스트레스를 받거나 불안하거나 안절부절못하는 상태에서 이 방식은 매우 유용합니다.

그러나 그 반대가 필요할 때도 있습니다. 때때로 활력이 넘쳐 행동으로 옮기고 싶을 때가 있습니다. 몸에 있는 모든 에너지를 짜내는 운동선수를 생각해 보세요.

이럴 때는 긴 들숨과 짧은 날숨이 교감신경계를 활성화해 황색 상태에 진입하게 해 줍니다.

하지만 주의하세요. 이 방법은 부적절하거나 잘못하게 사용하면 통제할 수 없는 과호흡을 유발할 수 있습니다.

다미주 이론을 활용한 자세

2012년 사회심리학자 에이미 커디Amy Cuddy는 자신감을 높이고 성공 가능성을 증가시킬 수 있는 특정 자세에 대한 내용으로 TED 강연을 했습니다.[1]

이 강연은 큰 논쟁을 불러일으켰고, 많은 조회수를 기록했습니다. 2023년 6월 기준으로 이 강연은 6,800만 회 이상 조회되었습니다.

여기서 커디의 구체적인 주장을 깊이 다룰 필요는 없지만(이 주장은 학계에서 논란이 되었으며, 일부 연구자는 원래 연구 결과를 재현하는 데 어려움을 겪었습니다), 다미주 이론은 자세의 변화가 우리의 감정과 생리적 상태는 물론 주변 사람들의 감정과 생리적 상태에도 어떻게 영향을 줄 수 있는지를 설명하는 하나의 관점을 제시합니다.

"함께 작업하는 많은 운동선수에게 저는 의도적으로 '안전한' 자세를 취하게 합니다. 몸을 편안하게 하고 자신감을 느끼며 통제력을 가질 수 있도록 몸을 곧추세우고 가슴을 넓게 편 상태로 서게 합니다"라고 앨리슨은 말합니다.

그다음으로 고객에게 머리 위치와 시선에 집중해 스스로 안전하다고 느끼고 다른 사람에게도 안전하다는 느낌을 전달하도록 가르칩니다. 이는 고개를 들고 중립적인 자세를 유지하며, 근육의 힘을 많이 쓰지 않는 상태를 유지하면서, 눈 주변 근육을 부드럽게 해 시선을 수평선을 바라보듯 위로 향하는 것입니다.

앨리슨은 또 자신의 자세 변화에 주의를 기울이고, 이를 우리의 상태가 변하는 것을 알아차리는 신호로 볼 수 있도록 가르칩니다. 예를 들면, 움츠러든 구부정한 자세는 아직 의식적으로 깨닫지 못하더라도 몸이 안전하지 않다고 느끼는 신호일 수 있습니다.

9장

교육

학교는 우리가 지식을 쌓고 기술을 배우며, 나아가 스스로 더 많은 지식과 기술을 익힐 수 있는 능력을 기르는 곳입니다. 학교에서 배운 숫자와 문자, 사실과 역사, 방법론 등은 감각을 통해 스며들어 오래도록 기억에 남게 됩니다.

물론 학교는 단순히 숫자나 날짜를 외우는 곳만은 아닙니다. 사회화 능력과 다른 사람과 협력하는 능력을 훈련하는 중요한 장소이기도 합니다. 아이들이 가정에서 벗어나 친구를 사귀고, 갈등을 해결하고, 팀 프로젝트를 수행하며, 또래와 교사와 권위자들과 교류하며 개인적인 발전과 성숙 및 성장을 이루는 장소입니다.

적어도 이론적으로는 그렇습니다.

다미주 이론에 따르면 학습하고 비판적으로 사고하며 사회적으로 상호 작용하는, 즉 학교에서 하는 모든 일을 하기 위해서는 기본적으로 '안전하게 느끼는 녹색 상태'에 있어야 합니다. 그럴 때 성장하고, 배우며, 성숙하고 협력하는 데 필요한 고등의 뇌 기능을 사용할 수 있습니다.

이를 염두에 두고 교육과 학교에 대한 다미주 이론의 관점을 한마디로 요약하면 다음과 같습니다.

학생이 학교에서 성공하기 위해서는
안전하다고 느끼는 것이 필수적입니다.
그리고 지속적으로 안전하지 않게 느끼는 학생들은
종종 매우 불리한 상황에 놓이게 됩니다.

아이들이 안전감을 느끼지 못한다고 해서 학교에서 성공할 수 없다는 뜻은 아닙니다. 다만, 성공하기 훨씬 더 어려울 것이라는 의미입니다.

이는 간단한 개념이며, 지금까지의 내용을 따라왔다면 논리적으로도 당연한 이야기입니다. 그러나 학교에서 안전의 개념을 이해하고 우선순위에 두는 것은 현대 교육의 거의 모든 측면을 재고하게 만듭니다. 이는 교육 모델에서의 우선순위를 단순한 사실 학습을 강조하는 것에서, 비판적 사고, 창의성, 사회적 행동, 그리고 문제 해결에 필요한 고등 두뇌 구조에 접근하기 위해 필요한 생리학적 상태를 유지하는 중요성을 받아들이는 방향으로 전환시킵니다.

이에 관한 내용을 하나씩 살펴보겠습니다.

학교에서 '안전'이란 무엇을 의미하나요?

'학교 안전'이라는 용어는 수십 년 동안 정책의 화두가 되어 왔습니다.

안타깝게도 학교 안전에 대한 많은 노력과 관심은 피상적이고 정치적으로 편법적인 조치에 집중되는 경향이 있는데, 이는 아이들을 물리적으로 안전하게 지키는 것처럼 주장하지만 오히려 아이들이 매우 안전하지 않다고 *느낄* 수 있는 방식으로 이루어집니다.

우리는 실제로 학생들을 안전하게 지키는 것이 중요하지 않다고 주장하거나 금속 탐지기 또는 상시 경찰 배치 같은 조치가 실제로 효과적인지에 대해 논쟁하는 것도 아닙니다. 우리가 말하고자 하는 것은, 아이들을 물리적으로 안전하게 지키는 것만으로는 충분하지 않다는 것입니다. 다미주 관점에서는 아이들이 '안전하다고 *느끼게* 하는 것' 또한 매우 중요합니다.

하지만 불행히도 물리적으로 안전하게 지키기 위해 고안된 이러한 일반적인 보안 조치 중 상당수는 오히려 안전하지 않다고 느끼게 만들며, 그로 인해 실질적인 다미주적인 대가를 치르게 됩니다. 이런 조치들은 우리 신경계에 두려움과 경계심을 느끼도록 신호를 보내 편안함을 느끼거나 학습에 집중하지 못하게 만듭니다. 우리를 두려움과 과잉경계 상태로 만들고, 학교를 방어적이고 공격적인 신경계로 만드는 장소로 변모시킵니다. 이는 학습, 협동, 올바른 행동 및 사회적 상호 작용을 어렵게 만들 수 있습니다.

다미주 이론의 관점에서는 '안전**safety**'[60]에 관해 이야기할 때 실제로 우리가 얼마나 안전한지가 아니라, 우리 몸과 신경계가 얼마나 안전하다고 *느끼는지*를 이야기하는 것입니다. 다미주 이론에 따르면 이것이 바로 신경지가 생리적 상태를 변화시키는 주요 변수이며, 이는 결과

---

60) 'safety'는 맥락에 따라 안전 또는 안전감이라고 번역했는데, 다미주 이론의 관점에서는 안전하다고 느끼는 것을 의미합니다(역자 주).

적으로 우리의 건강, 행복 그리고 번영 능력에 영향을 미칩니다.

이는 학교에 관한 이번 장에서 특히 명확히 짚고 넘어가야 할 중요한 부분입니다. 왜냐하면 이 책(및 그 기반이 되는 과학)의 일부 내용이 맥락에서 벗어나 학생들을 안전하게 지키겠다는 명목으로 보안 조치를 강화하려는 논거로 사용될 가능성이 있기 때문입니다. 예를 들어, 안전을 위한 조치가 몸수색, 감시, 불심 검문, 무기에 둘러싸인 상황이라면 이는 오히려 학생들로 하여금 안전하지 않다고 *느끼게* 만들 수 있습니다. 다미주 이론은 이 같은 조치가 학생들의 건강, 행복, 그리고 성공할 수 있는 능력에 영향을 미칠 뿐 아니라 잠재적으로 학생들을 더 공격적이거나 방어적으로 만들 수 있다고 주장합니다.

반대로, 다미주 이론에서 말하는 '안전하다고 느끼는 것'에만 초점을 맞추느라 때로는 물리적이고 신체적인 안전을 유지하기 위해 실질적인 조치가 필요하다는 점을 간과하는 것도 마찬가지로 불충분합니다.

당연히 학교는 아이들을 안전하게 지켜야 합니다. 두말할 필요가 없습니다. 하지만 이상적인 세상이라면, 그 안전을 지키는 방식이 오히려 사람들에게 안전하지 않게 *느끼*는 방식이어서는 안됩니다.

학생들이 안전하다고 느끼는 것이 왜 그렇게 중요한가요?

학교나 가정에서 안전하다고 느끼지 못하는 학생들은 방어 모드에 해당하는 황색이나 적색의 신경계 상태로 교실에 들어서게 됩니다.

다미주 이론에 따르면 이 같은 방어 상태는 학습과 사회화에 필요한 고등의 뇌 기능을 활용하는 것을 방해합니다. 따라서 위협감을 느끼는 아이들은 학교에서 성공하는 데 크나큰 장애물이 있는 것입니다.

이런 학생들은 종종 행동 문제를 지적받기도 합니다. 결국 신경계가 황색의 싸움-도주 상태에 있을 때는 즉각적인 위협에 맞서 싸우거나 도망치기 위해 아드레날린이 분비되는 경계 상태에 놓이게 됩니다. 이런 상황에서는 차분히 앉아서 선생님의 말을 듣는 것이 거의 불가능합니다.

몸이 방어 상태에 있을 때는 감각, 뇌, 신경계 등 해부학적인 구조가 생리적으로 즉각적인 생존에 최적화된 상태로 바뀝니다. 이 상태는 학습과 사회화를 방해할 뿐 아니라, 말소리를 듣는 방식에도 변화를 줍니다. 중이 구조가 사람의 목소리를 잘 듣는 것에서 벗어나, 신경계가 포식자와 연관된 초저주파 소리를 더 잘 포착할 수 있도록 조정됩니다.[1]

그 결과 안전하지 않다고 느끼는 학생들은 종종 선생님의 말을 듣거나 이해하는 데 어려움을 겪게 되고, '모범' 학생들만큼 빨리 이해하지 못하기 때문에 멍청하거나 고의로 반항하는 것처럼 취급받는 경우가 많습니다.

보충 수업에 배정되는 학생들의 배경을 깊이 들여다보면, 상당수 학생들이 학교에서 괴롭힘을 당하거나 가정에서 학대를 받는 등 안전하지 않은 가정이나 동네에 살고 있다는 것을 알 수 있을 것입니다. 또 이들은 신경계를 안전하지 않게 만드는 환경 및 감각 요인들과 씨름하고 있을 수 있습니다. 여기에는 납 중독이나 심각한 대기 오염이 포함될 수 있습니다. 끊임없는 교통 소음이나 사이렌 소리가 수면을 방해하거나, 집에서 편히 있을 수 없거나, 항상성 상태에 도달하는 것을 방해하는 경우도 있을 수 있습니다.

이런 이유로 차분히 앉아 있지 못하는 학생들을 교사와 관리자들이 오해해 꾸짖거나 벌을 주는 경우가 많습니다. 하지만 신경계와 자율신경계 상태는 의지에 달린 것이 아니며, 몸의 상태도 의도에 따르지 않습니다. 싸움 혹은 도주의 방어적 동원 상태에 갇혀 있는 아이들이 수업에 집중하고 예의 바른 모범적인 학생으로 행동하는 것은 거의 불가능합니다.

이런 학생들은 지적 능력이 부족하거나 문제를 일으키려는 의도가 있는 것이 아니라, 그저 끊임없이 위협을 느끼며 반사적으로 반응하고 있는 것입니다. 이를 이해하면 이러한 학생들을 존엄과 연민을 가지고 대할 수 있고 교육에서 흔히 겪는 일반적인 문제를 해결할 기회를 찾는 데 큰 도움이 됩니다.

괴롭힘

앞서 괴롭힘에 대해 간단히 언급했는데, 그 이유는 자명합니다.

신체적 또는 정신적으로 자신을 괴롭히는 사람과 몇 시간씩 가까이 붙어 지내야 하는 학생의 경우, 안전하다고 느끼는 것이 매우 어렵습니다. 경미한 괴롭힘이라도 오랜 시간 지속되면 아이들(혹은 성인에게도)에게 깊은 상처가 될 수 있습니다.

이 책의 저자들이 성장할 때만 해도 학교에서의 괴롭힘은 대부분 학교 내에서 끝났습니다. 하지만 지금은 학생들이 주로 온라인에서 생활하기 때문에 사이버 괴롭힘은 끝없는 위협이 될 수 있습니다. 가해자들은 하루 중 언제라도 소셜 미디어를 통해 피해자를 괴롭히거나 모욕할 수 있습니다.

괴롭힘의 그림자 속에서 살아가는 것은 곧 위협을 느끼며 사는 것입니다. 이는 우리의 건강과 학업 성취 능력에 해를 끼칠 뿐 아니라, 결과적으로 더 큰 위협이 되어 문제 행동을 일으킬 가능성을 높입니다.

우리의 신경계는 주변 사람들과 주위의 신호에 매우 민감하게 반응합니다. 따라서 누군가로부터 위협을 느끼면 본능적으로 그들의 공격성을 모방하거나, 상처받고 취약한 상태에서 반사적으로 반응할 가능성이 큽니다. 다미주 이론은 괴롭힘이 실제로 얼마나 큰 해를 끼칠 수 있는지를 설명해 줄 뿐 아니라, 그런 행동이 종종 깊은 고통이나 트라우마에서 비롯된 것임도 함께 인식하게 해 줍니다.

수많은 괴롭힘 가해자가 가정에서 고통, 학대, 방임을 겪고 있으며, 이런 감정과 대처 전략을 학교로 가져올 때 방어적인 행동과 상태가 마치 바이러스처럼 퍼질 수 있다는 것은 자명한 일입니다.

결국 괴롭힘과 학대는 더 많은 괴롭힘과 학대를 낳고, 학업적 · 사회적으로 성공할 수 있는 학생의 능력을 제한합니다.

가혹한 규율을 강요받는 학생들에게도 비슷한 일이 발생할 수 있습니다. 많은 전통적인 교육 방식에서는 학생의 역할이 그저 조용히 앉아 말을 듣는 것이라고 강조합니다. 학교에서 이루어지는 체벌이 예전만큼 흔하지는 않지만, 여전히 뉴스에 종종 등장합니다.

다미주 이론에 따르면, 가혹한 규율을 통해 학생들을 억누르는 것은 오히려 역효과를 낼 가능성이 큽니다. 두려움이나 위협을 느끼는 학생은 녹색 상태에 접근하지 못해 학습하거나 올바르게 행동할 능력이 손상됩니다. 이로 인해 점점 더 나쁘게 행동하게 되고, 나쁜 행동은 더 많은 규율과 훈육을 초래하며, 더 많은 규율과 훈육으로 인해 학생들의 더 나쁜 행동이 반복되는 악순환에 빠지게 됩니다.

배고픈 몸은 배울 수 없습니다

학생이 학교에서 안전하지 않다고 느끼는 요인은 여러 가지가 있습니다. 가정 내 학대나 학교에서의 괴롭힘에서 비롯될 수 있고, 영양실조나 굶주림처럼 몸의 생존 본능을 크게 자극하는 요인에서도 기인할 수 있습니다.

분명히 말하자면, 이런 요인 중 상당수는 빈곤과 연관됩니다. 흔히 부유한 학생들이 더 좋은 성과를 내는 이유는 더 좋은 학교, 비싼 과외, 학교 과제를 도와줄 시간이 있는 고학력 부모 등 돈으로 할 수 있는 것들 때문이라고 생각하는 경우가 많습니다.

하지만 그에 못지않게 중요한 것은 영양실조와 경제적 불안정이 사람들을 안전하지 않다고 느끼게 만든다는 점입니다. 학생이 아침과 점심을 해결할 형편이 안 되거나, 가족이 머물 집이 있을지조차 확신할 수 없다면, 그 학생이 왜 생존 모드에 들어가 살게 되는지 충분히 이해할 수 있을 것입니다.

굶주린 개가 얼마나 공격적으로 반응하는지 생각해 보세요. 인간도 마찬가지입니다.

안타깝게도 공감은 쉽지 않은 일입니다. 인간으로서 다른 사람이 겪고 있는 상황을 온전히 이해하기란 쉽지 않습니다. 실제로 배고픔을 겪어 본 적 없다면 그것이 일상에 어떤 영향을 미치는지, 그리고 얼마나 고통스럽고 지치게 만드는지 이해하기 어렵습니다.

따라서 학교의 무료 급식 프로그램은 영양실조에 대한 효과적인 치료법입니다. 하지만 지역, 학교, 학군 및 관리자가 이런 프로그램을 줄이거나 이를 이용하는 아이들을 고의적으로 공개해 수치스럽게 만드는 안타까운 경향이 있습니다.

2016년 앨라배마주 버밍엄의 한 학군에서는 급식비를 내지 못하는 아이들의 손에 '급식비가 필요합니다'라는 도장을 찍기 시작했습니다.[2] 2019년 로드아일랜드주 워릭에서는 급식비를 내지 못한 학생에게는 따뜻한 점심 대신 간단한 해바라기 버터와 젤리 샌드위치만 제공한다는 규정을 만들었습니다.[3] 다른 학군에서는 점심값이 없는 아이들은 방과후 활동에 참여할 수 없도록 금지했습니다. 2019년 펜실베이니아의 한 학군 관리자들은 점심값을 낼 수 없는 아이들을 위탁 가정에 맡기겠다고 협박하는 편지를 보내기도 했습니다.[4]

소설 『주홍글씨』를 읽지 않았더라도 이 같은 공개적인 낙인이 수치심, 따돌림, 배척으로 이어진다는 것은 누구나 알 수 있습니다. 수치심은 위협과 방어를 유발하는 강력한 동기로, 이미 경제적 불안과 굶주림과 싸우고 있는 무고한 아이들에게 막대하고 돌이킬 수 없는 트라우마와 해를 입힐 수 있습니다. 또 이런 상황은 학교를 두려움과 고통의 장소로 여기게 함으로써 성공하고 행복해지는 데 필요한 생리적 상태로부터 점점 더 멀어지게 합니다. 결과적으로 이 같은 부정적인 감정을 연상시키는 환경을 피하기 위해 자퇴하거나 결석하도록 아이들을 부추길 수 있습니다.

학교 디자인

2장에서는 신경계가 주변 환경으로부터 신호를 받아 이를 안전 또는 위협으로 처리하는 방법에 대해 설명했습니다. 이러한 신호를 바탕으로 신경지는 자율신경 상태를 녹색, 황색, 적색 시스템으로 전환시킵니다.

학교의 물리적 환경이 우리의 생리와 학습 능력을 근본적으로 변화시킬 수 있는 것도 바로 이 같은 신경지를 통해서입니다.

많은 학교가 창문이 적고 자연 채광이 거의 없는 감옥처럼 설계되어 있습니다. 벽을 따라 울려 퍼지는 소리는 두려운 느낌을 주기도 합니다.

저[스티븐]는 최근 몇 년 동안 다미주 이론을 활용해 학습에 더 도움이 되는 공간을 설계하는 방법을 연구하는 데 많은 시간을 보냈습니다. 실제로 감각적 경험에 특히 민감한 자폐 학생들을 위한 시카고의 한 학교를 설계하는 데 도움을 주기도 했습니다.[5]

간단히 말하자면, 형광등에서 나오는 윙윙거리는 소리나 엘리베이터 및 환기 시스템의 진동 같은 배경 소음을 최소화할 수 있도록 음향에 주의를 기울이면 됩니다. 시각적 방해 요소를 제한하면서 햇볕이 들고 따뜻한 느낌을 받을 수 있도록 방을 설계해야 합니다. 자폐아를 위한 학교에서는 창문을 높여 나무와 하늘을 볼 수 있게 하되, 지나가는 차량과 사람은 보이지 않게 했습니다.

교사들은 어떻게 도울 수 있을까요?

서구 문화에서 교육의 역할은 오랫동안 암기 위주의 교육에 초점을 맞추었습니다.

다미주 관점에서 학습은 또 다른 경로를 제공하는데, 이는 본질적으로 녹색 시스템과 연결된 행동을 강조하며 이를 통해 학생들이 참여하고 활성화되게 합니다. 즉, 사회화, 대화, 집단 문제 해결을 장려하는 것입니다.

학교를 공동 탐구의 여정으로 바라보면 아이들이 실제로 학습할 가능성이 커집니다. 결국, 우리가 활발하게 사회성을 발휘하고 녹색 상태에 있을 때, 생리적 상태는 새로운 정보를 흡수하고 처리할 준비가 됩니다. 이 같은 접근 방식은 학교가 다른 사람들과 어울리고 협력하는 능력을 키우는 중요한 훈련 장소라는 점도 인정합니다.

아이들은 자라면서 학교에서 배운 거의 모든 지식과 숫자를 잊어버릴 가능성이 큽니다. 하지만 잊지 않아야 하는 것(그리고 미래에 가장 유용한 기술일 수 있는 것)은 문제를 해결하기 위해 다른 사람들과 협력하는 방법입니다. 이를 성공적으로 수행했을 때 얻을 수 있는 자신감 향상은 말할 것도 없습니다.

이를 위해 학교와 교육자는 학습과 사회화를 결합할 방법을 찾아야 합니다. 그룹 세미나와 대화식 수업이 이상적이지만, 예산이 줄어들고 학급 규모가 커지는 현실을 고려할 때 이런 형식은 순전히 물리적인 관점에서 어려울 수 있다는 것을 잘 압니다.

하지만 초등학교 수업을 대학 강의처럼 운영하려면, 이 같은 설정을 소규모 그룹과 대화로 균형 있게 조정하는 것이 중요합니다(이는 대규모 대학 강의에서도 오래전부터 활용된 방식입니다). 이런 대화는 따뜻하고 초대하는 느낌의 공간에서 이루어져야 하며, 감각적인 측면에서 자극적이지 않고 신경계가 위협이나 자기 보호 상태에 빠지지 않게 해야 합니다.

학교: 자율신경 훈련의 장

예술과 음악 교육 지지자들은 종종 이런 수업을 듣는 학생들이 수학 같은 다른 과목도 잘할 가능성이 높다고 주장합니다.[6]

왜 그럴까요? 그림을 그리거나 음악을 연주하는 것이 어떻게 수학을 잘하는 능력에 영향을 미칠 수 있을까요?

다미주 이론은 이렇게 설명합니다.

그룹 환경에서 음악을 연주하거나 듣는 것은 강력한 미주신경 훈련입니다. 노래를 부르거나 악기를 연주하면 미주신경이 활성화되어 녹색 상태에 들어갈 준비가 됩니다. 미술도 마찬가지로 녹색 상태와 관련된 과정에 참여하게 하는 신경 훈련으로 작용할 수 있습니다.

녹색 상태가 되면 거의 모든 유형의 학습이 더 쉬워집니다. 학생들은 더 협조적이고 더 바람직한 행동을 보일 가능성이 높습니다.

놀이 시간

지난 수십 년 동안 쉬는 시간이나 놀이 시간을 점차 줄이는 추세였습니다. 하지만 음악이나 미술처럼 쉬는 시간도 학생들의 학습 능력과 성공에 중요한 역할을 합니다.

앞서 2장에서 '놀이'의 개념에 관해 이야기하며, 놀이가 녹색 상태와 황색 상태를 원활하게 전환하도록 신경을 튜닝하고 조율하는 미주신경 훈련임을 언급했습니다. 이는 회복탄력성을 키우고, 방어적 상태에 갇히지 않게 하며, 힘든 시기를 극복하게 하는 데 매우 중요한 역할을 합니다.

다미주 이론은 놀이를 사회적 활동으로 정의합니다.

따라서 혼자 하는 활동도 분명 역할이 있지만, 팀 스포츠와 단체 게임은 훨씬 더 효과적인 미주신경 훈련이 됩니다.

학교는 이런 활동을 지원해야 하며, 팀 스포츠의 가치를 잘 인식하지 못하는 부모들 또한 마찬가지입니다. 아이가 팀 스포츠를 한다고 해서 프로 선수가 될 가능성은 적을지라도, 신경계가 잘 조율되어 있으면 교실에서 더 잘 듣고 배우는 데 도움을 줄 수 있으며 나아가 미래를 위해 자율신경의 회복탄력성을 높이는 데 이바지할 수 있습니다.

10장

수감

우리는 수감된 사회에 살고 있습니다. 미국 교정국 통계에 따르면, 2020년 말 기준으로 550만 명 이상이 감옥, 구치소, 보호관찰 또는 가석방 상태에 있습니다.[61)]

유색 인종일 경우 수감될 확률이 더 높아집니다. 흑인 남성이 수감될 확률은 백인 남성보다 약 6배, 라틴계 남성은 약 2.5배 더 높습니다.[1] 30대 흑인 남성 12명 중 한 명이 감옥이나 구치소에 있는 상황입니다.[2]

수백만 명의 미국인(그리고 그들의 가족과 친구들)에게 감옥 생활은 혹독하고 피할 수 없는 현실입니다.

그리고 그 현실은 가혹합니다. 교도소를 집이라고 부르는 사람들은

---

61) 실제로 이 수치는 전년 대비 11% 감소한 수치로, 부분적으로는 COVID-19 팬데믹으로 인해 일부 교도소가 수용 인원을 줄였기 때문에 그렇습니다(저자 주).

만연한 폭력의 위협에 적응해야 하며, 거의 사라진 사생활, 사랑하는 이들과의 제한된 접촉, 원치 않거나 불안감을 주는 자극, 알람, 조명, 소음으로 가득 찬 물리적 환경을 견뎌야 합니다. 고문과 같은 독방 수감은 말할 것도 없습니다.

저[스티븐]는 이 주제를 단순히 추상적으로 접근하는 것이 아닙니다. 직접 목격했습니다. 1967년 여름, 대학원 1학년에서 2학년으로 넘어가는 사이에 저는 교도관으로 일했습니다.

그곳에서 성폭행당한 수감자들의 후유증을 목격했습니다. 가석방된 수감자들이 몇 주 또는 몇 달 만에 다시 돌아오는 것을, 그리고 때로는 환호를 받으며 재수감되는 모습을 지켜보았습니다. 삶과 희망이 사라지는 모습을 보았고, 평화로웠던 수감자들이 생존을 위해 공격적이고 폭력적으로 변하는 모습을 목격했습니다.

오늘날 형사 사법 시스템에 대한 논쟁을 하려는 것이 아닙니다. 그러나 다미주 이론은 현재의 수감 방식이 수감자의 건강에 해로울 뿐 아니라, 범죄와 폭력을 억제하는 데도 비생산적일 가능성이 높다는 점을 분명히 보여 줍니다.

이 장의 목표는 정치적인 것이 아니라 정보를 제공하는 데 있습니다. 수감은 삶의 현실이며, 우리 사회 구조에서 떼려야 뗄 수 없는 부분이기 때문입니다. 그러나 수백만 명을 이 같은 환경에 수감하려면 수감자들의 건강과 트라우마, 생산적이고 비폭력적인 시민으로 사회에 복귀하는 능력에 관한 불편한 진실과 결과를 이해해야 합니다.

우리는 종종 교도소가 수감자와 사회 전체에 긍정적인 영향을 주기를 *기대*합니다. 다미주 이론은 실제로 교도소가 수감자들에게 어떤 영향을 미치는지, 나아가 우리 모두에게 어떤 영향을 미치는지 직시하게 합니다.

생물학적 관점에서 보자면 수감자도 우리와 같은 사람입니다. 당연한 이야기처럼 들리지만, 방송에서는 범죄자를 괴물로 묘사하는 경우가 넘쳐난다는 점에서 이는 매우 중요한 사실입니다. 그들도 우리와 같은 자율신경계와 신경지 시스템을 가지고 있습니다. 우리를 안전하거나 두렵게 만드는 것은 그들에게도 같은 영향을 줍니다. 그리고 안전하다고 느끼거나 두려움을 느낄 때, 그들의 몸과 뇌도 우리에게 익숙한 방식으로 똑같이 반응하고 변화됩니다.

따라서 다미주 이론을 지침으로 삼는다면, 수감 경험이 사람을 어떻게 변화시키거나 트라우마를 남길 수 있는지, 그리고 공격성에서 벗어나 언젠가 사회의 평화로운 구성원으로 복귀할 능력에 어떤 영향을 미치는지 이해할 수 있습니다.

감옥은 안전하지 않은 곳입니다. 수감된 장소에 따라 폭력이 일상적으로 발생할 수 있다는 점에서 그렇습니다. 다미주적인 의미에서도 마찬가지입니다. 교도소 환경은 신경계에 안전하지 않게 *느껴지는* 곳입니다.

되돌아보면, 교도소는 수감자들에게 최소한의 사적인 시간조차 허락하지 않았던 공동 취침과 공동 샤워 시설을 떠올리게 합니다. 이는 신경계가 안정을 찾고 회복하거나 단 1분이라도 항상성을 회복할 기회를 박탈합니다.[62)]

감옥에서는 어떤 것도 무기로 변할 수 있으며, 예고 없이 언제든 사용될 수 있습니다. 비누로 채운 양말은 흔적을 남기지 않고 누군가를 폭행할 수 있는 수단으로 가장 인기 있는 방법이었습니다.

62) 제가 근무했던 곳의 수면 시설은 한 공간에 침대가 가득한 넓은 개방형 기숙사 스타일이었습니다(저자 주).

수감자들은 신경지 시스템과 자율신경계가 위험 신호로 해석할 수밖에 없는 온갖 징후에 둘러싸인 채 온종일 또는 몇 년을 이렇게 지냅니다. 우리 일상에서도 이런 신호를 종종 마주치지만, 다행히 대부분은 잠깐 경험한 뒤 곧 안전하다고 느끼는 장소로 돌아갈 수 있습니다. 하지만 수감자처럼 인생의 긴 세월을 지속적인 두려움과 위험 속에서 살게 되면, 방어적인 황색과 적색의 생리적 상태가 기본값이 되어 버립니다. 이 때문에 수감자들은 쉽게 화를 내고, 사소한 것조차 폭력의 방아쇠가 되어 버립니다. 이 과정에서 사회적이고 외교적인 방법으로 문제를 해결하는 데 필요한 뇌 구조와 신체 기능은 사실상 차단됩니다.

사람들을 더 공격적이고 폭력적으로 만드는 환경을 조성하고자 한다면, 현대 교도소보다 더 적합한 장소를 찾기 어려울 것입니다. 교도소는 끊임없는 두려움과 위협이 존재하는 곳이며, 따라서 신경계가 안전한 장소에서 항상성을 되찾을 기회가 없습니다. 이렇게 살면 방어적인 황색과 적색 상태에 갇혀 녹색 상태에 접근할 수 없게 됩니다.

이 상황을 조금 더 심각하게 표현하자면, 어떤 범죄로 유죄 판결을 받았는지와 상관없이 수감자들의 신체적 · 정신적 건강이 급격히 악화된다는 의미입니다. 또 이 상황을 개인적이거나 사회적인 관점에서 보더라도 수감자들은 더 공격적이고 폭력적으로 변할 수밖에 없으며, 결국 재범 가능성 또한 증가하게 된다는 점에서 누구도 원하지 않는 결과를 초래할 수 있습니다.

현대의 교도소 시스템을 다미주 이론의 관점에서 바라보면, 그것이 근본적으로 얼마나 심각하게 망가진 제도인지를 보게 됩니다. 최선의 경우에도 범죄를 억제하는 데 효과적이지 않으며, 최악의 경우에는 오히려 반사회적이고 폭력적인 행동을 지속시키고 양산하는 '공장'처럼 기능하고 있음을 의미합니다.

이 장에서는 몇 가지 쟁점을 다루기 위해 세분화해 설명하겠습니다. 다음 내용은 위험한 범죄자를 다루는 가혹한 현실을 이해하지 못하는 감상적인 논조로 들릴 수 있습니다. 하지만 이는 사실과 전혀 다릅니다.

다시 한번 강조하지만, 저[스티븐]는 교도소에서 일한 경험이 있습니다. 이런 상황을 직접 목격했습니다. 다미주 이론은 중범죄자를 포함한 모든 인간이 환경에 반응하고 환경에 의해 변화한다는 불편한(어쩌면 정치적으로 유리하지 않은) 진실을 인정합니다.

간단히 말해, 만성적으로 안전하지 않은 공간에 있으면 우리는 공격적으로 반응하고 폭력적으로 변할 수 있습니다. 반면, 안전하다고 느낄 때는 사회적으로 더 잘 소통할 수 있고, 문제를 평화롭게 해결하며, 이성적이고 사려 깊은 행동을 하는 데 필요한 고차원적인 뇌 기능을 사용할 수 있습니다.

범죄에 강경하게 대응하는 수사는 범죄자를 비인간적으로 취급하며, 그들에게 복지나 친절 또는 안전을 제공하는 것은 오히려 더 많은 범죄를 저지르게 하는 것이라는 잘못된 인식을 갖고 있습니다. 이는 도덕적인 관점뿐 아니라 실용적인 관점에서도 오류입니다. 수감자도 다른 사람들과 마찬가지로 환경에 반응한다는 사실을 인정하지 않는다면, 수감자를 대하는 방식에서 치명적인 오류를 범하기 쉽고 더 큰 위협으로 이어질 수 있습니다.

다시 한번 개를 예로 들어보겠습니다. 벌을 주기 위해 개를 때린다면 그 순간에는 순종할지 모르지만, 장기적으로는 사람을 물 가능성이 훨씬 더 커집니다. 범죄자를 다루는 방식에도 같은 논리가 적용됩니다.

형사사법에 대한 오늘날의 징벌적 접근 방식은 감옥에서 극도의 고통을 경험해야 잠재적인 범죄자들이 범죄를 저지르기 전에 한 번 더 생각하게 될 것이라는 아이디어에서 비롯되었습니다. 이런 관점은 근시안적인 것으로, 공격적이고 범죄적인 수많은 행동이 합리적 사고에 의한 것이 아니라 방어와 두려움 상태에 갇힌 신경계에 의해 유발된다는 점을 이해하지 못합니다. 또 교도소에 있는 사람들은 아동 시절에 학대를 받았거나, 아동 보호 시스템에서 성장한 경우가 많습니다.

일부 범죄 행위는 위험과 보상을 합리적으로 계산할 수 있는 사람들에 의해 철저히 계획된 것일 수 있지만, 본능에 의한 신경계가 방어적이거나 공격적인 상태에 갇혀 일어난 경우가 훨씬 더 많습니다.[63] 또 약물이나 정신 질환으로 인해 신경계가 위협받는 상태에서 고차원적인 뇌 기능에 접근할 수 없게 된 상황도 포함됩니다. 혹은 실제로 범죄를 저지르지 않았음에도 불구하고 가난해서 충분한 법적 방어를 받을 수 없어 감옥에 갇힌 사례도 있습니다.

사회 전체적으로 폭력적인 범죄자들을 공격적으로 만드는 생물학적 행동 상태에서 벗어나게 하는 것을 목표로 삼아야 합니다. 그러나 현재의 교도소 운영 방식은 종종 이런 상태를 오히려 고착화할 뿐입니다.

우리 사회는 현대 교도소 시스템에 대해 주로 처벌을 목적으로 삼고 있습니다. 교도소가 누군가를 회복시키고, 그 사람이 사회에 진정으로 재통합될 수 있다는 가능성은 대부분 포기한 상태입니다. 대신, 사람들이 출소한 이후에도 사회로 돌아갈 수 있는 길을 거의 완전히 차단하는 방향으로 제도를 설계해 왔습니다. 중범죄자felon라는 낙인은 마치 붉은 글씨처럼 평생 따라다니며, 일자리를 구하거나 거주지를 찾는 것조차 매우 어렵게 만듭니다. 이러한 경제적 · 주거적 불안정은 결국

63) 굳이 추측하자면, 계산적인 방식을 통해 범죄를 저지를 가능성이 높은 범죄자는 화이트칼라나 금융 범죄자이며, 이들은 전체 수감자보다 수감 기간이 더 짧은 경향이 있습니다(저자 주).

공포에 고착된 방어적 신경계 상태를 더욱 강화시키게 됩니다.

이 같은 경제 상황이나 주거의 불안은 방어적인 두려움 상태에 갇힌 신경계를 더 자극할 수 있습니다. 그렇다고 범죄를 용서하거나 용인해야 한다는 뜻은 아닙니다. 그러나 다미주 이론을 지침으로 삼으면, 범죄자들을 교화하고 사회에 복귀할 기회를 제공하는 방식에 관한 실질적인 길이 존재합니다. 이를 통해 재범이 아닌 진정한 갱생을 위한 길이 열릴 수 있습니다.

위협이 되돌아오는 교도소의 메아리

우리는 주변 사람들의 자율신경 상태를 반영합니다. 안전하다고 느끼고 이를 반영하는 사람들 곁에 있을 때, 우리의 신경지는 이 안전감을 감지하고 우리 또한 다른 사람들에게 안전감을 느끼고 투사하게 됩니다.

이로 인해 가까이 있는 사람들 사이에 따뜻함과 안전감이 오가며 전염되는 일종의 핀볼 효과가 발생합니다.

반대의 경우도 마찬가지입니다. 공포와 위험의 느낌과 그에 따른 방어 태세 전환도 마찬가지로 전염성이 있습니다.

교도소는 폭력이나 범법 행위를 저지른 전력이 있는 사람으로 가득 차 있으며, 이들은 같은 전력이 있는 다른 사람들과 함께 폐쇄된 환경에 배치됩니다.

그 환경이 어떨지 상상이 되나요? 수많은 수감자가 위협이 가득한 자율신경 상태를 발산하며 안전하지 않다고 느낄 수밖에 없습니다.

좁은 공간, 환영받지 못하는 건축 및 미적 특징, 끊임없는 경고음과 알람은 신경지에 의해 위험 신호로 해석됩니다. 교도소의 경우 이러한 신호는 24시간 내내 존재합니다. 안도감도 없고, 우리 몸이 갈망하는 항상성의 회복 상태에 들어갈 수도 없습니다.

이러한 요인들은 교도소를 자율신경의 반향실로 만들어 수감자들[64] 사이에 만연한 위험감을 불러일으키고, 신경계를 방어적이고 더 폭력적인 상태로 전환하는 데 공모합니다. 이런 느낌은 끝없는 피드백 루프를 통해 문제를 더 악화시킵니다.

다미주 이론과 동의

2022년 3월, 뉴욕타임스는 강간을 구성하는 요소를 판단하는 데 있어 모델 형법(Model Penal Code, 각 주에서 자체 법률을 제정할 때 참고하는 표준 형법)의 성폭행 개정안을 비판하는 논평[3]을 실었습니다.

미국 법률 연구소(American Law Institute)가 제안한 이 개정안은 기본적으로 무반응을 동의로 해석할 수 있다는 내용을 담고 있습니다. 즉, 적극적으로 저항하지 않는다면 법적으로 성폭행당한 것으로 간주되지 않을 수 있다는 것입니다.

이 같은 정의는 인간 행동에 관한 과학과 현실을 무시한 것입니다.

2015년에 저[스티븐]는 「거절하지 않는다고 해서 동의하는 것은 아니다: 데이트 성폭행과 관련된 정신생리학적 요인」이라는 제목의 논문을 바이오피드백(Biofeedback) 저널에 발표한 적이 있습니다. 이 논문에서는 위협에 대한 반응으로 신경계가 어떻게 부동화하는지, 그리고 반응하지 않는다고 해서 동의를 나타내는 것은 아니라는 점을 설명했습니다.[4]

64) 그리고 교도관들(저자 주).

다시 말해, 저항하지 않았다고 해서 폭행당하지 않았다는 의미가 아닙니다. 신경계가 심각한 위험을 감지하면 종종 얼어붙거나(freeze), 셧다운(shut down)하거나, 해리(dissociation)하는 방식으로 반응합니다. 이런 반응은 자발적인 것이 아니라 자율적인(자동적인) 반응입니다.

이 사실을 이해하는 것만으로도, 단순히 피해자라면 어떻게 대응할지 상상하는 것이 아니라 실제 인간이 극도의 트라우마 상황에서 어떻게 반응하는지를 반영하는 법을 만들 수 있습니다. 또 피해자들에게 불필요한 트라우마를 다시 경험하게 하거나, 자신의 경험을 스스로 의심하도록 강요하지 않는 방식으로 특정 범죄에 대응할 수 있습니다.

상호 조절과 부부 접견

인간은 사랑하는 사람의 물리적 존재와 신체적 접촉을 통해 상호 조절되어 자율신경계를 안정시켜 녹색 상태로 돌아가는 데 도움을 받습니다. 그러나 수감자들은 그런 기회를 박탈당하고, 대신 안전하지 않다고 느끼는 사람들과 밀집된 환경 안에서 지냅니다.

감옥에서는 외부 세계와의 접촉과 면회에 매우 엄격한 규칙을 적용하는데, 전화 통화는 짧은 시간으로 제한되고 면회는 다른 수감자와 방문자로 북적이는 혼란스러운 공간에서 이루어집니다. 이 때문에 수감자들은 사랑하는 사람을 가끔 볼 수는 있더라도 그들과 진정한 의미의 상호 조절co-regulation을 할 기회가 없으며, 비슷한 스트레스 상황에 처하지 않은 사람과 교류할 기회 또한 거의 없습니다.

부부 접견에 대한 문제도 있습니다. 영화에서와 달리 부부 접견은 점점 드물어지고 있습니다. 1990년대 초반까지만 해도 17개 주에서 부부 접견을 허용했지만, 2022년 기준으로는 캘리포니아, 코네티컷, 뉴욕, 워싱턴을 포함한 단 4개 주만이 이를 허용하고 있습니다. 연방 교도소에서는 부부 접견이 금지되어 있습니다.

부부 접견의 감소 원인은 주로 정치적 이유에서 비롯되었습니다. 사랑하는 사람과 보내는 친밀한 시간을 허용하는 것이 형벌의 의미를 약화시키는 '보상'처럼 보일 수 있기 때문입니다.

그러나 다미주 이론은 사랑하는 사람과의 상호 조절, 특히 친밀한 상호 조절이 생물학적 필수 요소임을 강조합니다. 이는 사소한 보상이 아니라, 우리 신경계를 방어와 공격의 상태에서 벗어나게 하는 중요한 요소입니다.

솔직히 생물학적 관점에서 성적인 활동은 방어적인 신경계를 진정시키는 역할을 합니다. 개를 예로 들면, 발정 상태의 개를 건드리면 위험한 상황이 될 수 있습니다.

정치적 현실로 인해 부부 접견이 위험한 범죄자에게 주는 보상처럼 보일 수 있으며, 누구도 법을 관대하게 집행하는 모습을 보이고 싶어 하지 않는다는 점은 이해합니다. 그러나 이 같은 접근 방식은 신경계가 작동하는 신경생리학적 측면을 무시하는 것이며, 이는 위험한 범죄자들을 더 위험하게 만들 가능성이 높습니다.

다미주 이론은 외부 세계와 더 많은 접촉을 허용하고, 사랑하는 사람과의 친밀한 접촉을 자주 허용하는 것이 수감자들이 방어적이고 공격적인 상태에 갇히지 않고 감옥의 스트레스를 견디는 데 도움이 된다고 제안합니다.

녹색 시스템은 쓰지 않으면 쇠약해지는 근육과 같아서 훈련이 필요합니다. 이를 돕기 위해 면회는 소음과 혼잡함이 없는 따뜻하고 환영받는 환경에서 이루어져야 하며, 수감자들이 사랑하는 사람들과 물리적으로 함께 있을 기회를 제공해야 합니다. 부부 접견이 아니더라도 접견 시간은 사적이고 친밀하게 느껴져야 합니다.

이는 범죄자에게 보상을 하는 문제가 아니라, 생리적이고 행동적인 면을 조절하는 기본적인 능력을 제공하는 문제입니다.

마지막으로, 저희는 사랑하는 사람의 면회가 수감자의 상호 조절에 도움이 될 수 있지만, 항상 선택할 수 있거나 일반적인 것은 아니라는 점을 인정합니다. 그렇기 때문에 교도소 직원과 당국은 수감자가 안전함을 느끼는 방법을 이해하고 상호 조절을 허용하는 것이 중요합니다.

이는 수감자와의 일대일 또는 최소한 소그룹 상호 작용을 강조함으로써 이루어질 수 있습니다. 직원이 공감하고 경청하고 있다는 느낌을 주는 방식으로 수감자와 대화하면 수감자의 자율신경계가 방어 상태에서 벗어나 진정될 수 있습니다. 또 수감자에게 대규모 그룹의 역학 관계에서 분리되는 기회를 제공하는 것도 중요합니다. 이는 단순한 사생활의 문제가 아니라, 생존하거나 적응하기 위해 공격적이거나 방어적인 태도를 취해야 하는 문화에서 벗어날 기회를 주는 것입니다.

수감자들이 상호 조절을 할 수 있는 또 다른 방법은 동물을 활용하는 것입니다. 2019년 프리즌 저널에 발표된 연구에 따르면, 워싱턴주의 한 교도소에서 진행한 반려견 훈련 시범 프로그램이 수감자의 공감 능력, 자기 효능감, 불안감에 도움이 되었다고 합니다.[5] 반려동물에게 기대 위로를 받아 본 적이 있는 사람이라면 이해할 수 있을 것입니다.

독방 감금

5장에서는 인간이 사회적 상호 작용을 위해 어떻게 프로그램되어 있는지 이야기했습니다. 이는 생존하고 건강과 정신적 안정을 유지하는 데 필요한 음식이나 물처럼 생물학적으로 필수적인 요소입니다.

이제 독방 감금이라는 주제로 넘어가겠습니다. 독방 감금은 교도소와 구치소에서 종종 사용되는 가혹한 조치입니다.

미국 법무통계국Bureau of Justice Statistics이 2015년에 의뢰한 연구에 따르면, 연방 수감자의 약 20%가 독방을 포함한 '제한적 수용시설restrictive housing'을 경험했습니다. 일부 수감자는 단 며칠만 감금되지만, 어떤 수감자들은 몇 달, 몇 년 혹은 수십 년 동안 독방 감금 상태에 놓이기도 합니다. 같은 연구에 따르면 수감자의 약 10%가 1년 동안 30일 이상 독방에 수감된 것으로 나타났습니다.[6]

독방 감금은 단순히 골치 아픈 수감자를 타임아웃시키는 것이 아닙니다. 다미주 이론 관점에서 볼 때, 독방 감금은 헤아릴 수 없을 만큼 잔인한 경험입니다. 인간의 생존을 위해 다른 인간과의 접촉이 필요하다는 것, 그리고 상호 조절co-regulation이 진정한 생물학적 필수 요소라는 것을 경험적으로 증명하고자 한다면, 독방에 갇힌 수감자에게 어떤 일이 일어나는지 살펴보기만 하면 됩니다. 다른 사람들과 단절된 채 독방에 갇힌 수감자들은 환각, 정신적 붕괴, 통제할 수 없는 분노, 해리, 자살 시도 확률 증가, 심각한 외상 후 스트레스 장애를 경험한다고 보고됩니다.

제[스티븐]가 공동저자로 참여한 프레리 들쥐 관련 연구에서 사회적 고립이 미주신경 조절에 큰 영향을 미친다는 사실이 밝혀졌습니다. 고립으로 인해 프레리 들쥐들에게서 과도한 심박수 반응과 심각한 불안,

행동 조절 능력이 떨어지는 행동적 특성이 나타났습니다.[7] 흥미로운 점은 일반적으로 친밀한 관계를 통해 분비되는 옥시토신이 고립의 부정적인 행동적 · 자율신경적 결과를 예방하는 데 도움이 되었다는 것입니다.[8]

인간 역시 타인의 존재에 의존해 상호 조절을 합니다. 우리의 생물학적 구조와 사회적 구조는 타인과 상호 작용하고 어울리는 것을 기반으로 합니다.

다른 사람들과 잠시라도 단절되면 우리 뇌와 몸은 쇠약해지고 흔들립니다. 이성적으로 생각하거나 갈등을 평화롭게 처리할 능력이 사라집니다.

하지만 단순히 수감자의 건강과 웰빙에 전혀 관심이 없다고 가정해봅시다. 그들을 살인자나 괴물로 보고 동정할 가치가 없다고 생각할 수도 있습니다.

이런 냉정한 관점에 동의하더라도 우리의 공통 목표는 사람, 특히 수감자들을 덜 폭력적이고 덜 괴물로 만드는 것이어야 합니다.

다미주 이론에 따르면 독방 감금은 정반대의 효과를 낳을 것입니다. 현대 교도소에서 사용되는 많은 비생산적인 조치와 마찬가지로, 독방 감금의 증가는 종종 범죄에 강경한 모습을 보이려는 정치적 욕망에서 비롯된 경우가 많습니다.

실제로는 문제를 더 악화시킬 가능성이 큽니다. 문제를 일으킨 수감자에 대한 징벌적 조치로써 독방 감금은 수감자가 더 많은 문제를 일으키게 만들 것입니다.

"글쎄요, 아마도 그들이 범죄를 저지르기 전에
더 많이 생각하게 되겠죠."

다시 한번 말하지만, 그럴 수 없습니다. 독방 감금은 사회성의 녹색 상태에서 벗어나게 하며, 이성적 분석에 필요한 신경 경로에 접근할 수 없게 차단합니다. 독방 감금은 인간을 본능에만 의존하는 동물로 만들어 그들의 행동이 해로운지 바람직한지 분별할 능력을 상실하게 합니다.

어쩌면 수감자 자신이나 다른 수감자들 혹은 교도관의 안전을 위해 수감자를 격리해야 하는 상황도 있을 것입니다. 그러나 처벌의 형태로 독방 감금이 흔하게 사용되는 것은 잔인하고 비생산적인 일이며, 다미주 관점에서 보았을 때 정당화하기 매우 어렵습니다.

교도소에서의 예술과 연극

2002년, 라디오 프로그램 「디스 아메리칸 라이프This American Life」는 미주리주 교도소 수감자들이 햄릿 공연을 준비하고 무대에 오르는 과정을 다룬 에피소드를 제작했습니다.[65]

이 에피소드는 주로 실제 살인범들이 문학 작품을 연기하는 데서 오는 감정과 공연의 층위에 초점을 맞추었습니다. 그러나 다미주 이론의 관점에서 보면, 예술에 참여하는 것이 수감자의 신경계에 어떤 영향을 미치는지 생각하지 않을 수 없습니다.

9장에서 학교에 관한 내용을 다루면서, 예술 수업이 학생들의 수학 실력 향상에 어떻게 도움이 되는지에 논의했습니다. 예술에 참여하는

65) 2002년 8월 9일 방영된 "제5막"(에피소드 번호 218). https://www.thisamericanlife.org/218/act-v(저자 주).

것은 효과적으로 녹색 시스템을 자극하고(이 시스템은 '사용하지 않으면 약해지는' 근육과 같습니다), 학생들이 녹색 시스템의 고차원적인 두뇌 프로세스를 더 쉽게 활용하게 합니다. 이를 통해 학생들은 비판적 사고를 더 잘하고, 거의 모든 다른 과목에서도 정보를 더 잘 흡수하게 됩니다.

또 녹색 시스템은 사고력과 학습 능력을 향상시키는 동시에, 평화롭고 외교적으로 문제를 해결하게 해 줍니다. 녹색 상태에 있을 때 우리는 통제력을 잃거나 폭력적으로 행동하지 않고 스트레스를 더 잘 다룹니다. 학교에서 이루어지는 예술 프로그램이 학생들의 학습에 도움이 되는 것처럼, 이런 프로그램은 재소자들이 평화롭게 행동하도록 도울 수도 있습니다.

이는 교도소와 수감자 모두에게 이득이 될 것입니다.

거의 모든 형태의 예술이 이런 측면에서 효과적일 수 있지만, 연극은 특히 강력한 통로가 될 수 있습니다. 연극은 사회적인 활동이며, 여러 가지 면에서 진정한 형태의 놀이이기 때문입니다(최종 결과물도 연극, 곧 '플레이play'라고 부릅니다). 연극이라는 행위를 통해 어느 한쪽에 갇히지 않고 녹색과 황색 시스템 사이를 원활히 오가는 능력을 기를 수 있습니다. 이것이 많은 형태의 치료가 연기와 역할극을 포함하는 이유입니다. 연극은 자율신경운동 역할을 하며 회복탄력성을 길러 줍니다.

연극은 목소리와 얼굴 근육을 의도적이고 전략적으로 조절하는 것을 포함합니다. 연기를 한다는 것은 표정을 조작하고 목소리의 고저와 운율을 조절하는 것입니다. 이런 기능을 조절하는 데 필요한 뇌신경과 근육 시스템은 녹색 시스템에 대한 접근에 의존합니다. 연기를 한다는 것은 말 그대로 사회 참여 체계Social Engagement System를 연습하는 것이며, 우리가 실제로 필요할 때 더 쉽게 접근하게 해 줄 것입니다.

다미주 이해에 기반한 교도소

현대 교도소의 문제점을 이해했다면, '교도소를 더 나은 곳으로 설계할 방법은 무엇일까?'라는 질문이 떠오를 것입니다.

다미주 이해에 기반한 교도소는 어떤 모습일까요?

여러 면에서 학교, 치료실, 병원 등 공간 설계에 적용되는 동일한 원칙이 교도소에도 적용될 수 있습니다. 목표는 신경계가 안전하다고 느끼고 녹색 상태에 쉽게 접근할 수 있는 환경을 설계하는 것입니다.

이를 위해서는 감각적인 환경에 주의를 기울여야 합니다. 교도소 같은 제도적 환경의 건축은 주로 감시와 청결에 중점을 두는 실용주의적 경향이 있습니다. 그러나 다미주 관점을 반영한 공간에서는 그 환경이 어떤 느낌을 주는지에 초점을 맞춥니다. 목표는 중범죄자를 포함한 모든 사람이 안전하다고 느끼게 만드는 것이어야 합니다.

이 중 상당 부분은 음향을 통해 달성할 수 있습니다. 환풍기 같은 대형 기계에서 발생하는 저주파 소음이나 고음의 비명이 증폭되는 건물 환경은 신경지와 신경계로 하여금 안전하지 않다고 느끼게 합니다. 이런 소음을 완화하는 방법을 찾으면 수감자들의 신경계가 끊임없는 경계 상태에서 벗어나 진정될 수 있습니다. 이 같은 방법으로 교도소의 모든 문제가 해결되지는 않겠지만, 의외로 쉽게 놀라운 효과를 낼 수도 있습니다.

교도소 내의 사생활 문제도 있습니다. 수감자들에게 사생활이 거의 허용되지 않는 데는 실제적인 안전상의 이유가 있다는 점을 이해합니다. 그러나 여기에 실질적인 대가가 따른다는 점도 인정해야 합니다. 생물학적 관점에서 인간은 안전하고 사적인 장소에서 식사하고 소화하고 잠을 잘 필요가 있습니다. 이러한 신체 기능은 해부학적 차원에서 녹색 시스템과 연결되어 있습니다.

안전감과 사생활의 느낌이 없으면, 우리 몸은 방어 상태를 완전히 해제하지 못합니다. 그 대신 신경계와 신체 시스템은 항상 '켜진 상태'로 환경에서 위협의 징후를 찾기 위해 경계를 유지하며 주위 환경을 끊임없이 스캔합니다. 이런 상태는 우리를 지치게 하고, 건강에 해로우며, 더 공격적이고 충동적으로 행동하게 만듭니다.

자율신경계의 주요 역할은 적절한 신체 시스템에 자원을 공급하는 것입니다. 안전하다고 느끼면 우리 몸은 사회적이며 신체적으로 회복하는 시스템을 활성화합니다. 반면 위협을 느끼면 방어적이거나 공격적인 모드로 전환합니다. 우리 몸은 물리적으로 이 두 가지를 동시에 수행할 수 없습니다.

신경계가 두 가지 중 하나를 즉각적으로 선택하는 방식으로 이 현상을 이해해 보면, 즉 안전하다고 느끼는 사람은 사회적이고 차분하게 행동하고, 위협을 느끼는 사람은 충동적이고 공격적으로 반응한다는 점에서, 우리가 수감자들을 대하는 방식의 거의 모든 측면을 다시 생각해 볼 수밖에 없습니다.

결국 말하고자 하는 바는 폭력과 범죄를 줄이는 것이 목표라면, 수감자들이 '안전하다고 느끼게 만드는 것'이 오히려 우리 모두의 안전을 지키는 길이 될 수 있다는 점입니다

에필로그

다미주 이론과 함께 살아가는 삶

하루가 멀다 하고 저[스티븐]는 자신의 다미주 이야기를 공유하고자 하는 사람들에게 메시지를 몇 통씩 받습니다.

임상 전문가, 트라우마 생존자, 건축가, 회복 중인 중독자, 초등학교 교사, 요가 강사, 죄수, 목사 등 다양한 배경의 사람들이 메시지를 보냅니다.

제 아이디어가 이렇게 다양한 분야의 많은 사람 사이에서 받아들여지고 있는 것은 놀랍고 겸허해질 수밖에 없는 경험입니다.

또한 많은 깨달음을 줍니다.

아이디어를 제안하는 것과 사람들이 그 아이디어를 자신의 삶과 경험에 적용하는 것을 보는 것은 전혀 다른 이야기입니다. 이러한 대화를 통해 저는 다미주 이론에 대한 이해를 지속적으로 확장해 가고 있으며, 이 이론이 도전적이고 예측할 수 없는 세상을 살아가는 삶의 현실을 어떻게 설명하고, 인정하며, 희망을 제시할 수 있는지 탐구하고 있습니다.

이를 위해, 이 책의 마지막 몇 장은 학교와 직장 같은 실제 상황 및 기관과 관련해 다미주 관점을 다루었습니다. 이 장들이 도움이 되었기를 바라지만, 솔직히 말하면 이 장들의 진짜 목적은 특정 사례들에 관한 것이 아닙니다.

오히려 몇 가지 특정 상황에 대해 다미주 관점을 제시함으로써 인간 두뇌의 패턴 인식 능력을 자극하고, 이를 통해 여러분이 자신의 경험과 삶에 이 원칙이 어떻게 적용될 수 있을지 스스로 결론을 내리도록 돕고자 하는 것입니다.

다미주 이론을 완전히 설명하려면 신경해부학과 진화론적인 설명이 필요하지만(모든 과학적인 내용을 잘 따라와 주셔서 감사합니다), 그 핵심 아이디어는 간단합니다. 이 책의 첫 페이지에 단 한 문장으로 이렇게 요약했습니다.

> "우리가 얼마나 안전하다고 느끼는지가
> 우리의 신체적 · 정신적 건강과 행복에 결정적인 영향을 미칩니다."

이 책은 안전하다고 느끼는 것의 변용적인 힘에 관해 이야기했습니다. 이런 이해와 함께 매우 간단한 행동 지침을 제시합니다.

> "어떻게 하면 우리 자신과 다른 사람들이
> 안전하다고 느끼게 할 수 있을까요?"

이 질문에 답하는 것이 바로 다미주 이론을 알고 이에 기반한 삶을 사는 것의 핵심입니다.

그러한 의미에서 이 책을 마무리하며 다미주 이론에 담긴 몇 가지 원칙을 간략하게 정리하고자 합니다. 이는 누구든 자신의 상황이나 경험에 관계없이 더 행복하고 더 건강하며 더 의미 있는 삶을 살기 위한 청사진이 될 것입니다.

아래의 모든 내용은 책 곳곳에서 자세히 다루었으니, 이 부분을 일종의 요약본처럼 참조하세요. 언제든 다미주 이론을 상기할 필요가 있을 때 도움이 될 것입니다.

- 안전하다고 느낄 때 우리 몸은 사회적 연결, 건강, 성장, 회복을 위해 최적화된 방식으로 변합니다. 이것이 바로 항상성의 치유 상태입니다.
- 안전하지 않다고 느끼거나 위협받거나 조절이 곤란한 상태에서 우리 몸은 즉각적인 생존을 위해 최적화된 방어 시스템을 활성화해 대응하지만, 이는 치유와 성장 그리고 회복 능력을 방해합니다.
- 안전하지 않다고 느끼거나 위협을 받거나 조절이 곤란한 상태에서 우리 몸은 이런 느낌을 없애기 위해 본능적으로 어떤 조치든 취하려고 합니다.
- 안전하다고 느낄 기회가 박탈되면, 정신적 · 신체적 건강은 물론이고 인간 경험의 많은 측면이 악화됩니다.
- 현대 사회에서는 많은 사람들이 안전하다고 느낄 기회를 거의 박탈당하고 있습니다. 이는 불안, 트라우마, 스트레스, 감정 조절 문제 및 건강 악화로 나타납니다.
- 안전하다고 느끼든 안전하지 않다고 느끼든, 이는 주변 사람들에게 전해지며 자녀에게도 그대로 전달됩니다.
- 우리의 자율신경 상태는 주변 사람들의 감정과 반응에 영향을 주

고, 또 동시에 그들의 상태 역시 우리에게 메아리처럼 되돌아옵니다. 이처럼 우리는 서로의 감정과 신경 상태를 비추고 반사하며, '자율신경의 반향실autonomic echo chamber' 속에서 상호 영향을 주고받습니다.

- 자율신경 상태와 느낌은 중재 변수로 작용해 우리의 행동과 감각적 경험 그리고 행복과 건강할 수 있는 능력에 편향을 주고 변화를 일으킵니다.
- 음향과 미학을 포함한 감각적 환경은 신경지를 통해 자율신경 상태와 느끼는 방식, 그리고 신체가 작동하는 방식을 변화시키는 강력한 도구가 될 수 있습니다.
- 신경지는 위협과 안전에 대한 외부 신호에 의해 자동적으로 이루어지는 과정으로, 의식적으로 통제할 수 있는 범위를 벗어납니다. 그러나 이에 대한 우리의 반응을 통해 정보를 얻을 수 있으며, 이를 바탕으로 무엇이 안전하거나 안전하지 않다고 느끼게 하는지에 대한 지식을 활용해 세상을 탐색할 수 있습니다.
- 트라우마는 심리적인 것만이 아닙니다. 트라우마는 생리적인 것이기도 하며, 신체에 실질적인 변화를 일으킬 수 있습니다.
- 우리는 모두 타고난 회복탄력성의 수준이 다릅니다. 같은 사건이 어떤 사람에게는 깊은 트라우마가 될 수 있지만, 어떤 사람에게는 거의 영향을 미치지 않을 수도 있습니다.
- 많은 정신적 · 신체적 진단은 신경계가 안전하지 않다고 느끼는 쪽으로 편향된 상태로 특징지어질 수 있습니다.
- 많은 사람들은 인간은 위협에 항상 도망치거나 싸우는 방식으로 대응한다고 생각합니다. 하지만 실제로 몸이 위협을 느낄 때 종종 얼어붙거나, 해리되거나, 셧다운되기도 합니다. 이런 반응은 자율

적인(자동적인) 것으로, 의식적인 통제 밖에서 이루어집니다.

- 안전하다고 느끼는 것은 좋은 삶을 살고 다른 사람들과 유대감을 형성하는 데 필수적입니다.
- 안전하다고 느끼는 것은 몸을 치유할 수 있는 상태로 만들어 정신적 · 신체적 건강 모두에 대한 치료적 개입을 지원할 수 있습니다.
- 안전하다고 느끼는 것은 학습, 휴식, 재활, 생산성 향상에 도움이 됩니다. 이는 학교, 병원, 진료소, 중독 재활 센터, 직장 환경, 교도소 등의 기관을 설계하는 방법에 영향을 줄 수 있습니다.
- 위협을 느낄 때 우리는 다른 사람에게 안전하다는 느낌을 전달하기가 어렵습니다.
- 우리가 누군가를 위협적으로 느낄 때, 그 사람 역시 자신의 안전이 위협받고 있다고 느끼는 경우가 많습니다.
- 그리고 우리는 그런 사람에게 본능적으로 방어적인 반응을 보이면서, 오히려 그 사람이 더 위협을 느끼고 우리에게 더욱 공격적으로 반응하게 되는 악순환을 만들곤 합니다.
- 안전하다고 느끼고 다른 사람에게 안전을 표현하기 위해서, 우리 몸은 방어 시스템을 진정시켜야downregulate 합니다.
- 우리 몸은 신경 브레이크 역할을 하는 미주신경을 사용해 이 같은 방어 시스템을 하향 조절함으로써 안전 상태에 들어갑니다.
- 미주신경은 발성, 표정, 듣는 능력 같은 사회적 행동을 조절하는 뇌간 부위에 연결되어 있습니다. 따라서 안전하다고 느낄 때만 이런 사회적 행동을 온전히 발휘할 수 있습니다.
- 안전한 사회적 행동은 미주신경을 효과적으로 자극해 우리를 진정시키고 방어 시스템을 가라앉히는 역할을 합니다.
- 우리 몸은 사회적 행동, 타인과 유대를 통한 상호 조절을 통해 방

어 시스템을 조절하여 진정시키고, 몸이 안전하다고 느끼며 회복할 수 있도록 돕습니다.

- 이 같은 사회적 행동의 필요는 우리의 진화적 역사와 DNA에 내재해 있으며, 사회와 문화 거의 모든 측면을 이해하는 데 도움이 됩니다.
- 건강한 관계나 상호 조절의 기회가 없으면 방어 시스템을 진정시킬 다른 방법을 찾게 됩니다. 이는 종종 중독적인 물질과 행동의 형태로 이어집니다.
- 안전하다고 느끼지 못하면 비판적 사고에 필요한 고차원적인 뇌 기능에 접근할 수 없습니다. 이는 왜 정치인과 언론이 사람들에게 불안감을 조성하는지를 설명해 줍니다.
- '놀이'라는 행위는 신경 훈련으로 볼 수 있습니다. 이를 통해 우리는 방어를 위한 신체 활성화 시스템을 활용하되, 공격적으로 변하거나 그 상태에 갇히지 않고 조절할 수 있게 됩니다.
- 사회적 행동과 놀이를 일, 학교 같은 활동에 접목함으로써 창의적이고 생산적이며 행복한 상태를 가능하게 하는 고차원적인 뇌 기능에 더 잘 접근할 수 있습니다.

우리 모두 서로에게, 그리고 자기 자신에게 안전한 존재가 되도록 노력합시다.

감사의 말

스티븐 포지스

다미주 이론은 거의 30년 전의 제 연구에서 비롯되었습니다. 이 이론은 1994년 10월 8일 조지아주 애틀랜타에서 열린 정신생리연구학회의 회장 취임 연설에서 처음 발표되었습니다. 당시에는 이 이론이 학문적 연구 영역을 넘어 임상, 교육, 비즈니스, 의학 등 이렇게 많은 다양한 분야에서 받아들여질지 몰랐습니다. 저는 이 이론을 연구 커뮤니티 내에서 검증할 수 있는 가설을 위한 구조로 구상했습니다. 초기 예상과는 달리 이 이론은 과학의 여러 분야에 걸쳐 다학제적으로 영향을 미쳤고, 수천 건의 동료 심사 논문에서 인용되었습니다. 그러나 이 이론의 주된 영향은 신경생리학적 설명을 통해, 특히 트라우마 경험을 가진 사람들이 개인의 신체적 경험을 이해하게 하는 데 있습니다. 이 이론은 이들에게 생명의 위협에 대한 반응으로 그들의 몸이 어떻게 비자발적이고 적응적으로 재조율되었는지를 이해하는 틀을 제공하며, 그로 인해 안전한 상태로 돌아갈 회복력을 상실하게 되었음을 설명합니다.

다미주 이론은 연결과 신뢰에 대한 인간의 핵심적인 본질적 욕구를 탐구하는 여정으로 이끌었습니다. 저는 사회성이 말 그대로 우리의 신경계를 풍요롭게 하고, 건강, 성장, 회복을 최적화하는 데 중요한 '신경조절제neuromodulator' 역할을 한다는 것을 배웠습니다. 이 여정은 실험을 통한 발견의 길에서, 역경을 경험한 사람들의 목소리를 듣는 여정으로 옮겨졌습니다. 따라서 정신 건강, 교육, 사회적 영역에서 다미주 이론의 의미는 경험을 공유한 이들의 증언이 없었다면 드러나지 않았을 것입니다. 이들은 안전과 생존을 위해 자신들의 신경계가 영웅적인 반응을 보였다는 사실을 다미주 이론을 통해 비판 없이 이해할 수 있었다고 말해 주었습니다. 저는 그들이 들려준 회복 이야기의 힘을 인정하고 감사하게 생각합니다. 행동과 신경생리학적 상태는 기본적인 뇌간의 메커니즘에 의해 좌우되지만, 다미주 이론을 이해함으로써 의식적이고 의도적인 상위의 뇌 회로가 자신의 경험에 의미를 부여할 수 있다는 것을 제게 가르쳐 주었습니다.

역경을 겪은 생존자들과의 경험은 다미주 이론의 특징을 전달하는 것이 얼마나 중요한 역할을 하는지 다시금 일깨워 주었습니다. 그들의 피드백에 따르면, 다미주 이론을 알게 된 것이 자기 이해로 이어지는 중요한 변용적 순간이었다고 합니다. 어쩌면 다미주 이론은 인간이 상호 조절의 두 가지 영역에 더 쉽게 접근하도록 돕는 심리교육적 요소를 제공하고 있었는지도 모릅니다. 이 두 가지 영역은 뇌와 신체 간의 양방향 소통, 생물학적-행동적 양방향 상호 조절입니다. 이 영역들은 건강과 사회성의 근본적인 기초를 형성합니다. 이것이 바로 이 책의 주된 초점이자 명분인 '소통'이라는 주제로 이끕니다.

과학자로서 저는 수십 년간 과학적 언어로 글을 작성하는 데 익숙했습니다. 이는 대상 독자가 특정 분야의 과학자로 제한되어 있을 때 효과적입니다. 하지만 다미주 이론처럼 여러 학문 분야를 아우르는 다학제적 연구에서는 더 어려워집니다. 저는 다미주 이론의 과학적 용어를 임상 및 실무 현장에 맞게 풀어내려고 노력했습니다. 과학적 기초를 견고히 하면서도 동시에 다른 사람들(정신 건강전문가, 의료서비스 제공자, 비즈니스 관리자 등)이 쉽게 이해하고 적용할 수 있는 언어로 풀어내는 것은 어려운 작업이었습니다. 이 책은 그런 작업에 대한 저희의 응답이며, 제 아들 세스가 가진 글쓰기와 소통에 대한 재능을 인정하는 책입니다. 이 책에서 볼 수 있듯이, 세스는 복잡한 개념을 쉽게 이해할 수 있는 언어로 풀어내는 특별한 능력을 가지고 있습니다. 세스와 협업하면서 다미주 이론에 대한 그의 깊은 이해에 감탄하고, 이 이론에 어떻게 이렇게 능통해졌는지 궁금해졌습니다.

다미주 이론은 많은 분의 도움과 헌신이 없었다면 발전하지 못했을 것입니다. 트라우마 전문가들이 다미주 이론에 관심을 가져 주었기에 이 이론이 트라우마 치료에 이바지할 수 있었습니다. 특히 세 분의 트라우마 선구자 피터 레빈**Peter Levine**, 베셀 반 데어 콜크**Bessel van der Kolk**, 팻 오그던**Pat Ogden** 덕분입니다. 트라우마의 파괴적인 영향을 이해하고 재활하기 위한 여정에서 저를 환영해 준 그들의 관대함과 제 작업에 미친 영향력에 기꺼이 감사드립니다. 연구에 대한 그들의 열정과 학습에 대한 헌신, 그리고 트라우마를 경험하고 회복하는 과정을 이해하려는 열정 덕분에 다미주 이론이 그들의 트라우마 치료 모델에 통합될 수 있었습니다.

마지막으로, 제 아내이자 세스의 어머니인 수 카터**Sue Carter**에게 감사드립니다. 수는 수십 년 동안 다미주 이론의 아이디어를 함께 나누며 제 연구에 크게 이바지했습니다. 그리고 사회적 유대에서 옥시토신의 역할을 밝혀낸 획기적인 연구로 제 사고의 방향을 정하는 데 중요한 역할을 했습니다. 수의 지속적인 지원과 사랑 그리고 지적인 호기심이 없었다면 다미주 이론은 발전하지 못했을 것입니다. 또 그녀의 헌신적인 사랑과 모성애가 세스를 빛나게 해 주었고, 제가 '충분히 괜찮은good enough' 아버지가 될 수 있도록 도와주었습니다. 이 책은 진정 그녀의 지원과 사랑의 산물입니다.

짐작하시겠지만, 저희 가정은 사회성의 신경과학, 특히 자율신경계와 옥시토신 및 바소프레신이라는 신경펩타이드에 초점을 맞춘 지적 인큐베이터 역할을 했습니다. 이 문화 안에 또 한 명의 포지스가 있습니다. 에릭입니다. 에릭은 세스의 형제이며, '가업'을 이어받기로 하고 플로리다대학교에서 신경과학자로 활동 중입니다. 에릭은 미주신경 자극이 PTSD 증상을 완화하는 방법을 연구하고 있습니다. 최근에는 귀에 있는 미주 구심성 신경을 자극하는 비침습적 장치를 개발해 특허를 냈습니다. 이처럼 가족이 모두 지적 호기심을 통한 탐구와 발견의 문화 속에서 의미를 찾고 있으며, 이 문화가 우리 가족에게 큰 영향을 주었습니다.

마지막으로, 편집자 데보라 말머드Deborah Malmud에게 특별한 감사를 전합니다. 그녀는 이 책의 아이디어를 진심으로 반겨주었고, 우리의 원고가 다미주 이론을 담아낼 수 있는 하나의 매개체로 거듭나도록 함께 작업해 주었습니다. 이 책이 노튼 출판사의 점점 더 확장되고 있는 다미주 이론 서가에 더해지게 되어 기쁘게 생각합니다.

세스 포지스

이 책의 서두에서 신경해부학과 복잡한 용어를 걷어 내면, 다미주 이론은 본질적으로 결국 하나의 세계관이라고 했습니다. 이는 우리가 자기 삶의 경험을 설명하고, 다른 사람들의 경험을 이해하는 렌즈가 되어 줍니다.

세상을 바라보는 방식으로서 다미주 이론은 낙관과 희망의 시각을 제시합니다. 사랑과 사회적 행동 그리고 자신과 주변 사람들을 돌보는 것이 바로 고통스럽고 분열된 세상에서 벗어날 수 있는 길임을 알려 줍니다. 친구나 반려동물과 즐거운 시간을 보낼 권리를 허락해주고, 우리 모두 연결되어 있으며, 이 같은 본질적 진리를 외면해서는 안 된다는 것을 일깨워 줍니다. 그리고 우리가 사랑하는 사람들, 그리고 우리를 사랑하고 안전하게 느끼게 해 주는 사람들로부터 오는 안전감과 상호 조절을 소중히 여기게 합니다.

이 모든 말을 통해 제가 전하고 싶은 것은, 어느 작가에게나 책을 출간하는 데서 오는 카타르시스와 자부심이 있겠지만 이 작업을 아버지와 함께 할 수 있었다는 사실이 그 감정을 몇 배나 더 크게 만들었다는 점입니다.

그래서 무엇보다도 제 아버지, 포지스 박사님께 감사드리고 싶습니다. 저에게 단순히 생명을 준 것뿐 아니라, 좋은 삶을 선물해 주셨습니다. 제 커리어에서 이번 협업만큼 자랑스러운 일은 없을 것입니다.

이 책은 정해진 인터뷰나 저자 간의 교류가 아니라, 수년간의 저녁 식사 대화 속에서 서서히 만들어진 독특한 협력적 산물이라고 할 수 있습니다. 포지스 박사(제가 '아빠'라고 부르는)는 우리가 항상 따라잡으려고 노력하게 되는 그런 분입니다. 이 책이 사랑 가득한 아버지이자 탁월한 사상가인 분께 바치는 하나의 기념비가 되기를 진심으로 바랍니다.

또한 우리 가족(수, 엘사, 에릭, 제니, 미나)과 친구들, 동료들, 협력자들, 그리고 함께해 준 모든 분에게도 감사를 전합니다. 만약 이 책이 저자들의 경험만을 반영했다면, 아마 지루하고 쓸모없었을 것입니다. 자신의 과거와 고통 그리고 기쁨을 기꺼이 공유해 준 많은 분께 전하고 싶은 말이 있습니다. 여러분의 살아 있는 경험이 이 책을 완성한 퍼즐 조각이 되었습니다.

감사합니다.

용어집

참고: 용어집은 해당 주제에 관해 더 기술적이거나 과학적인 정보를 원하는 독자를 위한 것입니다. 따라서 이 책의 다른 부분보다 전문 용어를 더 많이 포함합니다.

계통발생적 위계(Phylogenetically ordered hierarchy)
다미주 이론은 자율신경계의 구성 요소들이 도전받을 때, 계통발생적으로 더 새로운 회로가 먼저 반응하는 위계 질서를 따른다고 제안합니다. 이 같은 반응 순서는 잭슨의 해체 원리와 일치하며('해체' 참조), 이는 진화의 역순으로 진행됩니다. 기능적으로 반응은 유수 배쪽미주신경, 교감신경계, 무수 등쪽미주신경순으로 진행됩니다.

계통발생학(Phylogeny)
계통발생학은 종의 진화적 역사를 설명하는 과학입니다. 과학으로서 계통발생학은 진화 기반 방법을 통해 유기체의 분류군을 정의합니다. 다미주 이론에서는 특히 원시 멸종 파충류에서 포유류로 전환에 초점을 맞춰 척추동물 사이에서 자율신경 기능의 계통발생적 전환에 관심을 둡니다.

고립로핵(Nucleus of the solitary tract)
고립로핵은 뇌간에 위치하며, 미주신경의 주요 감각신경핵으로 기능합니다.

교감신경계(Sympathetic nervous system)
교감신경계는 자율신경계의 두 가지 주요 부분 중 하나입니다. 교감신경계는 몸 전체의 혈류를 증가시켜 움직임을 지원하는 기능을 합니다. 다미주 이론에서는 심박출량을 증가시켜 운동, 싸움/도주 행동을 지원하는 교감신경계의 역할에 중점을 둡니다.

구심성 미주신경(Vagal afferent)
미주신경섬유의 약 80%는 구심성(감각) 신경섬유입니다. 대부분 미주감각섬유는 내부 기관에서 시작해 뇌간의 고립로핵으로 들어갑니다. 참고로, 의학 교육과정에서는 구심성 미주신경에 대해 매우 제한적인 이해만을 제공합니다. 이로 인해, 의료적 처치에서는 치료 대상 기관에서 뇌로 전달되는 피드백이 미칠 수 있는 영향을 거의 고려하지 않습니다. 하지만 이러한 감각 피드백을 변화시키는 것은 정신적 · 신체적 건강 모두에 영향을 미칠 수 있습니다[예: 미주신경 자극(vagal nerve stimulation)].

내수용감각(Interoception)
내수용감각은 신경계가 신체 내부의 상태를 무의식적으로 감지하고, 때로는 의식적으로 느끼는 과정을 의미합니다. 다른 감각 시스템과 마찬가지로 내수용감각은 네 가지 구성 요소로 이루어져 있습니다. (1) 내부 환경의 변화를 감지하는 내부 기관에 위치한 감각 수용기, (2) 기관에서 뇌로 정보를 전달하는 감각 경로, (3) 전달된 정보를 해석하고 변화하는 내적 상태에 따라 기관의 반응을 조절하는 뇌 구조, (4) 뇌에서 기관으로 정보를 전달해 기관의 상태를 변화시키는 운동 경로입니다. 다미주 이론에서 내수용감각은 생리적 상태 변화에 대한 신호를 뇌로 전달하는 과정이라고 설명합니다(Porges, 1993 참조). 위험 또는 안전과 관련된 단서가 감지되는 상황에서는, 신경지가 먼저 무의식적으로 그 단서를 평가하고, 그 결과로 나타나는 생리적 반응을 내수용감각이 감지하여 뇌로 전달하게 됩니다. 즉, 내수용감각은 신경지의 다음 단계에서 작동하며, 몸의 반응을 자각하거나 감정으로 인식하는 데 중요한 역할을 합니다. 내수용감각은 신체 반응에 대해 의식적으로 알아차리게 할 수 있으며, 이와 대조적으로 신경지는 의식적 인식의 영역 밖에서 발생합니다.

내장운동(Visceromotor)
내장운동 신경은 자율신경계 내의 운동 신경으로 뇌간에서 시작해 평활근과 심근 및 분비샘을 조절합니다.

뇌신경(Cranial nerves)
척수의 분절에서 나오는 척수 신경과 달리 뇌신경은 뇌에서 직접 나옵니다. 뇌신경은 일반적으로 운동 경로와 감각 경로를 모두 포함하는 기능적 통로입니다. 인간에게는 12쌍의 뇌신경(I-XII)이 있는데, 후각 신경(olfactory nerve, I), 시신경(optic nerve, II), 동안신경(oculomotor nerve, III), 활차신경(trochlear nerve, IV), 삼차신경(trigeminal nerve, V), 외전 신경(abducense nerve, VI), 안면 신경(facial nerve, VII), 전정와우 신경(vestibulocochlear nerve, VIII), 설인 신경(glossopharyngeal nerve, IX), 미주신경(vagus nerve, X), 부신경(accessory nerve, XI), 설하 신경(hypoglossal nerve, XII)입니다. 여러 내장 기관과 감각 및 운동 경로를 제공하는 미주신경 외에 다른 뇌신경은 주로 머리와 목 부위

에서 정보를 전달합니다.

등쪽미주복합체(Dorsal vagal complex)

등쪽미주복합체는 뇌간에 위치하며, 미주 등쪽운동핵과 고립로핵이라는 두 개의 핵으로 구성됩니다. 이 영역은 미주신경의 감각 경로를 통해 내장 기관으로부터 들어오는 감각 정보를 고립로핵에서 통합하고 조정하며, 이 감각 정보는 미주신경의 등쪽 운동핵에서 기원하는 운동 신호로 내장 기관에 전달됩니다. 고립로핵과 미주 등쪽운동핵 모두 특정 내장 기관과 연관된 특정 영역이 있는 장기특이적(viserotropic) 조직으로 구성되어 있습니다. 이 핵에서 나오는 운동 경로는 주로 횡격막하 기관들에서 끝나는 무수 미주신경 경로를 제공합니다. 그러나 일부 무수 미주신경 경로는 심장이나 기관지 같은 횡격막상 기관으로 갈 수도 있습니다. 이는 조산아의 서맥을 유발하는 기전일 수 있으며, 천식과도 잠재적으로 관련이 있습니다. 미주 등쪽운동핵에서 기원하는 미주신경 경로는 다양한 출판물에서 등쪽미주[혹은 배측(背側)미주], 횡격막하 미주, 무수 미주, 식물성 미주 등으로 언급됩니다.

의문핵(Nucleus ambiguus)

의문핵은 배쪽미주신경의 운동섬유에서 기원하는 핵으로, 뇌간에서 등쪽미주운동핵의 앞쪽에 위치합니다. 의문핵의 세포는 세 가지 뇌신경(설인신경, 미주신경, 부신경)에 연결된 운동 뉴런을 포함하고 있으며, 체성 운동 경로를 통해 인두, 후두, 식도 상부 및 목의 횡문근을 조절하고, 유수 배쪽 미주신경 경로를 통해 기관지와 심장을 조절합니다.

미주신경(Vagus)

미주신경은 10번째 뇌신경(CN X)입니다. 미주신경은 자율신경계의 부교감신경 분지의 주된 신경입니다. 미주신경은 의문핵과 등쪽 운동핵에서 기인한 운동 신경 경로와 고립로핵에서 끝나는 감각신경 경로를 모두 포함하는 통로 역할을 합니다. 미주신경은 목, 흉부, 복부를 포함한 몸 전체의 구조와 뇌간 영역을 연결합니다. 다미주 이론에서는 척추동물의 자율신경계의 계통 발생적 변화를 강조합니다. 또한 포유류가 출현하면서 생겨난 미주신경의 운동신경 경로의 독특한 변화에 초점을 맞춥니다.

미주신경 브레이크(Vagal brake)

미주신경 브레이크는 미주신경 경로가 심장에 미치는 억제적 영향을 의미하며, 이는 심장의 고유 박동 속도를 느리게 합니다. 미주신경이 심장에 더 이상 영향을 미치지 못하면, 교감신경 자극 없이도 심박수가 자발적으로 증가합니다. 건강한 젊은 성인의 고유 심박수는 분당 약 90회로 알려져 있지만, 실제 안정시 심박수는 이보다 더 느린데, 이는 미주신경이 작동하며 '미주신경 브레이크' 역할을 하기 때문입니다. 미주 브레이크는 심장 박동기에 대한 미주신경의 영향을 활성화하거나 해제하는 역할을 합니다. 미주 브레이크는 배쪽미주에서 유래한 유수 미주신경섬유를 통해 매개되는 것으로 추정합니다. 반면, 무수 미주신경섬유가 조산아에서 임상적 서맥을 매개하는 것으로 보이지만, 이 과정은 미주신경 브레이크 개념으로 설명되지 않습니다. 따라서 임상적 서맥을 논의할 때는 보호적인 배쪽미주신경의 작용과는 다른 미주신경 메커니즘 때문임을 명확히 해야 합니다.

미주신경의 역설(Vagal paradox)

미주신경이 내장 기관에 미치는 일반적인 영향은 보호적인 것으로 여겨져 왔습니다. 그러나 미주신경의 영향으로 치명적인 심정지를 일으킬 수 있고, 실신이나 배변을 유발할 수도 있습니다. 이러한 반응은 종종 공포와 연관되며, 미주신경에 의해 매개됩니다. 이 같은 미주신경 역설은 미숙아 연구에서 처음 관찰되었습니다. 이 연구에서 호흡동성부정맥은 보호적인 역할을 했지만, 서맥은 잠재적으로 치명적일 수 있었습니다. 이는 두 반응 모두 미주신경 메커니즘에 의해 매개되기 때문에 역설적인 상황을 만들어 냈습니다. 이 모순은 이러한 반응이 서로 다른 미주신경 경로에 의해 발생한다는 다미주 이론의 도입으로 해결되었습니다.

미주신경 톤(Vagal tone)
미주신경 톤이라는 개념은 일반적으로 심장에 대한 유수 배쪽미주신경 경로의 더 지속적인 영향과 관련이 있으며, 종종 호흡동성부정맥의 진폭으로 측정됩니다.

발생학(Ontogeny)
발생학은 유기체의 생애에 걸쳐 기원과 발달을 연구하는 학문입니다.

배쪽미주복합체(Ventral vagal complex)
배쪽미주복합체는 심장, 기관지, 얼굴과 머리의 횡문근의 조절에 관여하는 뇌간의 한 영역입니다. 구체적으로 이 복합체는 내장운동 경로를 통해 심장과 기관지를 조절하는 의문핵, 삼차 신경과 안면 신경의 핵, 그리고 특수내장 원심성 경로를 통해 저작근 및 중이, 얼굴, 후두, 인두, 목의 근육을 조절하는 것으로 구성됩니다.

부교감신경계(Parasympathetic nervous system)
부교감신경계는 자율신경계의 두 가지 주요 부분 중 하나입니다. 이 시스템의 주요 신경 경로는 미주신경이며 건강, 성장 및 회복을 지원합니다. 그러나 다미주 이론에서는 생명이 위협받는 특정 상황에서는, 평소에는 항상성과 건강을 유지하는 데 기여하던 일부 미주신경 경로가 오히려 방어적으로 반응하여, 건강과 관련된 기능을 억제할 수 있다는 점을 강조합니다.

사회 참여 체계(Social Engagement System)

사회 참여 체계는 얼굴과 머리의 근육 움직임을 통해 사회적 상호 작용 중 안전 신호를 표현하고 수신할 수 있는 양방향 시스템입니다. 이 시스템은 체성운동 요소와 내장운동 요소로 구성됩니다. 체성운동(somatomotor) 요소는 얼굴과 머리의 횡문근을 조절하는 특수 내장 원심성 경로를 포함합니다. 내장운동(visceromotor) 요소는 심장과 기관지를 조절하는 유수 횡격막상 미주신경과 관련이 있습니다. 기능적으로 사회 참여 체계는 심장과 얼굴 및 머리의 근육을 조절하는 심장-얼굴 연결에서 비롯됩니다. 이 시스템의 초기 기능은 빨기, 삼키기, 호흡 및 발성을 조절하는 것입니다. 생애 초기에 이 시스템의 비정상적인 조정은 이후 사회적 행동과 정서 조절에 어려움이 발생할 가능성을 나타내는 하나의 지표가 됩니다.

상호 조절(Co-regulation)

다미주 이론에서 상호 조절은 개인 간의 생리적 상태를 상호적으로 조절하는 것을 의미합니다. 예를 들어, 엄마와 영아의 관계에서는 엄마만 아기를 진정시키는 것이 아닙니다. 아기가 엄마의 목소리, 표정, 몸짓에 반응해 이완하고 진정되면, 이는 역으로 엄마를 진정시키는 효과를 냅니다. 엄마가 아기를 진정시키지 못하면, 엄마의 생리적 상태도 조절되지 않습니다. 상호 조절은 가족 같은 그룹으로 확장될 수도 있습니다. 예를 들어, 가족 구성원의 사망했을 때 다른 가족이 애도하는 사람의 생물행동적 상태를 지지해 주는 존재가 될 수 있습니다.

생물학적 필수 요소(Biological imperative)

생물학적 필수는 생명체가 자신의 존재를 지속시키는 데 필요한 욕구를 의미합니다. 여기에는 생존, 영역, 적응력, 번식 등이 포함됩니다. 다미주 이론은 타인과 연결이 인간에게 중요한 생물학적 필수 요소라는 점을 강조합니다. 다미주 이론에 따르면, 연결을 통해 생리적 상태가 상호 조절되어 정신적 · 신체적 건강을 최적화할 수 있다고 강조합니다. 이 이론은 사회 참여 체계가 연결과 상호 조절을 시작하고 유지하는 데 중요한 역할을 한다고 설명합니다.

식물성 미주신경(Vegetative vagus)
'등쪽미주복합체'를 참조하세요.

신경 기대치(Neural expectancy)
다미주 이론에서 신경 기대치는 자발적인 사회적 참여 행동에 대한 상호적인 반응을 기대하는 신경계에 내재된 성향을 말합니다. 신경 기대치는 사회적 상호 작용, 유대감, 신뢰를 촉진합니다. 신경 기대치가 충족되면 평온한 상태가 유지됩니다. 그러나 기대치가 충족되지 않으면, 방어적인 생리적 상태가 유발될 수 있습니다.

신경 훈련(Neural exercise)
다미주 이론에서는 생리적 상태를 조절하게 해 주는 특정 신경 훈련에 초점을 맞춥니다. 이 이론에 따르면 사회적 상호 작용을 통해 생리적 상태를 일시적으로 혼란시켰다가 회복하도록 구성된 신경 훈련은 회복탄력성을 키워 줍니다. 까꿍 놀이는 부모가 아이에게 자주 하는 신경 훈련의 한 가지 예입니다.

생리적 상태(Physiological state)
'자율신경 상태'를 참조하세요.

신경지(Neuroception)
신경지는 신경계가 의식하지 않고도 위험을 평가하는 과정입니다. 자동으로 일어나는 이 과정은 안전, 위험 및 생명의 위협에 대한 단서를 평가하는 뇌 영역과 관련이 있습니다. 신경지를 통해 이런 신호가 감지되면, 생리적 상태가 생존을 최적화하기 위해 자동으로 전환됩니다. 우리는 일반적으로 신경지를 유발하는 단서를 인식하지 못하지만, 생리적 변화(내수용감각)는 알아차리는 경향이 있습니다. 때때로 우리는 이러한 변화를 직감이나 위험에 처했다는 직관으로 경험하기도 합니다. 또 이 시스템은 신뢰 및 사회 참여 행동과 강력한 관계를 구축하도록 지원하는 생리적 상태를 촉진하기도 합니다. 다만 신경지가 항상 정확한 것은 아닙니다. 신경지가 잘못되면 위험이 없는데도 위험을 감지하거나, 실제로 위험이 있는 상황에서 안전하다고 인식할 수도 있습니다.

심박변이도(Heart rate variability)
심박변이도[HRV]는 심장박동 사이의 시간적 변동성을 반영합니다. 건강한 심장은 일정한 속도로 뛰지 않습니다. 신경 지배가 없는 심장만이 일정한 속도로 뜁니다. 심박변이도는 대부분 유수 배쪽미주신경을 통한 미주신경의 영향을 받으며, 이는 호흡동성부정맥[RSA]으로 나타납니다. 심박변이도에 대한 다른 기여는 등쪽미주신경을 통해 올 수 있습니다. 아트로핀이라는 약물로 심장에 미치는 미주신경의 영향을 차단하면 거의 모든 심박변이도를 제거할 수 있습니다.

싸움/도주 방어 시스템(Fight/flight defense system)
싸움과 도주는 포유류가 우세하게 동원하는 방어 행동입니다. 도망치거나 싸울 때 필요한 신진대사의 요구를 지원하기 위해서는 교감신경계의 활성화가 필수적입니다. 싸움과 도주라는 행동의 대사적 요구를 지원하기 위해 배쪽미주신경회로가 철수하고 통합적 사회 참여 체계가 약화되어 교감신경계를 효율적이고 효과적으로 활성화하도록 촉진합니다.

안전(Safety)

다미주 이론은 안전과 신뢰에 관한 신경생리학적 모델을 제안하며, 이 모델에서 안전은 단순히 위협의 제거가 아니라 안전하다고 느끼는 상태(feeling safe)에 의해 정의된다는 점을 강조합니다. 기능적으로 안전하다고 느끼는 것은 내장 기관이 뇌에 항상성 기능을 지원하고 있다는 정보를 전달하는 데 달려 있습니다. 안전하다고 느끼기 위해서는 세 가지 조건이 갖추어져야 하는데, (1) 자율신경계가 방어 상태에 있으면 안 되고, (2) 사회 참여 체계는 교감신경계의 활성화를 하향조절하고, 기능적으로 교감신경계와 등쪽미주신경 경로가 건강, 성장 및 회복을 지원하는 최적의 범위(항상성) 내에서 기능하도록 조절해야 하며, (3) 신경지를 통해 안전의 단서(운율 있는 목소리, 긍정적인 표정과 몸짓 등)를 감지해야 합니다. 일상적인 상황에서 안전의 신호는 신경지 과정을 통해 사회 참여 체계를 작동함으로써 시퀀스를 시작할 수 있으며, 이는 자율신경 상태가 항상성 범위 내에 머물게 함으로써 자율신경계가 방어적으로 반응하지 않도록 제한합니다(Porges, 2022). 제한된 자율신경 상태 범위는 '인내의 창(window of tolerance)'이라 불리며(Ogden et al., 2006; Siegel, 1999 참조), 치료 과정에 포함된 신경 훈련을 통해 확장됩니다. 최근에는 심리적 안전에 대한 신경지를 평가하는 척도가 개발되어 사회적 참여, 연민, 신체 감각의 세 가지 차원에서 안전을 계량적으로 측정합니다(Morton et al., 2022).

애착(Attachment)

애착은 엄마와 자녀의 관계처럼 두 사람 간의 강한 정서적 유대감을 반영하는 심리적 구조입니다. 다미주 이론에서는 상호 조절을 촉진하고 애착이 형성되게 하는 사회 참여 체계에서 나타나는 안전감의 특징에 초점을 맞춥니다. 운율 있는 목소리, 긍정적인 표정, 환영하는 몸짓은 신경지를 통해 안전과 신뢰의 느낌을 유발하며, 이는 사회 참여 체계가 활성화될 때 자연스럽게 나타납니다. 기능적으로 볼 때, 사회 참여 체계를 통해 느끼는 안전감은 애착 형성을 위한 필수 조건입니다.

연결(Connectedness)

다미주 이론은 사회적 연결과 신뢰 관계를 생물학적 필수 요소로 간주합니다. 인간은 대개 상호적인 사회 참여 체계를 가진 다른 포유류인 반려동물과도 연결감을 느낄 수 있습니다.

운율(Prosody)

운율은 정서를 전달하는 목소리의 억양입니다. 다미주 이론에서는 운율이 미주신경 메커니즘에 의해 매개되며, 심박변이도(호흡동성부정맥 등)와 유사하게 개인의 생리적 상태에 대한 정보를 반영한다는 점을 강조합니다.

원심성 신경(Efferent nerves)

원심성 신경은 중추신경계(뇌와 척수)에서 표적 기관으로 정보를 보내는 신경 경로입니다. 원심성 신경은 기관의 기능에 영향을 주는 신호를 보내기 때문에 운동섬유라고도 불립니다.

자극-반응 대 자극-유기체-반응 모델

(Stimulus-response versus stimulus-organism-response models)

연구는 일반적으로 기계론적 자극-반응[S-R] 모델의 틀 안에서 수행됩니다. 이 모델은 기본적으로 역사적 인과 관계 가설을 검증하는 데 사용됩니다. S-R 모델에서 반응 분산은 자극 분산에 의해 결정된다고 가정합니다. 자극이 반응의 변동을 일으키는 경우, 전통적인 실험 설계에서는 이러한 변동을 실험적 '오류'로 간주합니다. 이와 대조적으로 다미주 이론은 실험 조작 시 자율신경계 상태가 반응의 질에 미치는 매개(중재 변수)의 영향을 강조합니다. 다미주 이론에 기반한 연구는 반응이 단순히 자극의 산물이 아니라, 자극 이전의 유기체 상태 또는 조건(자율신경 상태 등)과 관련이 있다고 가정합니다. 따라서 연구는 자극-유기체-반응[S-O-R] 모델의 틀 안에서 형성됩니다. 유기체의 변화하는 특성은 반응을 일으키는 자극의 신뢰성을 나타내거나 반응의 특징을 예측할 수 있습니다.

자기 조절(Self-regulation)

'자기 조절'은 다른 사람의 도움 없이 행동을 스스로 조절할 수 있는 개인의 능력을 말할 때 자주 사용되는 용어입니다. 자기 조절은 특히 교실이나 새로운 상황에서 아이가 얼마나 잘 대처하는지를 보여 주는 중요한 특징으로 간주됩니다. 다미주 이론은 자기 조절을 학습된 기술이 아니라, 다른 사람으로부터 안전 신호를 받지 않아도 안전감을 유지할 수 있는 신경계의 산물로 설명합니다. 이 이론은 상호 조절의 과정을 통해 개인이 자기 조절 역량을 발달시킨다는 점을 강조합니다. 또 상호 조절을 정의하는 상호적이고 동기화되며 호혜적인 상호 작용이 신경 훈련으로 작용해 상호 조절의 기회가 없는 상황에서도 자기 조절 능력을 향상시키는 데 이바지한다는 점을 강조합니다.

자율 구심성 신경(Autonomic afferent nerves)

자율 구심성 신경은 내장 기관으로부터 중추 신경계(뇌와 척수)로 정보를 전달하는 신경 경로입니다. 이는 감각섬유라고도 불리며, 기관의 상태를 뇌간의 조절 구조에 알려 주는 신호를 전달합니다. 자율신경계의 구심성 신경은 미주신경의 구심성 분지를 통해 이동하며, 뇌가 내장 기관의 상태를 지속적으로 모니터링하는 감시 시스템으로 기능합니다.

자율 원심성 신경(Autonomic efferent nerves)

자율 원심성 신경은 중추 신경계(뇌와 척수)에서 내장 기관으로 정보를 보내는 신경 경로입니다. 내장 기관에 반응하도록 지시하는 신호를 보내기 때문에 운동섬유라고도 불립니다. 자율신경계의 원심성 신경은 주로 미주신경과 척추 교감신경계를 통해 이동하며, 특정 내장 기관을 조절(진정 또는 활성화)하는 기능을 합니다.

자율신경 균형(Autonomic balance)

자율신경 균형은 자율신경계의 교감신경과 부교감신경 사이의 균형을 나타내는 개념입니다. 여러 기관이 자율신경계의 두 가지 분지로부터 신경 지배를 받지만, 자율신경 균형은 두 분지의 영향력이 비슷하다는 선형적 가산 모델을 가정합니다. 예를 들어, 교감신경계는 심박수를 증가시키고 부교감신경계는 미주신경(부교감신경계의 주요 신경 성분)을 통해 심박수를 감소시키기 때문에 심박수가 높으면 자율신경 균형이 교감신경 흥분 쪽으로 편향된 것으로 해석할 수 있습니다. 반대로 심박수가 느리면 부교감신경 흥분 쪽으로 편향된 것으로 해석할 수 있습니다.

'자율신경 균형'은 자주 사용되는 용어지만, 자율신경계의 기능장애(비정형 자율신경 균형 등)를 나타내는 데 자주 사용됩니다. 다미주 관점에서 자율신경 균형에 초점을 맞추면, 자율신경계가 도전에 반응하는 계통 발생적인 위계 반응 순서의 중요성이 모호해집니다. 다미주 이론에 따르면 유수 배쪽미주신경 경로의 사회 참여 체계가 작동할 때, 횡격막하 기관의 조절에서 최적의 자율적 균형을 지원하는 독특한 자율신경 상태가 나타납니다. 교감 및 무수 등쪽미주경로를 통한 횡격막하 기관에 대한 최적의 자율신경 균형은 배쪽미주신경 경로의 활성화로 인해 나타나는 산물입니다.

자율신경계(Autonomic nervous system)

자율신경계는 심박수, 혈압, 호흡, 소화, 성적 흥분 등 불수의적인 생리적 과정을 조절하는 말초 신경계의 구성 요소입니다. 자율신경계는 해부학적으로 세 가지로 분류되는데 교감신경계, 부교감신경계, 장관신경계입니다.

자율신경 상태(Autonomic state)

다미주 이론에서 자율신경 상태와 생리적 상태는 서로 호환 가능한 개념입니다. 다미주 이론은 자율 상태의 신경 조절을 제공하는 세 가지 일차적 회로를 설명합니다. 배쪽미주신경 경로, 등쪽미주 경로, 교감신경 경로가 바로 그것입니다. 자율신경 상태는 이러한 경로의 활성화를 반영합니다. 일반적으로 신경을 통해 특정 상태를 일차적으로 조절하는 각각의 회로가 있다는 데 초점을 둡니다. 예를 들면 배쪽미주신경 회로는 사회적 참여 행동을 지원하고, 교감신경계는 동원된 방어(싸움/도주) 행동을 지원하며, 등쪽미주 회로는 부동화 방어 행동을 지원합니다. 그러나 자율신경 상태는 배쪽미주회로 및 사회 참여 체계의 활성화와 결합하면 방어적이지 않은 동원 및 부동화 행동을 지원할 수 있습니다('자율신경 균형' 참조). 따라서 사회 참여 체계가 교감신경계와 결합하면 방어를 일으키지 않고도 움직일 기회가 생깁니다. 이는 놀이에서 관찰되는데, 움직임의 공격적인 효과가 사회 참여 행동에 의해 억제됩니다. 마찬가지로 사회 참여 체계가 등쪽미주회로와 결합하면 안전 신호(운율적인 목소리, 표정 등)를 통해 방어 반응(셧다운, 행동 붕괴, 해리 등)을 유발하지 않고도 부동화를 가능하게 합니다. 이는 친밀감을 느끼거나 신뢰하는 관계에서 관찰됩니다. 따라서 사회적 참여와 동원 및 부동화의 결합을 통해 세 가지 자율신경 회로는 서로 다른 행동 유형과 관련된 다섯 가지 상태를 지원하는데, 이는 사회적 참여, 싸움/도주, 놀이, 셧다운 그리고 친밀감입니다. 추가로, 자율신경 상태가 동시에 혼합된 하이브리드 상태가 있으며, 이는 동결(freeze), 비위 맞추기(fawn) 그리고 회유(appease)를 묘사하는 데 사용됩니다.

장관신경계(Enteric nervous system)

장관신경계는 위장관 시스템의 기능을 관장하는 그물망 같은 뉴런 시스템으로 구성되어 있습니다. 장관신경계는 식도에서 시작해 항문까지 이어지는 위장관의 내벽에 자리 잡고 있습니다. 장관신경계는 자율신경계로부터 상당한 신경 지배를 받지만, 자율적으로 기능할 수도 있습니다. 다미주 이론은 장관신경계가 최적으로 기능하려면 등쪽미주신경회로가 방어에 동원되지 않을 때 가능하다고 가정합니다. 이는 배쪽미주신경 회로가 활성화될 때 가능합니다.

죽은 척하기/셧다운(Death feigning/shutdown)
포유류의 경우, 특정한 상황에서 신경계가 무생물처럼 보이는 원시적인 방어 반응으로 되돌아갑니다. 이 같은 방어 패턴은 계통 발생적으로 앞서 출현한 파충류와 양서류와 같은 척추동물에서 자주 관찰됩니다. 그러나 포유류는 산소가 많이 필요하기 때문에, 부동화를 통한 죽은 척하기는 혈액에 산소를 공급하는 능력을 감소시키고, 의식을 유지하는 데 필요한 산소가 충분히 공급된 혈액을 뇌로 전달할 수 없는 상태가 됩니다. 이렇게 자율신경 기능이 크게 저하되는 것은 등쪽미주회로의 활성화로 인해 호흡이 억제되고(무호흡) 심박수가 느려지기(서맥) 때문입니다. 다미주 이론에 따르면 죽은 척하기는 싸움/도주 행동의 선택지가 거의 없을 때, 가령 묶여 있거나 탈출할 수 없는 상황에서 생명의 위협에 대한 적응적인 반응으로 봅니다. 생명이 위협받는 상황에서 신경계는 신경지를 통해 고대의 부동화 방어 시스템으로 되돌아갈 수 있습니다. 다미주 이론은 트라우마 반응을 이해하는 데 있어 생명의 위협에 대한 이러한 반응의 측면을 강조합니다. 트라우마 반응을 단지 심리적 반응이 아니라, 몸이 생존 위협에 대응해 보이는 생리적 반응으로 보며, 여기에는 실신(혈관미주신경 실신), 배변, 해리와 같은 죽은 척하기의 양상이 포함됩니다.

중이 근육(Middle-ear muscles)
몸에서 가장 작은 두 개의 횡문근인 고막긴장근(tensor tympani)과 등골근(stapedius)은 고막과 달팽이관(내이) 사이의 청각 시스템 일부인 중이에 있습니다. 중이 구조에는 이소골과 이소골 사슬의 강성을 조절하는 근육이 포함됩니다. 이 근육들이 긴장하면 이소골 사슬이 강화되고 고막의 장력이 증가합니다. 이 과정은 내이에 도달하는 소리의 특성을 변화시킵니다. 내이는 소리를 신경 코드로 변환해 뇌로 전달하며, 중이 근육의 긴장은 저주파 소리의 영향을 줄여 인간의 목소리를 처리하는 능력을 기능적으로 향상시킵니다.

중이 전달 기능(Middle-ear transfer function)

중이 근육의 긴장도가 변화하면, 중이 구조를 통해 내이로 전달되는 음향 에너지가 변화합니다. 보그와 카운터(Borg and Counter, 1989)는 중이 근육이 외부 환경에서 내이로 전달되는 저주파 소음을 감쇠시켜 인간의 음성을 추출하는 데 도움을 준다고 설명했습니다. 보그와 카운터 모델은 중이의 등골근(stapedius muscle)을 조절하는 안면 신경이 마비된 벨 마비 환자(흔히 말하는 구안와사)에서 청각과민증이 하나의 증상으로 나타날 수 있는 이유를 설명합니다. 보그와 카운터는 세이프 앤 사운드 프로토콜(Safe and Sound protocol)에 포함된 운동을 통해 중이 근육의 신경 조절을 재활하면 청각 처리 능력이 개선된다는 연구에 대한 과학적 근거를 제시합니다(Borg and Counter, 1989). 중이 전달 기능의 정상화가 심장의 미주신경 조절의 개선으로 이어질 수 있다는 가정은 포지스와 루이스(Porges and Lewis, 2010)의 이론적 모델에 기반하며, 이는 다미주 이론에서 설명하는 사회 참여 체계와도 연결됩니다(Kolacz et al., 2018; Porges, 2011).

중재 변수(Intervening variable)

다미주 이론은 자율신경 상태를 자극-반응(Stimulus-Response) 관계를 매개하는 중재 변수로 간주합니다. 즉, 신경계가 맥락적 신호를 해석하는 방식에 따라 우리의 반응이 달라집니다. 이 같은 개념에서, 개인의 자율신경계 상태에 따라 동일한 맥락적 신호와 도전 과제도 서로 다른 행동적·

인지적 · 생리적 반응을 일으킬 수 있습니다. 자율신경 상태를 자극-반응[S-R] 또는 원인-결과의 세계에서 중재 변수로 간주하면, 싸움과 도주 또는 셧다운 같은 실질적인 생존 행동뿐 아니라 탈출로 이어질 수 있는 복잡한 문제 해결 전략도 자율신경계의 최적화된 조절 기능에 달려 있습니다. 마찬가지로 배쪽심장억제성 미주신경 경로를 통해 위협 반응을 끄고 자율신경 상태를 안정시키면 대인관계의 접근성을 높이는 동시에 자율신경 상태의 상호 조절을 지원할 수 있습니다.

체성운동(Somatomotor)
체성운동 경로는 횡문근을 조절하는 운동 경로입니다. 뇌신경을 통해 얼굴과 머리의 횡문근을 조절하고, 척수신경을 통해 팔다리와 몸통의 근육을 조절합니다.

치료 환경에서의 안전감(Safety in therapeutic settings)
다미주 관점에서 안전하다고 느끼는 것은 의료 시술, 심리 치료 및 심리교육 등 대부분 치료적 개입의 효과에 영향을 미치는 중요한 매개 변수로 작용합니다. 다미주 이론에서는 생리적(자율적) 상태가 치료 효과에 영향을 미치는 중재 변수로 작용한다고 가정합니다. 더 구체적으로, 치료가 효과적이고 효율적으로 이루어지기 위해서는 자율신경계가 방어 상태에 들어가지 않게 해야 한다고 봅니다. 배쪽미주신경 경로를 포함한 사회 참여 체계의 활성화는 자율신경계가 건강, 성장, 회복을 지원하고 쉽게 방어 상태로 전환되지 않게 할 수 있습니다. '안전하다고 느끼는 것'이 치료의 전제라는 원칙은 현재 교육, 의료, 정신 건강 치료 모델에 충분히 통합되어 있지 않으며, 신경지를 통해 방어적인 자율신경 상태를 유발해 치료 효과를 방해할 수 있는 물리적 환경의 단서(저주파 배경 소리, 거리 소음, 환기 시스템 소음, 엘리베이터 및 에스컬레이터의 진동 등) 또한 거의 검토되지 않고 있습니다.

특수 내장 원심성 경로(Special visceral efferent pathways)

특수 내장 원심성 섬유는 뇌간의 운동핵(의문핵, 안면신경핵, 삼차신경핵)에서 유래하며, 이는 배아의 아가미궁에서 발달한 분절운동 기둥에서 유래합니다. 이 경로는 횡문근섬유(섭식에 관여하는 저작근, 감정 표현과 관련된 안면 근육, 발성에 관련된 인후 및 후두 근육, 청각에 관련된 중이 근육)를 지배합니다. 특수 내장 원심성 경로는 사회 참여 체계의 체성운동 요소를 구성합니다.

항상성(Homeostasis)

항상성은 신경 및 신경화학적 과정이 우리 몸의 내장 기관을 조절해 건강, 성장 및 회복을 최적화하는 것을 의미합니다. 항상성이라는 단어는 '같은(same)' 또는 '안정(steady)'을 의미하는 그리스어에서 유래했지만, 항상성은 '설정된(set)' 지점을 중심으로 진동하는 음성 피드백 시스템의 산물로 이해하는 것이 더 적절합니다. 일부 생리적 시스템에서는 진동의 진폭이 클수록[셋팅 포인트(설정 지점)에서의 리드미컬한 편차가 클수록] 건강을 나타내는 긍정적인 지표가 됩니다(호흡동성부정맥 등). 그러나 다른 상황에서는 건강의 부정적인 지표가 될 수 있습니다(혈압의 변동성 등). 생리적 시스템의 진동은 주로 신경 및 신경화학적인 피드백 메커니즘을 반영합니다.

해리(Dissociation)

해리란 현존감(presence)을 상실하는 과정으로 생각, 기억, 주변 환경, 행동 간의 단절과 연속성이 결여되는 경험으로 나타납니다. 많은 사람에게 해리는 정상적인 심리적 경험의 범주에 속하며, 이는 몽상(daydreaming)과 같은 형태로도 나타납니다. 그러나 일부 사람에게는 개인의 정체성을 상실하고 인간관계와 일상생활에 심각한 어려움을 초래할 정도로 심각한 장애를 일으킬 수 있습니다. 해리의 심각한 파괴적 효과는 종종 트라우마

이력과 연관되며, 이는 정신의학적 진단으로 이어질 수 있습니다. 다미주 이론에서는 생명의 위협에 대한 반응으로 해리를 부동화 또는 죽은 척하기 방어 반응의 한 요소로 해석하며, 또 생명의 위협에 대한 적응적 반응으로 해석합니다. 해리는 장기간의 죽은 척하기 반응의 영향과 달리 산소와 혈류에 대한 신경생물학적 필요를 손상시키지 않습니다. 다미주 이론에 따르면, 생명의 위협에 대한 반응에는 여러 단계가 있을 수 있습니다. 작은 포유류의 죽은 척하기 반응과 비슷한 완전한 셧다운과 붕괴에서부터, 근육이 긴장을 잃고 정신이 물리적 사건으로부터 분리되는 신체의 부동화 반응에 이르기까지 다양합니다.

해체(Dissolution)

해체는 철학자 허버트 스펜서(1820~1903)가 진화를 역방향으로 설명하기 위해 소개한 개념입니다. 이 개념은 존 휴링스 잭슨(1835~1911)이 질병과 손상 때문에 발생한 뇌 기능의 변화를 설명하면서 '역진화(devolution)' 과정과 유사하게 작동하는 것으로 적용했습니다. 이 과정에서 진화적으로 더 오래된 회로들이 탈억제(disinhibited)되어 활동하게 됩니다. 다미주 이론은 이 개념을 발전시켜, 자율신경계가 위협에 반응할 때 점진적으로 진화적으로 더 오래된 회로들을 활성화하는 계통 발생학적으로 정렬된 위계 구조를 설명합니다.

호흡동성부정맥(Respiratory sinus arrhythmia)

호흡동성부정맥[RSA]은 자발적인 호흡의 빈도에 따라 발생하는 심박수의 리듬이 증가하거나 감소하는 것이 특징입니다. 이 주기적인 심박수 과정의 진폭은 심장에 대한 배쪽미주신경의 영향을 나타내는 유효한 지표입니다.

회유(Appeasement)

생존자의 경험과 다미주 이론에 근거해 '스톡홀름 증후군(Stockholm

syndrome)'이라는 용어 대신 '회유'라는 용어를 사용했습니다. 스톡홀름 증후군은 트라우마 생존자가 학대자에 대해 정서적 애착을 형성하는 모습을 설명하는 데 자주 사용됩니다. 이와 대조적으로, 다미주 이론에서는 회유를 생존자가 가해자를 진정시켜 생명을 위협하는 상황에 효과적으로 적응하기 위해 가해자와 정서적으로 연결된 것처럼 보이는 현상으로 설명합니다. '회유'라는 용어를 사용함으로써 생존자들의 경험을 더는 이상하게 보지 않고, 표면적으로 모순처럼 보일 수 있는 생존 서사에 대해 과학적 설명을 제공합니다. 회유에 내재한 강력한 반사적 신경생물학적 생존 메커니즘을 이해함으로써 개인과 가족은 생존 과정을 회복력과 건강한 장기적 회복의 관점에서 접근하게 되며, 생존자의 대처 반응을 생존 기술로써 정상화할 수 있습니다(Bailey et al., 2023 참조).

횡격막상 미주신경(Supradiaphragmatic vagus)
횡격막상 미주신경은 횡격막 위에 위치한 기관과 뇌간 부위를 연결하는 미주신경의 한 분지입니다. 이 미주 분지의 운동섬유는 주로 뇌간에 위치한 의문핵(nucleus ambiguus)에서 기원하며, 이는 배쪽미주신경의 핵심 신경핵입니다. 이 운동섬유는 대부분 수초화(유수)되어 있습니다.

횡격막하 미주신경(Subdiaphragmatic vagus)
횡격막하 미주신경은 뇌간 영역과 횡격막 아래에 위치한 기관을 연결하는 미주신경의 한 분지입니다. 이 미주 분지의 운동섬유는 주로 등쪽미주신경핵에서 유래합니다. 이 운동섬유는 주로 무수 섬유입니다.

다미주 이론의 관점에서 본 정신의학적 진단: 예시

경계성 인격장애(Borderline personality disorder)

경계성 인격장애[BPD]는 기분 불안정성 및 감정 조절의 어려움을 포함하는 정신의학적 진단입니다. 다미주 관점에서 기분과 감정 조절은 자율신경계의 신경 조절을 포함합니다. 따라서 이 이론은 BPD가 사회 참여 체계, 특히 교감신경계 활성화를 하향 조절하는 배쪽미주신경 경로의 효율성에 문제가 있을 것이라는 가설로 이어집니다. 이 가설은 연구를 통해 검증되었으며, 이를 지지하는 결과도 나왔습니다(Austin et al., 2007).

불안 장애(Anxiety disorders)

불안은 흔히 심리학적 관점(공포나 불안 같은 정서적 느낌) 또는 정신의학적 관점(불안 장애 등)에서 정의됩니다. 다미주 이론은 불안을 정의하는 심리적 감정의 기저에 있는 자율신경 상태에 초점을 맞춥니다. 다미주 이론에서는 불안이 '배쪽' 미주신경회로 및 사회 참여 체계가 하향 조절되는 동시에 교감신경계가 활성화되는 자율신경 상태에 좌우된다고 가정합니다. 기본적으로 불안은 자율신경계가 위협 상태에 있다고 뇌가 해석한 결과이며, 불안 장애는 자율신경계가 위협 상태에 고착되어 있을 때 발생합니다. 이와 관련된 내용은 제[스티븐]가 싸이콜로지 투데이(Psychology Today)에 기고한 글에서 상세히 다루고 있습니다.[1]

외상 후 스트레스 장애(Post-traumatic stress disorder, PTSD)

외상 후 스트레스 장애는 성폭행, 심각한 부상, 전쟁, 지진, 허리케인, 심각한 사고 같은 충격적인 사건을 경험한 결과로 나타나는 정신의학적 진단입니다. 다미주 이론은 사건 자체의 특성이 아닌 사건에 대한 반응에 초점을 맞춥니다. 반응에 초점을 두는 이유는 '충격적인' 사건에 대한 개인의 반응이 굉장히 다양하기 때문입니다. 일반적인 '트라우마' 사건은 개인에게 치명적인 영향을 미치고 삶에 지장을 주지만, 회복력이 강한 다른 사람에게는 영향을 덜 미칠 수 있습니다. 반응과 회복 궤도의 범위가 다양하기 때문에 다미주 이론에서는 자율신경 상태의 신경 조절 변화를 유추하기 위해 반응의 프로파일에 초점을 맞추며, 등쪽미주신경의 생명 위협 반응에 중점을 둡니다. 다미주 이론에 따르면, 외상 후 스트레스 장애와 관련된 많은 문제는 생명 위협 반응 이후에 나타나는 사회 참여 체계의 기능장애, 방어 반응에서 교감신경계 또는 등쪽미주신경회로가 쉽게 활성화되는 낮은 역치와 같은 특징으로 나타나는 현상입니다.

우울증(Depression)

우울증은 느낌, 생각 및 행동에 영향을 미치는 흔하고 심각한 기분 장애입니다. 다미주 이론은 임상적 우울 상태가 특정 생리적 프로파일을 가진다고 가정하며, 이는 배쪽미주신경 활성화가 충분하지 않은 상태에서 '억제된' 교감신경 활동과 과도한 등쪽미주신경 활성화로 설명될 수 있습니다. 이 프로파일에는 사회 참여 체계의 하향 조절과 교감 및 등쪽미주신경 경로 간의 비정상적인 조율을 포함합니다. 이 같은 비정상적인 조율은 교감신경 활성화와 관련된 높은 수준의 운동 활동을 보이다가, 교감신경 활동이 저하되고 증가한 등쪽미주신경 활성화가 초래하는 무기력 사이를 오가는 특징을 보입니다.

자폐증(Autism)

자폐 스펙트럼 장애(Autism spectrum disorder, ASD)는 의사소통 문제와 대인관계 형성을 어려워하는 복잡한 정신의학적 진단입니다. 다미주 이론은 ASD 진단에 사회 참여 체계의 억제된 상태를 반영하는 특징을 포함한다는 관찰에 중점을 둡니다. 따라서 자폐 스펙트럼을 가진 많은 사람이 운율 없는 목소리를 내고, 청각 과민성을 보이며, 청각 처리 장애가 있고, 눈을 잘 맞추지 못하고, 특히 얼굴 윗부분이 평평하며, 짜증을 자주 내는 등 심각한 행동 상태 조절 문제를 겪습니다. 다미주 이론에서는 이런 문제의 선행 원인에는 초점을 맞추지 않고 낙관적인 관점을 취하며, ASD에서 관찰되는 억제된 사회 참여 체계의 많은 특징이 상태에 따라 달라질 수 있으며, 신경계가 신경지를 통해 안전 신호에 어떻게 반응하는지를 이해함으로써 역전될 수 있다고 가정합니다. 다미주 이론에 기반한 중재 전략은 사회 참여 체계를 재활성화하는 데 중점을 둡니다. 다미주 이론에서는 사회 참여 체계의 저하 외에는 ASD의 특징에 대해 어떤 가정도 하지 않습니다.

참고문헌

Anderson, M. J., & Tuerkheimer, D. (2022, May 16). "The thinking about consent has evolved drastically. This code may turn the clock back." https://www.nytimes.com/2022/05/16/opinion/metoo-sexual-assault-consent.html

Bailey, R., Dugard, J., Smith, S.F., & Porges, S. W. (2023). Appeasement: Replacing Stockholm syndrome as a definition of a survival strategy. European Journal of Psychotraumatology.

Bernard, C. (1865). *Introduction a l'etude de la medecine experimentale* (No. 2). JB Bailliere.

Borg, E., & Counter, S. A. (1989). The middle-ear muscles. *Scientific American*, 261(2), 74–80. https://doi.org/10.1038/scientificamerican0889-74

Bowen, D., & Kisida, B. (2019). Investigating Causal Effects of Arts Education Experiences: Experimental Evidence from Houston's Arts Access Initiative. Research Report for the Houston Independent School District (ED598203). ERIC. https://eric.ed.gov/?id=ED598203

Cannon, W. B. (1929). Organization for physiological homeostasis. *Physiological Reviews*, 9(3), 399–431. https://doi.org/10.1152/physrev.1929.9.3.399

Cannon, W. B. (1939). *The wisdom of the body*. W. W. Norton.

Carter, C. S. (1992). Oxytocin and sexual behavior. *Neuroscience & Biobehavioral Reviews,* 16(2), 131–144. https://doi.org/10.1016/s0149-7634(05)80176-9

Carter, C. S. (1998). Neuroendocrine perspectives on social attachment and love. *Psychoneuroendocrinology*, 23(8), 779–818. https://doi.org/10.1016/s0306-4530(98)00055-9

Carter, C. S. (2017). The oxytocin–vasopressin pathway in the context of love and fear. *Frontiers in Endocrinology*, 8. https://doi.org/10.3389/fendo.2017.00356

Carter, C. S. (2022). Oxytocin and love: Myths, metaphors and mysteries. *Comprehensive Psychoneuroendocrinology*, 9, 100107. https://doi.org/10.1016/j.cpnec.2021.100107

Carter, C. S., Ahnert, L., Grossmann, K. E., Hrdy, S. B., Lamb M. E., Porges, S. W., & Sachser, N. (2005). *Attachment and bonding: A new synthesis*. MIT Press.

Carter, C. S., Kenkel, W. M., MacLean, E. L., Wilson, S. R., Perkeybile, A. M., Yee, J. R., Ferris, C. F., Nazarloo, H. P., Porges, S. W., Davis, J. M., Connelly, J. J., & Kingsbury, M. A. (2020). Is oxytocin "nature's medicine"? *Pharmacological Reviews*, 72(4), 829–861. https://doi.org/10.1124/pr.120.019398

Cuddy, A. (2012, June). Your body language may shape who you are [Video]. TED Conferences. https://www.ted.com/talks/amy cuddy your body lang uage may shape who you are

Dale, L. P., Cuffe, S. P., Kolacz, J., Leon, K. G., Bossemeyer Biernacki, N., Bhullar, A., Nix, E. J., & Porges, S. W. (2022). Increased autonomic reactivity and mental health difficulties in COVID-19 survivors: Implications for medical providers. *Frontiers in Psychiatry,* 13. https://doi.org/10.3389/fpsyt.2022 .830926

Dobzhansky, T. (1962). *Mankind evolving.* Yale University Press.

du Vigneaud, V., Ressler, C., & Trippett, S. (1953). The sequence of amino acids in oxytocin, with a proposal for the structure of oxytocin. *Journal of Biological Chemistry*, 205(2), 949–957. https://doi.org/10.1016/s0021–9258 (18)49238-1

Gorner, P., & Tribune Science Reporter. (2006, April 27). Easter Seals announces pioneering autism effort. *Chicago Tribune*. https://www.chicagotribune.com/news/ct-xpm-2006-04-28-0604280141-story.html

Gouin, J. P., Carter, C. S., Pournajafi-Nazarloo, H., Glaser, R., Malarkey, W. B., Loving, T. J., Stowell, J., & Kiecolt-Glaser, J. K. (2010). Marital behavior, oxytocin, vasopressin, and wound healing. *Psychoneuroendocrinology,* 35(7), 1082–1090. https://doi.org/10.1016/j.psyneuen.2010.01.009

Grippo, A. J., Lamb, D. G., Carter, C. S., & Porges, S. W. (2007). Social isolation disrupts autonomic regulation of the heart and influences negative affective behaviors. *Biological Psychiatry,* 62(10), 1162–1170. https://doi.org/10.1016/j.biopsych.2007.04.011

Grippo, A. J., Trahanas, D. M., Zimmerman, R. R., Porges, S. W., & Carter, C. S. (2009). Oxytocin protects against negative behavioral and autonomic consequences of long-term social isolation. *Psychoneuroendocrinology*, 34(10), 1542–1553. https://doi.org/10.1016/j.psyneuen.2009.05.017

Gutkowska, J., & Jankowski, M. (2012). Oxytocin revisited: Its role in cardiovascular regulation. *Journal of Neuroendocrinology*, 24(4), 599–608. https://doi.org/10.1111/j.1365-2826.2011.02235.x

Hering, H. E. (1910). A functional test of heart vagi in man. *Menschen Munchen Medizinische Wochenschrift,* 57, 1931–1933.

Hrynkiw, I. (2016, June 13). 'I need lunch money,' Alabama school stamps on child's arm. *Advance Local.* https://www.al.com/news/birmingham/2016/06/gardendale_elementary_student.html

Jackson, J. H. (1884). The Croonian lectures on evolution and dissolution of the nervous system. *British Medical Journal,* 1, 703. https://doi.org/10.1136/bmj.1 .1215 .703

Jacob, F. (1977). Evolution and tinkering. *Science*, 196(4295), 1161–1166. https://doi.org/10.1126/science.860134

Jong, T. R. D., Menon, R., Bludau, A., Grund, T., Biermeier, V., Klampfl, S. M., Jurek, B., Bosch, O. J., Hellhammer, J., & Neumann, I. D. (2015). Salivary oxytocin concentrations in response to running, sexual self-stimulation, breastfeeding and the TSST: The Regensburg Oxytocin Challenge (ROC) study. *Psychoneuroendocrinology,* 62, 381–388. https://doi.org/10.1016/j .psyneuen.2015.08.027

Kolacz, J., Dale, L. P., Nix, E. J., Roath, O. K., Lewis, G. F., & Porges, S. W. (2020). Adversity history predicts self-reported autonomic reactivity and mental health in

US residents during the COVID-19 pandemic. *Frontiers in Psychiatry,* 11. https://doi.org/10.3389/fpsyt.2020.577728

Kolacz, J., daSilva, E. B., Lewis, G. F., Bertenthal, B. I., & Porges, S. W. (2021). Associations between acoustic features of maternal speech and infants' emotion–regulation following a social stressor. *Infancy,* 27(1), 135–158. https://doi.org/10.1111/infa.12440

Kolacz, J., Lewis, G. F., & Porges, S. W. (2018). The integration of vocal communication and biobehavioral state regulation in mammals: A polyvagal hypothesis. *Handbook of Behavioral Neuroscience,* 25, 23–34.

Kovacic, K., Kolacz, J., Lewis, G. F., & Porges, S. W. (2020). Impaired vagal efficiency predicts auricular neurostimulation response in adolescent functional abdominal pain disorders. *American Journal of Gastroenterology,* 115(9), 1534–1538. https://doi.org/10.14309/ajg.0000000000000753

Monteiro, D. A., Taylor, E. W., Sartori, M. R., Cruz, A. L., Rantin, F. T., & Leite, C. A. C. (2018). Cardiorespiratory interactions previously identified as mammalian are present in the primitive lungfish. *Science Advances,* 4(2). https://doi.org/10.1126/sciadv.aaq0800

Morton, L., Cogan, N., Kolacz, J., Calderwood, C., Nikolic, M., Bacon, T., Pathe, E., Williams, D., & Porges, S. W. (2022). A new measure of feeling safe: Developing psychometric properties of the neuroception of psychological safety scale (NPSS). *Psychological Trauma: Theory, Research, Practice, and Policy.* Advance online publication. https://doi.org/10.1037/tra0001313

Porges, S. W. (1985). Spontaneous oscillations in heart rate: Potential index of stress. In G. P. Moberg (Ed.), *Animal stress* (pp. 97–111). Springer. https://doi.org/10.1007/978-1-4614-7544-6_7

Porges, S. W. (1992). Vagal tone: A physiologic marker of stress vulnerability. *Pediatrics,* 90(3), 498–504. https://doi.org/10.1542/peds.90.3.498

Porges, S. W. (1993). The infant's sixth sense: Awareness and regulation of bodily processes. *Zero to Three*, 14(2), 12–16.

Porges, S. W. (1995). Orienting in a defensive world: Mammalian modifications of our evolutionary heritage. A Polyvagal Theory. *Psychophysiology,* 32(4), 301–318.

https://doi.org/10.1111/j.1469-8986.1995.tb01213.x

Porges, S. W. (2003). Social engagement and attachment. *Annals of the New York Academy of Sciences*, 1008(1), 31–47. https://doi.org/10.1196/annals.1301.004

Porges, S. W. (2004). Neuroception: A subconscious system for detecting threats and safety. *Zero to Three* (J), 24(5), 19–24.

Porges, S. W. (2007). The polyvagal perspective. *Biological Psychology,* 74(2), 116–143. https://doi.org/10.1016/j.biopsycho.2006.06.009

Porges, S. W. (2011). *The Polyvagal Theory: Neurophysiological foundations of emotions, attachment, communication, and self-regulation.* W. W. Norton.

Porges, S. W. (2020). The COVID-19 pandemic is a paradoxical challenge to our nervous system: A polyvagal perspective. *Clinical Neuropsychiatry,* 17(2), 135.

Porges, S. W. (2021). Polyvagal Theory: A biobehavioral journey to sociality. *Comprehensive Psychoneuroendocrinology*, 7, 100069. https://doi.org/10.1016/j.cpnec.2021.100069

Porges, S. W. (2022). Polyvagal Theory: A science of safety. *Frontiers in Integrative Neuroscience,* 16. https://doi.org/10.3389/fnint.2022.871227

Porges, S. W., Bazhenova, O. V., Bal, E., Carlson, N., Sorokin, Y., Heilman, K. J., Cook, E. H., & Lewis, G. F. (2014). Reducing auditory hypersensitivities in autistic spectrum disorder: Preliminary findings evaluating the listening project protocol. *Frontiers in Pediatrics,* 2. https://doi.org/10.3389/fped .2014 .00080

Porges, S. W., & Lewis, G. F. (2010). The polyvagal hypothesis: Common mechanisms mediating autonomic regulation, vocalizations and listening. *Handbook of Behavioral Neuroscience,* 19, 255–264.

Porges, S. W., Macellaio, M., Stanfill, S. D., McCue, K., Lewis, G. F., Harden, E. R., Handelman, M., Denver, J., Bazhenova, O. V., & Heilman, K. J. (2013). Respiratory sinus arrhythmia and auditory processing in autism: Modifiable deficits of an integrated social engagement system? *International Journal of Psychophysiology,* 88(3), 261–270. https://doi.org/10.1016/j .ijpsycho .2012 .11 .009

Porges, S. W., & Peper, E. (2015). When not saying no does not mean yes: Psychophysiological factors involved in date rape. *Biofeedback,* 43(1), 45–48. https://doi.org/10.5298/1081-5937-43.1.01

Prison Policy Initiative. (2003). Lifetime chance of being sent to prison at current U.S. incarceration rates. https://www.prisonpolicy.org/graphs/lifetimechance.html

Rajabalee, N., Kozlowska, K., Lee, S. Y., Savage, B., Hawkes, C., Siciliano, D., Porges, S. W., Pick, S., & Torbey, S. (2022). Neuromodulation using computeraltered music to treat a ten-year-old child unresponsive to standard interventions for functional neurological disorder. *Harvard Review of Psychiatry.* Advance online publication. https://doi.org/10.1097/hrp .00000 0000 0000 341

Richter, C. P. (1957). On the phenomenon of sudden death in animals and man. *Psychosomatic Medicine,* 19(3), 191–198.

Richter, D. W., & Spyer, K. M. (1990). Cardiorespiratory control. In A. D. Loewy & K. M. Spyer (Eds.), *Central regulation of autonomic function* (pp. 189–207). Oxford University Press.

Romo, V. (2019, May 10). After backlash, Rhode Island school district rolls back 'lunch shaming' policy. NPR. https://www.npr.org/2019/05/10/722259141/after-backlash-rhode-island-school-district-rolls-back-lunch-shaming-policy

Sageman, M. (2004). *Understanding terror networks.* University of Pennsylvania Press.

Seligman, M. E., & Maier, S. F. (1967). Failure to escape traumatic shock. *Journal of Experimental Psychology,* 74(1), 1–9. https://doi.org/10.1037/h0024514

The Sentencing Project. (n.d.). Growth in mass incarceration. https://www.sentencing project .org/criminal-justice-facts/

Siebold, G. L. (2007). The essence of military group cohesion. *Armed Forces & Society,* 33(2), 286–295.

Siegel, D. J. (1999). *The developing mind: Toward a neurobiology of interpersonal experience.* The Guilford Press.

van der Kolk, B. (2014). *The body keeps the score: Brain, mind, and body in the healing of trauma.* Penguin.

Vera, A. (2019, July 21). Pennsylvania school district tells parents to pay their lunch debt, or their kids will go into foster care. CNN. https://www.cnn.com/2019/07/20/us/pennsylvania-school-lunch-debt-trnd/index.html

Williams, J. R., Insel, T. R., Harbaugh, C. R., & Carter, C. S. (1994). Oxytocin administered centrally facilitates formation of a partner preference in female prairie voles

(*Microtus ochrogaster*). Journal of Neuroendocrinology, 6(3), 247–250. https://doi.org/10.1111/j.1365-2826.1994.tb00579.x

Winhall, J., & Porges, S. W. (2022). Revolutionizing addiction treatment with the felt sense polyvagal model. *International Body Psychotherapy Journal,* 21(1), 13–31.

Woodworth, R. S. (1929). *Psychology* (2nd ed.). H. Holt.

Yee, J. R., Kenkel, W. M., Frijling, J. L., Dodhia, S., Onishi, K. G., Tovar, S., Saber, M. J., Lewis, G. F., Liu, W., Porges, S. W., & Carter, C. S. (2016). Oxytocin promotes functional coupling between paraventricular nucleus and both sympathetic and parasympathetic cardioregulatory nuclei. *Hormones and Behavior*, 80, 82–91. https://doi.org/10.1016/j.yhbeh.2016.01.010

기타 자료

책

Porges, S. W. (2011). *The Polyvagal Theory: Neurophysiological foundations of emotions, attachment, communication, and self-regulation.* W. W. Norton.

Porges, S. W. (2017). *The pocket guide to the Polyvagal Theory: The transformative power of feeling safe.* W. W. Norton.

Porges, S. W. (2017). *Die Polyvagal-Theorie und die Suche nach Sicherheit: Traumabehandlung, soziales Engagement und Bindung.* Probst Verlag.

Porges, S. W. (2021). *Polyvagal safety: Attachment, communication, self-regulation.* W. W. Norton.

Porges, S. W., & Dana, D. (2018). *Clinical applications of the Polyvagal Theory: The emergence of polyvagal-informed therapies.* W. W. Norton.

추가 참고문헌

Austin, M. A., Riniolo, T. C., & Porges, S. W. (2007). Borderline personality disorder and emotion regulation: Insights from the Polyvagal Theory. *Brain and Cognition,*

65(1), 69–76.

Dale, L. P., Kolacz, J., Mazmanyan, J., Leon, K. G., Johonnot, K., Bossemeyer Biernacki, N., & Porges, S. W. (2022). Childhood maltreatment influences autonomic regulation and mental health in college students. *Frontiers Psychiatry.*

Flores, P. J., & Porges, S. W. (2017). Group psychotherapy as a neural exercise: Bridging Polyvagal Theory and attachment theory. *International Journal of Group Psychotherapy,* 67(2), 202–222.

Gray, A., & Porges, S. W. (2017). Polyvagal informed dance/movement therapy with children who shut down: Restoring core rhythmicity. In C. A. Malchiodi & D. A. Crenshaw (Eds.), *What to do when children clam up in psychotherapy: Interventions to facilitate communication* (pp. 102–136). Guilford Press.

Guccione, C., Heilman, K., Porges, S. W., Gentile, S., Caretti, V., & Halaris, A. (2022). Autonomic measures in differentiating depressive disorders: A potential aid. *Clinical Neuropsychiatry,* 19(1), 29.

Kolacz, J., Kovacic, K. K., & Porges, S. W. (2019). Traumatic stress and the autonomic brain-gut connection in development: Polyvagal Theory as an integrative framework for psychosocial and gastrointestinal pathology. *Developmental Psychobiology,* 61(5), 796–809.

Kolacz, J., & Porges, S. W. (2018). Chronic diffuse pain and functional gastrointestinal disorders after traumatic stress: Pathophysiology through a polyvagal perspective. *Frontiers in Medicine,* 5, 145.

Lucas, A. R., Klepin, H. D., Porges, S. W., & Rejeski, W. J. (2018). Mindfulnessbased movement: A polyvagal perspective. *Integrative Cancer Therapies,* 17(1), 5–15.

Porges, S. W. (2001). The Polyvagal Theory: Phylogenetic substrates of a social nervous system. *International Journal of Psychophysiology*, 42(2), 123–146.

Porges, S. W. (2003). The Polyvagal Theory: Phylogenetic contributions to social behavior. *Physiology & Behavior*, 79(3), 503–513.

Porges, S. W. (2009). The Polyvagal Theory: New insights into adaptive reactions of the autonomic nervous system. *Cleveland Clinic Journal of Medicine,* 76(Suppl. 2), S86.

Porges, S. W. (2016). Trauma and the Polyvagal Theory: A commentary. *International*

Journal of Multidisciplinary Trauma Studies.

Porges, S. W. (2021). Polyvagal Theory: A biobehavioral journey to sociality. *Comprehensive Psychoneuroendocrinology,* 100069.

Porges, S. W., & Carter, C. S. (2017). Polyvagal Theory and the social engagement system. In P. L. Gerbarg, P. R. Muskin, & R. P. Brown (Eds.), *Complementary and Integrative Treatments in Psychiatric Practice* (pp. 221–241). American Psychiatric Association Publishing.

Porges, S. W., & Furman, S. A. (2011). The early development of the autonomic nervous system provides a neural platform for social behaviour: A polyvagal perspective. *Infant and Child Development*, 20(1), 106–118.

Porges, S. W., & Kolacz, J. (2018). Neurocardiologia a traves de la optica de la teoria polivagal. In R. J. Gelpi & B. Buchholz, B. (Eds), N*eurocardiologia: Aspectos fisiopatologicos e implicaciones clinicas* (pp. 343–352). Barcelona, Espana Elsevier.

Reed, S. F., Ohel, G., David, R., & Porges, S. W. (1999). A neural explanation of fetal heart rate patterns: A test of the Polyvagal Theory. *Developmental Psychobiology: The Journal of the International Society for Developmental Psychobiology,* 35(2), 108–118.

Reed, S. F., Porges, S. W., & Newlin, D. B. (1999). Effect of alcohol on vagal regulation of cardiovascular function: Contributions of the Polyvagal Theory to the psychophysiology of alcohol. *Experimental and Clinical Psychopharmacology,* 7(4), 484.

Sullivan, M. B., Erb, M., Schmalzl, L., Moonaz, S., Noggle Taylor, J., & Porges, S. W. (2018). Yoga therapy and Polyvagal Theory: The convergence of traditional wisdom and contemporary neuroscience for self-regulation and resilience. *Frontiers in Human Neuroscience,* 12, 67.

NOTES[66]

2장 신경지: 우리 몸의 감시 시스템

1. Carter et al., 2005

Carter, C. S., Ahnert, L., Grossmann, K. E., Hrdy, S. B., Lamb M. E., Porges, S. W., & Sachser, N. (2005). Attachment and bonding: A new synthesis. MIT Press.

이 책은 2004년 독일 베를린에서 열린 다렘 워크숍(Dahlem Workshop)의 결과물로, 유대 형성과 애착에 대한 다양한 학문적 관점을 통합한 종합적인 연구서입니다.

---

66) 원서에서는 각 장의 미주들이 간략한 reference 형식으로만 소개되어 있습니다. 이에 본 역서에서는 독자 여러분의 이해에 조금이나마 도움이 되고자, 해당 미주 전반에 걸친 관련 논문과 서적의 정확한 서지 정보를 직접 찾아 정리하였고, 필요한 경우에는 간략한 설명도 덧붙였습니다(역자 주).

이 책에서는 포유류의 어미-자식 유대 형성이 생존에 필수적이며, 이러한 유대가 사회적 행동과 정서 발달에 중요한 역할을 한다는 점을 강조합니다. 특히, 인간을 포함한 포유류 신생아는 출생 직후부터 어미의 돌봄이 필요하며, 이는 안전하고 양육적인 행동을 해석하는 능력이 생리적으로 내재되어 있음을 시사합니다.

이러한 관점은 자율신경계와 사회적 행동의 상호 작용을 이해하는 데 중요한 통찰을 제공하며, 다미주 이론의 생물학적 근거를 뒷받침합니다.

2. Jackson, 1884

Jackson, J. H. (1884). The Croonian lectures on evolution and dissolution of the nervous system. British medical journal, 1(1215), 703.

영국의 신경학자 존 휴링스 잭슨(John Hughlings Jackson)은 1884년 크루니언 강의에서 「신경계의 진화와 해체(Evolution and Dissolution of the Nervous System)」라는 주제로 발표하였습니다. 이 강의에서 잭슨은 신경계가 진화적으로 계층화되어 있으며, 상위 수준의 기능이 손상되면 하위 수준의 기능이 나타나는 '해체(dissolution)' 개념을 제시하였습니다. 즉, 뇌 손상 시 고차원적인 기능이 먼저 손상되고, 그 결과로 더 원시적인 반응이나 행동이 나타날 수 있다는 이론입니다.

이러한 잭슨의 이론은 신경학과 정신의학 분야에서 뇌 기능의 조직과 손상에 대한 이해를 깊이 있게 하였으며, 현대 신경과학의 발전에 중요한 기초를 제공하였습니다. 특히, 신경계의 계층적 조직과 기능 회복에 대한 통찰은 이후의 연구와 임상 진단에 큰 영향을 미쳤습니다.

3. Bailey et al., 2023

Bailey, R., Dugard, J., Smith, S. F., & Porges, S. W. (2023). Appeasement: replacing Stockholm syndrome as a definition of a survival strategy. European journal of psychotraumatology, 14(1), 2161038.

이 논문은 기존의 '스톡홀름 증후군(Stockholm syndrome)' 개념을 대체할 새로운 생존 전략 개념으로서 '회유(appeasement)'를 제안합니다.

이 논문은 회유 반응이 사회적 교류와 안전 신호를 통해 가해자의 공격성을 감소시키려는 전략임을 강조하며, 이를 통해 생존자가 극단적인 상황에서 살아남을 수 있는 가능성을 높인다고 설명합니다. 이러한 관점은 생존자의 경험을 병리화하거나 왜곡된 애착으로 해석하는 기존의 시각을 넘어, 생물학적이고 진화론적인 관점에서 생존 전략을 재조명합니다.

3장 미주신경

1. Porges, 2021

Porges, S. W. (2021). Polyvagal Theory: A biobehavioral journey to sociality. Comprehensive Psychoneuroendocrinology, 7, 100069.

이 논문에서 포지스(Porges)는 다미주 이론(Polyvagal Theory)의 생물행동학적 관점을 통해 포유류의 사회성 진화 과정을 설명합니다. 그는 자율신경계의 진화적 변화를 통해 사회적 행동과 생리적 조절이 어떻게 상호 작용하는지를 탐구하며, 특히 배쪽미주신경의 역할을 강조합니다. 이 논문은 사회적 행동이 신경계와 생리적 상태를 변화시킬 수 있다는 점을 강조하며, 사회적 유대와 안전감이 생리적 안정과 회복에 기여한다는 이론적 근거를 제공합니다.

2. Kovacic et al., 2020

Kovacic, K., Kolacz, J., Lewis, G. F., & Porges, S. W. (2020). Impaired vagal efficiency predicts auricular neurostimulation response in adolescent functional abdominal pain disorders. American Journal of Gastroenterology, 115(9), 1534-1538.

이 연구는 비침습적인 귀 신경 자극(auricular neurostimulation) 장치를 사용하여 기능성 복통 장애(functional abdominal pain disorders, FAPD)를 앓고 있는 청소년의 복통 완화 효과를 평가한 무작위 임상시험입니다. 연구 결과, 치료 전 미주신경 효율(Vagal Efficiency, VE)이 낮았던 환자들이 귀 신경 자극 치료를 받았을 때 통증 강도의 현저한 감소를 경험했습니다. 이는 위약 그룹이나 미주신경 효율이 높았던 치료 그룹에서는 관찰되지 않았습니다.

또한, 이 논문은 단순히 치료 효과를 확인하는 것을 넘어, 치료 효과를 예측할 수 있는 생체 지표를 제시했다는 점에서 중요한 의미를 가집니다. 미주신경 효율(VE)이 낮다는 것은 자율신경계 기능의 손상을 의미하는데, 이 연구는 이러한 기능 손상이 있을수록 비침습적 신경 자극 치료에 더 잘 반응함을 보여줍니다.

이러한 결과는 귀 신경 자극이 청소년 기능성 복통 장애 환자의 통증 완화에 효과적인 치료 옵션이 될 수 있음을 시사합니다. 귀에 위치한 미주신경 가지를 자극하여 자율신경계를 조절함으로써, 소화기 증상뿐만 아니라 스트레스와 관련된 증상 완화에도 기여할 수 있습니다.

비침습적 미주신경 자극(Non-invasive Vagus Nerve Stimulation, nVNS)은 수술 없이 외부에서 미주신경에 전기적 자극을 가하는 방식으로, 자율신경계 조절을 통해 다양한 질환을 치료하거나 증상을 완화하려는 접근입니다. 기존의 침습적(이식형) VNS에 비해 부작용이 적고, 환자가 자가 사용이 가능하다는 장점 덕분에 빠르게 발전 중입니다.

가장 대표적인 기기로는 gammaCore(electroCore사 제작)가 있으며, 이는 환자가 목의 경동맥 부위에 직접 대고 사용하는 휴대용 장치로, 편두통과 군발성 두통 치료에 대해 미국 FDA 승인을 받았습니다. 이 외에도 약물 과용 두통[MOH], 외상 후 두통[PTH] 등에 대한 효과도 보고되고 있습니다.

이 외의 다양한 형태의 비침습적 자극 기술은 경이도 미주신경 자극(tVNS, 귀의 외이도 부위에 위치한 미주신경 가지에 자극을 주는 방식), 경피적 자극 장치[귀 또는 목 부위에 자극을 주는 taVNS(auricular) 및 tcVNS(cervical) 장치], 초음파 기반 미주신경 자극(ultrasound-based vagus nerve stimulation) 등이 개발되어 연구되고 있습니다.

임상적으로는 신경계 질환[간질, 편두통, 외상 후 두통, 파킨슨병(연구 중)], 정신과 질환(우울증, 불안장애, PTSD), 염증성 질환(류마티스 관절염, 염증성 장질환, 전신성 염증 반응), 대사성 질환(당뇨병, 비만), 심혈관계 질환(고혈압, 심부전) 등 현재 다양한 적응증에 대한 임상시험이 활발히 진행 중입니다.

3. Richter & Spyer, 1990

Richter, D. W., & Spyer, K. M. (1990). Cardiorespiratory control. Central regulation of autonomic functions, 189-207.

리히터(Richter)와 슈파이어(Spyer)가 1990년에 발표한 연구는 "심폐 공동 진동기(common cardiorespiratory oscillator)" 개념을 제안한 중요한 논문입니다. 이들은 호흡과 심장 활동이 독립적으로 조절되는 것이 아니라, 뇌간의 특정 신경 네트워크를 통해 통합적으로 조절된다고 주장했습니다.

이 모델에 따르면, 호흡 리듬 생성에 관여하는 신경 집단과 심장 박동을 조절하는 신경 집단이 상호 연결되어 있으며, 이를 통해 호흡과 심장 활동이 동기화됩니다. 특히, 호흡성 심장률 변화(respiratory sinus arrhythmia, RSA)는 이러한 통합 조절의 생리학적 지표로 간주됩니다.

이러한 통합된 조절 메커니즘은 자율신경계의 균형 유지, 스트레스 반응 조절, 심리적 안정감 등과 밀접한 관련이 있으며, 호흡 훈련, 명상, 바이오피드백 등의 치료법에서 중요한 이론적 기반으로 활용되고 있습니다.

4. Hering, 1910

Hering, H. E. (1910). A functional test of heart vagi in man. Menschen Munchen Medizinische Wochenschrift, 57, 1931-1933.

헤링(Hering, 1910)의 이 고전 연구는 인간의 호흡에 따라 심박수가 느려지는 현상을 관찰하며, 미주신경이 심장을 억제하는 작용을 수행한다는 점을 실험적으로 증명한 초기 논문입니다.

이 논문은 자율신경계와 심장 기능 간의 연계를 생리학적으로 최초로 밝힌 선구적 연구로 평가받습니다. 이후 심박수 변동성[HRV], 미주신경 브레이크(vagal brake) 개념 등 현대 생리학 · 정신의학의 여러 핵심 이론의 기초가 되었습니다.

5. Porges, 1992

Porges, S. W. (1992). Vagal tone: a physiologic marker of stress vulnerability. Pediatrics, 90(3), 498-504.

이 논문은 스티븐 W. 포지스(Stephen W. Porges)가 자율신경계, 특히 미주신경의 기능을 통해 스트레스 취약성과 생리적 조절 능력을 평가하는 새로운 방법을 제시한 연구입니다. 포지스는 심박수의 변동성을 측정하여 미주신경의 활성을 평가하는 '심박변이도(Heart Rate Variability, HRV)'를 스트레스 반응성과 회복력의 지표로 활용할 수 있음을 주장합니다.

특히, 이 연구는 신생아와 영유아의 자율신경계 발달 상태를 비침습적으로 평가할 수 있는 방법을 제공하며, 고위험 신생아의 스트레스 반응성과 자율신경계 기능을 이해하는 데 중요한 기초를 마련하였습니다.

6. Porges et al., 2013, 2014; Rajabalee et al., 2022

Porges, S. W., Macellaio, M., Stanfill, S. D., McCue, K., Lewis, G. F., Harden, E. R., Handelman, M., Denver, J., Bazhenova, O. V., & Heilman, K. J. (2013). Respiratory sinus arrhythmia and auditory processing in autism: Modifiable deficits of an integrated social engagement system? International Journal of Psychophysiology, 88(3), 261–270.

이 논문은 스티븐 포지스 박사가 개발한 Safe and Sound Protocol[SSP]의 초기 연구를 다루고 있습니다. SSP는 인간의 음성 주파수에 초점을 맞춘 필터링된 음악을 통해 미주신경을 자극하여 자율신경계의 조절을 돕는 비침습적 치료법입니다.

Porges, S. W., Bazhenova, O. V., Bal, E., Carlson, N., Sorokin, Y., Heilman, K. J., Cook, E. H., & Lewis, G. F. (2014). Reducing auditory hypersensitivities in autistic spectrum disorder: Preliminary findings evaluating the listening project protocol. Frontiers in Pediatrics, 2.

이 연구에서는 SSP의 임상 적용에 대한 사례를 제시하며, 자폐 스펙트럼 장애[ASD] 아동의 청각 과민성과 자율신경계 과각성 상태를 완화하는 데 SSP가 효과적임을 보고하고 있습니다.

Rajabalee, N., Kozlowska, K., Lee, S. Y., Savage, B., Hawkes, C., Siciliano, D., Porges, S. W., Pick, S., & Torbey, S. (2022). Neuromodulation using computeraltered music to treat a ten-year-old child unresponsive to standard interventions for functional neurological disorder. Harvard Review of Psychiatry. Advance online publication.

이 논문은 SSP를 포함한 음악 기반 미주신경 자극 치료법이 기능성 신경학적 증후군[FNS] 환자의 자율신경계 조절과 정서적 안정에 긍정적인 영향을 미친 사례를 분석하고 있습니다.

7. Kolacz et al., 2018, 2021; Porges & Lewis, 2010

Kolacz, J., Lewis, G. F., & Porges, S. W. (2018). The integration of vocal communication and biobehavioral state regulation in mammals: A polyvagal hypothesis. In Handbook of behavioral neuroscience (Vol. 25, pp. 23-34). Elsevier.

이 논문은 포유류의 음성 커뮤니케이션과 생리적 상태 조절 간의 통합을 다미주 이론의 관점에서 설명합니다. 특히, 음성의 리듬과 억양이 자율신경계의 상태에 영향을 미쳐 사회적 상호 작용과 정서 조절에 중요한 역할을 한다고 제안합니다.

Porges, S. W., & Lewis, G. F. (2010). The polyvagal hypothesis: common mechanisms mediating autonomic regulation, vocalizations and listening. In Handbook of behavioral neuroscience (Vol. 19, pp. 255-264). Elsevier.

이 논문은 다미주 이론을 바탕으로 자율신경계 조절, 음성 발성, 청취 간의 공통 메커니즘을 설명합니다. 특히, 미주신경의 역할과 그 신경 회로가 사회적 소통과 정서 조절에 어떻게 기여하는지를 다룹니다.

이러한 연구들은 음악이 자율신경계에 미치는 영향을 이해하는 데 중요한 통찰을 제공합니다. 특히, 음악의 리듬, 억양, 속도, 볼륨 등의 요소가 교감신경계를 활성화하거나 부교감신경계를 자극하여 생리적 상태를 변화시킬 수 있음을 시사합니다.

4장 다미주 이론의 진화

1. Porges, 1995

Porges, S. W. (1995). Orienting in a defensive world: Mammalian modifications of our evolutionary heritage. A Polyvagal Theory. Psychophysiology, 32(4), 301–318.

1995년, 스티븐 W. 포지스(Stephen W. Porges)는 Psychophysiology 학술지에 발표한 이 논문을 통해 다미주 이론(Polyvagal Theory)을 공식적으로 제안했습니다.

자율신경계의 역할을 새롭게 재구성한 이 연구는, 기존의 단순한 교감/부교감신경 이분법을 넘어 사회적 행동과 생리적 상태 조절을 통합적으로 이해하는 새로운 틀을 제시했습니다.

이 논문은 심리학, 신경과학, 정신 건강, 트라우마 연구 분야에 지대한 영향을 미쳤으며, 2025년 현재 2,636회 이상 인용될 정도로 신경과학 및 심리치료 분야의 핵심 이론적 기반이 되고 있습니다.

2. Jacob, 1977

Francois Jacob (1977). "Evolution and Tinkering." Science, 196(4295), 1161–1166. doi:10.1126/science.860134

프랑수아 자코브(F. Jacob)의 1977년 논문 「Evolution and Tinkering」은 진화 과정을 '공학적 설계'가 아닌 '땜질(tinkering)'에 비유하여 설명한 획기적인 에세이입니다. 자코브는 자연선택이 미리 계획된 설계도 없이, 기존의 재료를 조합하고 수정하여 새로운 기능을 만들어 내는 '땜장이'처럼 작동한다고 주장합니다. 이러한 관점은 진화가 기존 구조의 재활용과 수정, 우연한 기회에 의

한 적응을 통해 이루어진다는 점을 강조합니다.

이 논문은 진화생물학, 분자생물학, 발달생물학 등 다양한 분야에 영향을 미쳤으며, 진화의 비선형성과 역사적 우연성을 이해하는 데 중요한 이론적 틀을 제공하였습니다. 또한, 유전자 중복과 조절 메커니즘의 역할을 강조함으로써, 이후의 진화발달생물학(Evo-Devo) 연구에 큰 기여를 하였습니다.

3. Porges, 2021

Porges, S. W. (2021). Polyvagal Theory: A biobehavioral journey to sociality. Comprehensive Psychoneuroendocrinology, 7, 100069.

이 논문에서 포지스는 다미주 이론(Polyvagal Theory)의 진화적 기초를 강조하며, 자율신경계의 구조와 기능이 어떻게 사회적 행동의 발달과 관련되어 있는지를 탐구합니다. 특히, 비교 신경해부학과 계통발생학적 분석을 통해, 포유류에서 미주신경의 배쪽 분지가 사회적 유대와 상호 조절(co-regulation)을 가능하게 하는 생리적 메커니즘으로 진화했음을 제시합니다.

4. Porges, 2003

Porges, S. W. (2003). The polyvagal theory: Phylogenetic contributions to social behavior. Physiology & behavior, 79(3), 503-513.

스티븐 W. 포지스(Stephen W. Porges)의 2003년 논문에서 언급된 내용은 일부 파충류 종이 일반적인 파충류와 달리 모성 행동이나 심박수와 호흡의 동기화된 패턴을 보인다는 점을 강조합니다.

이러한 관찰은 다미주 이론(Polyvagal Theory)의 진화적 관점에서 중요합니다. 다미주 이론은 자율신경계의 진화가 사회적 행동과 생리적 조절 메커니즘의 발달과 밀접하게 관련되어 있음을 제안합니다. 따라서 일부 파충류에서 나타나는 이러한 특성은 자율신경계의 진화적 연속성을 이해하는 데 중요한 단서를 제공합니다.

5. Porges, 2021

Porges, S. W. (2021). Polyvagal Theory: A biobehavioral journey to sociality. Comprehensive Psychoneuroendocrinology, 7, 100069.

이 연구는 자율신경계의 다양한 반응이 생존을 위한 방어 전략뿐만 아니라 사회적 상호 작용을 촉진하는 방향으로도 진화했음을 보여줍니다. 이를 통해 인간의 생리적 상태와 사회적 행동 간의 상호 작용을 이해하는 데 중요한 통찰을 제공합니다.

5장 연결과 상호 조절: 생물학적 필수 요소

1. Dobzhansky, 1962, pp. 150-152

Dobzhansky, T. (1962). Mankind evolving (pp. 150-152). New Haven: Yale University Press.

도브잔스키(Dobzhansky)는 이 저서에서 '적자생존(survival of the fittest)'이라는 개념을 재해석하여, 생존에 있어 협력과 상호 도움이 공격성과 지배력만큼이나 중요하다고 강조합니다. 그는 특히 포유류의 진화에서 사회적 유대와 협력이 생존에 결정적인 역할을 했음을 지적하며, 이러한 관점은 현대의 다미주 이론과도 연결됩니다. 즉, 생존을 위한 '적합성(fitness)'은 단순한 신체적 강인함이 아니라, 사회적 상호 작용과 협력 능력에 기반한다는 통찰을 제공합니다.

2. du Vigneaud et al., 1953

du Vigneaud, V., Ressler, C., & Trippett, S. (1953). The sequence of amino acids in oxytocin, with a proposal for the structure of oxytocin. Journal of biological chemistry, 205(2), 949-957.

이 논문은 미국의 생화학자 뱅상 뒤 비뇨(Vincent du Vigneaud)와 그의 동료들이 옥시토신(oxytocin)의 아미노산 서열을 최초로 밝혀낸 연구입니다. 옥시토신은 자궁 수축과 모유 분비를 유도하는 뇌하수체 후엽 호르몬으로, 이 연구를 통해 옥시토신이 9개의 아미노산으로 구성된 비환형 펩타이드(nonapeptide)이며, 두 개의 시스테인 잔기가 이황화 결합을 형성하여 고리 구조를 이룬다는 사실이 밝혀졌습니다. 뒤 비뇨는 이 연구를 바탕으로 1953년에 옥시토신을 세계 최초로 전합성하는 데 성공하였으며, 이는 인류 최초의 폴리펩타이드 호르몬 합성 사례로 기록되었습니다. 이 업적은 생화학 및 약리학 분야에서 단백질 구조 분석과 합성 기술의 발전에 큰 기여를 하였으며, 뒤 비뇨는 이 공로로 1955년 노벨 화학상을 수상하였습니다.

3. Carter, 2022

Carter, C. S. (2022). Oxytocin and love: Myths, metaphors and mysteries. Comprehensive Psychoneuroendocrinology, 9, 100107.

이 논문은 옥시토신이 사랑과 유대감 형성에 중요하지만, 그 역할은 맥락에 따라 매우 다르며, 사회적 행동 전반에 영향을 미치는 복잡한 신경펩티드임을 강조합니다. 결론적으로, 저자는 옥시토신에 대한 지나치게 단순화된 시각을 지양하고, 사랑과 다른 사회적 관계에서 옥시토신이 어떻게 작용하는지에 대한 더 깊은 연구를 촉구합니다.

4. Carter, 1998

Carter, C. S. (1998). Neuroendocrine perspectives on social attachment and love. Psychoneuroendocrinology, 23(8), 779-818.

카터(Carter)의 이 1998년 논문은 사랑과 사회적 애착의 신경내분비학적 기전을 종합적으로 검토한 연구입니다. 이 논문에서 카터는 사랑과 사회적 애착이 생식, 안전감 제공, 불안 및 스트레스 감소에 기여하며, 이러한 기능이 옥시토신과 바소프레신 같은 신경펩타이드에 의해 조절된다고 설명합니다. 특히, 일부일처제 포유류인 프레리 들쥐(Prairie vole)를 모델로 한 연구를 통해, 짝짓기 유대 형성과 같은 선택적 사회적 애착이 특정한 신경내분비 경로에 의해 매개된다는 것을 보여주었습니다.

이 논문은 사랑을 단순한 감정이나 사회적 구성물이 아닌, 신경생물학적 기반을 가진 생리적 현상으로 이해하는 데 중요한 기여를 하였으며, 이후 인간의 사회적 행동, 애착, 정신 건강 연구에 지대한 영향을 미쳤습니다.

5. Williams et al., 1994

Williams, J. R., Insel, T. R., Harbaugh, C. R., & Carter, C. S. (1994). Oxytocin administered centrally facilitates formation of a partner preference in female prairie voles (Microtus ochrogaster). Journal of neuroendocrinology, 6(3), 247-250.

이 연구는 옥시토신이 포유류의 사회적 유대 형성에 중요한 역할을 한다는 것을 실험적으로 입증한 초기 사례 중 하나입니다. 프레리 들쥐는 일부일처제와 강한 짝짓기 유대를 형성하는 특성으로 인해 사회적 애착 연구의 모델 동물로 자주 사용됩니다.

윌리엄스(Williams) 등(1994)의 연구에서는 암컷 프레리 들쥐에게 뇌내(중추)로 옥시토신을 투여한 결과, 짝짓기 없이도 특정 수컷과의 선호도가 형성되었습니다. 이는 옥시토신이 짝짓기와 같은 친밀한 행동 없이도 사회적 유대 형성을 촉진할 수 있음을 시사합니다. 이러한 발견은 인간을 포함한 포유류에서 사회적 유대와 애착의 생물학적 기전을 이해하는 데 기초를 제공하였습니다.

6. Carter, 1998

Carter, C. S. (1998). Neuroendocrine perspectives on social attachment and love. Psychoneuroendocrinology, 23(8), 779-818.

1990년대까지도 옥시토신은 주로 모성애나 출산, 수유와 같은 생리적 과정과만 관련된 것으로 여겨졌습니다. 카터(Carter)는 성행위와 옥시토신 분비 간의 연관성을 관찰하고, 이를 기반으로 성인 간 사회적 유대 형성에도 옥시토신이 관여할 수 있다는 새로운 가설을 제안했습니다.

이는 옥시토신 연구의 초점을 단순한 생리학적 기능에서 사회적 행동과 정서적 유대의 신경생물학적 기전으로 확장시킨 전환점으로 평가됩니다.

7. Carter et al., 2020

Carter, C. S., Kenkel, W. M., MacLean, E. L., Wilson, S. R., Perkeybile, A. M., Yee, J. R., ... & Kingsbury, M. A. (2020). Is oxytocin "nature's medicine"?. Pharmacological reviews, 72(4), 829-861.

이 논문에서는 옥시토신이 단순히 사회적 유대나 애착을 넘어서, 신체적 치유를 촉진하고 스트레스와 트라우마 회복, 회복탄력성 증진에도 관여하는 '자연이 준 치유제(nature's medicine)'로서의 역할을 수행할 수 있음을 제안합니다.

이는 옥시토신 연구의 범위를 생리학적 · 정서적 기능에서 전신적 건강 증진과 심리적 회복력 강화로 확장한 관점을 제시합니다.

8. Gouin et al., 2010

Gouin, J. P., Carter, C. S., Pournajafi-Nazarloo, H., Glaser, R., Malarkey, W. B., Loving, T. J., ... & Kiecolt-Glaser, J. K. (2010). Marital behavior, oxytocin, vasopressin, and wound healing. Psychoneuroendocrinology, 35(7), 1082-1090.

이 연구는 37쌍의 부부를 대상으로 진행되었으며, 참가자들의 팔에 작은 수포 상처를 만든 후, 부부 간의 사회적 상호 작용 과제를 수행하게 하였습니다. 그 결과, 옥시토신 수치가 높은 참가자들은 더 긍정적인 의사소통 행동을 보였고, 상처 치유 속도도 더 빨랐습니다. 특히, 옥시토신 수치가 상위 25%에 해당하는 참가자들은 하위 그룹보다 상처가 더 빠르게 치유되었습니다. 이러한 결과는 옥시토신이 사회적 유대뿐만 아니라 신체적 치유 과정에도 중요한 역할을 한다는 것을 시사합니다.

9. Carter et al., 2020

Carter, C. S., Kenkel, W. M., MacLean, E. L., Wilson, S. R., Perkeybile, A. M., Yee, J. R., ... & Kingsbury, M. A. (2020). Is oxytocin "nature's medicine"?. Pharmacological reviews, 72(4), 829-861.

옥시토신은 단순히 사회적 유대와 사랑에 관여하는 호르몬을 넘어, 스트레스와 외상 상황에서 신체를 보호하고 회복을 지원하는 다기능성(pleiotropic) 펩타이드 호르몬으로 알려져 있습니다.

자체적으로 항염증 및 항산화 작용을 가지며, 자율신경계와 면역계 조절에도 관여하여 스트레스에 대한 회복력을 높이는 데 기여합니다.

이러한 특성은 긍정적인 사회적 경험이 건강에 미치는 이로운 효과를 설명하는 생리적 메커니즘으로 제안되며, 옥시토신이 다양한 질환의 치료제 후보로 주목받는 이유이기도 합니다.

다만 옥시토신은 생화학적 특성상 불안정하고, 그 효과가 상황(context), 성별, 개인의 경험에 따라 달라질 수 있어 치료제 개발에는 여전히 많은 과제가 남아 있습니다.

10. Carter, 1992; Jong et al., 2015

Carter, C. S. (1992). Oxytocin and sexual behavior. Neuroscience & Biobehavioral Reviews, 16(2), 131 - 144.

옥시토신은 사회적 유대와 스트레스 완화에 중요한 역할을 하는 호르몬으로, 다양한 활동을 통해 분비됩니다. 카터(Carter, 1992)의 연구에서는 성행위, 특히 오르가즘이 옥시토신 분비를 촉진하는 주요 요인 중 하나임을 밝혔습니다.

de Jong, T. R., Menon, R., Bludau, A., Grund, T., Biermeier, V., Klampfl, S. M., ... & Neumann, I. D. (2015). Salivary oxytocin concentrations in response to running, sexual self - stimulation, breastfeeding and the TSST: The Regensburg Oxytocin Challenge (ROC) study. Psychoneuroendocrinology, 62, 381 - 388.

드 용(de Jong) 등(2015)의 연구에서는 성적 자기자극과 격렬한 운동(예: 달리기)이 모두 타액 내 옥시토신 수치를 유의미하게 증가시킨다는 결과를 보고하였습니다. 이러한 활동들은 옥시토신 시스템의 반응성을 평가하는 데 활용될 수 있으며, 이는 스트레스 대처 능력과 사회적 상호 작용에 대한 생리적 이해를 높이는 데 기여합니다.

11. Gutkowska & Jankowski, 2012

Gutkowska, J., & Jankowski, M. (2012). Oxytocin revisited: its role in cardiovascular regulation. Journal of neuroendocrinology, 24(4), 599-608.

구트코프스카(Gutkowska)와 얀코프스키(Jankowski)의 2012년 연구에 따르면, 옥시토신은 단순히 사회적 유대나 출산과 관련된 호르몬을 넘어서, 심혈관계에서도 중요한 역할을 수행합니다. 특히, 옥시토신은 다양한 종류의 줄기세포로부터 심근세포를 생성하는 능력을 가지고 있습니다. 연구에서는 옥시토신이 포함된 환경에서 줄기세포들이 응집하여 자발적으로 박동하는 심장 세포로 분화되는 현상이 관찰되었습니다. 이러한 발견은 옥시토신이 심장 발달과 재생에 있어 중요한 생리학적 역할을 한다는 것을 시사하며, 향후 심장 질환 치료에 있어 잠재적인 치료제로서의 가능성을 제시합니다.

12. Carter et al., 2020, 2022

Carter, C. S., & Kingsbury, M. A. (2022). Oxytocin and oxygen: the evolution of a solution to the 'stress of life'. Philosophical Transactions of the Royal Society B, 377(1858), 20210054.

옥시토신은 사회적 유대와 스트레스 완화에 중요한 역할을 하는 호르몬으로, 그 기원은 약 7억 년 전으로 거슬러 올라갑니다. 카터와 킹즈버리(2022)의 연구에 따르면, 옥시토신과 유사한 분자들은 초기 지구 환경에서 산소와 같은 기본 요소들과 상호 작용하며 등장했으며, 이는 생명체가 산화 스트레스와 염증을 관리하는 데 도움을 주었습니다. 이러한 분자들은 시간이 지나면서 진화하여 현대의 옥시토신 분자가 되었고, 이는 약 1억 5천만에서 2억 년 전 포유류의 진화와 함께 나타났습니다.

Carter, C. S., Kenkel, W. M., MacLean, E. L., Wilson, S. R., Perkeybile, A. M., Yee, J. R., ... & Kingsbury, M. A. (2020). Is oxytocin "nature's medicine"?. Pharmacological reviews, 72(4), 829-861.

카터 등(2020)의 연구에서는 옥시토신이 스트레스 대처, 항염증, 항산화 작용 등 다양한 생리적 기능을 수행하며, 이는 인간의 건강과 적응에 중요한 역할을 한다고 보고하였습니다.

13. Carter et al., 2020

Carter, C. S., Kenkel, W. M., MacLean, E. L., Wilson, S. R., Perkeybile, A. M., Yee, J. R., ... & Kingsbury, M. A. (2020). Is oxytocin "nature's medicine"?. Pharmacological reviews, 72(4), 829-861.

카터(Carter)는 옥시토신과 사랑이라는 개념 모두가 인간의 생존에 필수적인 '안전(safety)'과 '신뢰(trust)'라는 생물학적 필요를 반영하는 심오한 은유(metaphor)라고 제안합니다.

이러한 관점은 사랑을 단순한 감정이나 사회적 구성물이 아니라, 신경생리학적으로 내재된 생존 메커니즘의 일부로 해석하며, 옥시토신 시스템이 생리적 안전감을 조성하고 사회적 유대를 통해 스트레스 완화와 회복을 촉진하는 핵심적인 역할을 한다는 현대 신경과학적 통찰을 반영합니다.

6장 트라우마와 중독

1. Cannon, 1939

Cannon, W. B. (1939). The Wisdom of the Body. New York: W. W. Norton & Company.

이 책은 미국 하버드 의과대학의 생리학자 월터 B. 캐넌(Walter B. Cannon)

이 집필한 저서로, 인간의 생리적 안정성 유지 메커니즘에 대한 통찰을 담고 있습니다. 캐넌은 이 책에서 '싸움-도주' 반응 개념을 소개하며, 스트레스 상황에서 인체가 어떻게 반응하는지를 설명합니다. 또한, '항상성(homeostasis)'이라는 개념을 통해 생명체가 내부 환경을 일정하게 유지하려는 경향성을 강조합니다. 이러한 개념들은 이후 스트레스 연구와 심리생리학 분야에 큰 영향을 미쳤습니다.

2. Cannon, 1929

Cannon, W. B. (1929). Organization for physiological homeostasis. Physiological reviews, 9(3), 399-431.

이 논문은 하버드 의과대학의 생리학자 월터 B. 캐넌(Walter B. Cannon)이 1929년에 발표한 것으로, 생명체가 내부 환경의 안정성을 유지하려는 경향성을 설명하는 '항상성(homeostasis)' 개념을 체계화한 중요한 저작입니다. 캐넌은 이 논문에서 항상성을 유지하기 위한 생리적 조절 메커니즘을 상세히 설명하며, 스트레스 상황에서 자율신경계와 부신 수질이 통합적으로 작동하여 신체의 균형을 유지하는 'sympathoadrenal system' 개념도 함께 제시하였습니다.

3. Bernard, 1865

Bernard, C. (1865). Introduction à l'étude de la médecine expérimentale par m. Claude Bernard. Baillière.

프랑스 생리학자 클로드 베르나르(Claude Bernard)는 1865년 저서 『실험의학서론(Introduction à l'étude de la médecine expérimentale)』에서 '내부환경(milieu intérieur)'이라는 개념을 처음으로 제시하였습니다. 그는 생명체가 외부 환경의 변화에도 불구하고 생리적 기능을 안정적으로 유지할 수 있는 것은 체내의 내부 환경이 일정하게 유지되기 때문이라고 설명하였습니다. 이러한 내부 환경의 안정성은 생명체의 자유롭고 독립적인 삶의 조건이라고 보았습니다. 이 개념은 이후 미국 생리학자 월터 B. 캐넌(Walter B. Cannon)에 의해 '항상성(homeostasis)'이라는 용어로 발전되었으며, 현대 생리학과 의학에서 생명체의 자기 조절 메커니즘을 이해하는 핵심 개념으로 자리 잡았습니다.

4. Siegel, 1999

Siegel, D. J. (1999). The Developing Mind: Toward a Neurobiology of Interpersonal Experience. New York: Guilford Press.

대니얼 시겔(Dan Siegel)의 『마음의 발달(The Developing Mind)』(1999)은 신경생물학과 인간의 대인관계 경험을 연결하는 통찰을 제공하는 저서로, 특히 '인내의 창(window of tolerance)' 개념을 소개한 것으로 유명합니다. 이 개념은 개인이 감정적으로 안정적으로 기능할 수 있는 최적의 각성(arousal) 범위를 의미하며, 이 범위를 벗어나면 과도한 각성(불안, 분노 등)이나 저각성(무기력, 우울 등) 상태에 빠질 수 있음을 설명합니다. 시겔은 이 책에서 자율신경계의 조절 메커니즘과 감정 조절 능력의 발달 과정을 상세히 다루며, 특히 어린 시절의 애착 경험이 인내의 창의 크기와 유연성에 어떤 영향을 미치는지를 강조합니다. 이러한 통찰은 트라우마 치료, 감정 조절 훈련, 심리치료 등 다양한 임상 현장에서 활용되고 있습니다.

5. Porges, 1985

Porges, S. W. (1985). Spontaneous oscillations in heart rate: Potential index of stress. In Animal stress (pp. 97-111). New York, NY: Springer New York.

포지스는 이 논문에서 스트레스를 단순한 자극-반응 체계로 설명하는 기존 모델의 한계를 지적하고, 심박수의 미세한 변동(spontaneous heart rate oscillations)을 스트레스의 민감한 지표로 제시했습니다.

이는 개인의 생리적 반응성이 스트레스 경험에 따라 달라질 수 있음을 강조하는 것으로, 자율신경계 기능과 신경생리적 안정성의 중요성을 부각시켰습니다.

6. Porges, 2022

Stephen W. Porges. (2022). Polyvagal Theory: A Science of Safety. Frontiers in Integrative Neuroscience, 16, Article 871227.

포지스의 다미주 이론은 스트레스를 외부 자극에 대한 일률적인 반응으로 보는 기존의 시각에서 벗어나, 개인의 신경계가 환경을 어떻게 인식하고 반응하는지를 중심으로 스트레스를 재정의합니다. 이러한 접근은 '신경지'라는 개념을 통해, 우리가 무의식적으로 환경의 안전성과 위협을 평가하고 이에 따라 생리적 상태가 변화하는 과정을 설명합니다. 이러한 관점은 트라우마, 불안, 사회적 연결 등 다양한 심리적 현상을 이해하고 치료하는 데 새로운 통찰을 제공합니다.

7. Sageman, 2004; Siebold, 2007

Sageman, M. (2004). Understanding terror networks. University of Pennsylvania press.

이 책은 172명의 지하디스트 전투원들의 전기적 데이터를 분석하여, 테러리즘의 사회적 네트워크 기반을 설명합니다. Sageman은 테러리스트들이 이념적 이유보다는 기존의 사회적 유대 관계를 통해 테러 네트워크에 참여하게 된다고 주장합니다. 이러한 유대는 공동의 위험과 스트레스를 공유하면서 더욱 강화되며, 이는 테러 조직의 결속력과 지속성에 기여합니다.

Siebold, G. L. (2007). The essence of military group cohesion. Armed forces & society, 33(2), 286-295.

이 논문은 군대 내 집단 응집력의 본질을 탐구하며, 동료 간의 유대(수평적 응집력)와 리더십과의 유대(수직적 응집력)를 강조합니다. 지볼트(Siebold)는 특히 전투와 같은 위험한 상황에서 형성되는 정서적 유대가 군사 집단의 응집력에 핵심적인 역할을 한다고 설명합니다.

8. Winhall & Porges, 2022

Winhall, J., & Porges, S. W. (2022). Revolutionizing Addiction Treatment with The Felt Sense Polyvagal Model™. International Body Psychotherapy Journal, 21(1).

포지스(Porges)와 윈홀(Winhall)의 연구는 만성 통증과 트라우마 사이의 밀접한 연관성을 강조합니다. 이들은 자율신경계의 기능장애가 만성 통증의 원인 중 하나일 수 있으며, 이는 과거의 트라우마 경험과 관련이 있다고 봅니다. 따라서, 만성 통증 치료에 있어 단순한 증상 완화뿐만 아니라, 신경계의 안전감 회복과 트라우마 치유가 중요하다는 점을 시사합니다.

9. https://www.polyvagalinstitute.org

Polyvagal Institute는 다미주 이론(Polyvagal Theory)을 기반으로 한 교육, 임상 응용, 연구 활동을 전개하는 국제 조직으로, 정신 건강, 중독 치료, 트라우마 회복 분야의 전문가들을 대상으로 자율신경계 기반의 접근법을 보급하고 있습니다.

7장 팬데믹의 역설

1. Porges, 2020

Porges, S. W. (2020). The COVID-19 Pandemic is a paradoxical challenge to our nervous system: a Polyvagal Perspective. Clinical Neuropsychiatry, 17(2), 135.

이 논문은 COVID-19 팬데믹이 인간의 신경계에 미치는 복합적인 영향을 다미주 이론의 틀에서 조명합니다. 포지스는 자율신경계가 안전과 위협을 어떻게 감지하고 이에 반응하는지를 설명하며, 사회적 고립과 같은 팬데믹의 특성이 자율신경계의 균형을 깨뜨려 스트레스 반응을 증폭시킬 수 있음을 강조합니다. 또한, 이전의 트라우마 경험이 자율신경계의 조절 능력을 약화시켜 팬데믹 상황에서 더욱 취약하게 만들 수 있다고 지적합니다.

이러한 관점은 팬데믹 상황에서의 정신 건강 관리와 사회적 지원의 중요성을 강조하며, 트라우마와 스트레스에 대한 새로운 이해를 제공합니다.

2. Kolacz et al., 2020

Kolacz, J., Dale, L. P., Nix, E. J., Roath, O. K., Lewis, G. F., & Porges, S. W. (2020). Adversity history predicts self-reported autonomic reactivity and mental health in US residents during the COVID-19 pandemic. Frontiers in psychiatry, 11, 577728.

이 논문은 다미주 이론(Polyvagal Theory)의 관점에서 COVID-19 팬데믹이 인간의 자율신경계와 정신 건강에 미치는 영향을 분석한 연구입니다. 과거에 역경이나 트라우마를 경험한 개인은 새로운 위협에 대해 자율신경계가 과민하게 반응할 수 있으며, 이러한 반응은 PTSD, 우울증, 불안 등 정신 건강 문제로 이어질 수 있음을 보여 줍니다. 특히, 자율신경계의 불안정한 반응성이 이러한 관계를 매개하는 핵심 변수로 작용함을 확인하였습니다. 이러한 발견은 트라우마 치료와 정신 건강 개입에서 자율신경계 조절을 고려한 접근의 중요성을 강조하며, 위협 반응을 감소시키는 뇌-신체 중심 치료법의 필요성을 시사합니다.

3. Dale et al., 2022

Dale, L. P., Cuffe, S. P., Kolacz, J., Leon, K. G., Bossemeyer Biernacki, N., Bhullar, A., ... & Porges, S. W. (2022). Increased autonomic reactivity and mental health difficulties in COVID-19 survivors: implications for medical providers. Frontiers in psychiatry, 13, 830926.

이 연구는 COVID-19 감염 여부와 관계없이 개인의 과거 정신적 및 의학적 역경이 현재의 자율신경계 반응성과 정신 건강에 어떤 영향을 미치는지를 조사하였습니다. 미국 성인 1,638명을 대상으로 한 온라인 설문조사 결과, COVID-19에 감염된 개인은 감염되지 않은 개인보다 자율신경계 반응성이 높고, 정서적 고통, 마음챙김의 어려움, 외상 후 스트레스 증상[PTSD] 등의 정신 건강 문제를 더 많이 경험하는 것으로 나타났습니다. 또한, 자율신경계 반응성은 과거의 역경과 현재의 정신 건강 문제 간의 관계를 매개하며, COVID-19 감염 여부는 이러한 관계를 조절하는 요인으로 작용함을 확인하였습니다. 특히, 의료 종사자들은 일반 인구보다 COVID-19 감염률이 높았으며, 이로 인해 자율신경계 반응성과 정신 건강 문제의 위험이 증가하였습니다.

8장 직장에서의 다미주 이론

1. Cuddy, 2012

ED 공식 사이트(Your Body Language May Shape Who You Are)

커디(Cuddy)는 하버드 경영대학원 교수로, 비언어적 행동과 사회적 판단에 대한 연구를 통해 '파워 포징' 개념을 제시했습니다. 그녀의 연구에 따르면, 자신감 있는 자세를 2분간 유지하는 것만으로도 테스토스테론 증가와 코르티솔 감소를 유도하여, 개인의 자신감과 스트레스 반응에 긍정적인 영향을 줄 수 있다고 주장했습니다. 그러나 이후 여러 연구자들이 해당 실험을 재현하려 했으나 일관된 결과를 얻지 못하였고, 공동연구자였던 데이나 카니(Dana Carney)조차도 2016년에 해당 효과에 대한 신뢰를 철회했습니다. 이러한 논란은 심리학계의 '재현 위기(replication crisis)'와 맞물려 학계 내에서 큰 논쟁을 불러일으켰습니다.

9장 교육

1. **Kolacz et al., 2018, 2021; Porges & Lewis, 2010**

Kolacz, J., Lewis, G. F., & Porges, S. W. (2018). The integration of vocal communication and biobehavioral state regulation in mammals: A Polyvagal hypothesis. In Handbook of Behavioral Neuroscience (Vol. 25, pp. 23–34). Elsevier.

이 장(chapter)에서 저자들은 포지스의 Polyvagal Theory(2025년 언급된) 사교신경계 틀을 바탕으로, 포유류의 음성 소통과 생리적 상태 조절이 어떻게 상호 통합되는지 설명합니다. 특히, 배쪽미주와 등쪽미주의 기능이 감정 상태와 사회 행동 조절에서 어떻게 작용하는지 중점 분석합니다.

Kolacz, J., daSilva, E. B., Lewis, G. F., Bertenthal, B. I., & Porges, S. W. (2021). Associations between acoustic features of maternal speech and infants' emotion regulation following a social stressor. Infancy,

27(1), 135-158.

이 논문은 어머니의 목소리가 사회적 스트레스 후 유아의 감정 조절 능력에 미치는 영향을 연구했습니다. 연구 결과, 어머니의 목소리에서 진정되고 부드러운 음조(calming prosody)가 더 많이 나타날수록, 사회적 스트레스를 받은 유아의 심장 박동 변동성(vagal tone)이 더 빠르게 회복되는 것으로 나타났습니다.

Porges, S. W., & Lewis, G. F. (2010). The polyvagal hypothesis: Common mechanisms mediating autonomic regulation, vocalizations and listening. In Handbook of Behavioral Neuroscience (Vol. 19, pp. 255–264). Elsevier. doi:10.1016/B978-0-12-374593-4.00025-5.

본 저서는 Polyvagal Theory의 핵심 이론을 구체화한 장입니다. 자율신경 기능, 음성 표현, 청취 감각이 어떻게 공통된 신경생리적 메커니즘 아래 작동하는지 제시하며, 이는 사회적 유대, 정서 조절, 공감 기반 행동을 설명하는 데 핵심 틀을 제공합니다.

2. Hrynkiw, 2016

Hrynkiw, I. (2016, June 13). Gardendale student STAMPED saying “I Need Lunch Money.” AL.com.

2016년 미국 앨라배마주 가든데일(Gardendale)의 한 초등학교에서, 점심 급식비 잔액이 부족한 학생들의 팔에 ‘I Need Lunch Money(점심값이 필요해요)’라는 문구가 적힌 도장을 찍어 부모에게 알리는 일이 발생했습니다. 이 사건은 학부모와 지역 사회의 강한 반발을 불러일으켰으며, ‘급식비 낙인(lunch shaming)’ 문제에 대한 전국적인 논의를 촉발했습니다.

3. Romo, 2019

Romo, V. (2019, May 8). Students who owe lunch money will get only a jelly sandwich, district says. NPR.

2019년 미국 로드아일랜드주 워릭(Warwick) 교육청은 급식비를 미납한 학생들에게 따뜻한 점심 대신 해바라기씨 버터와 젤리로 만든 샌드위치만 제공하는 정책을 발표했습니다. 이 정책은 학생들에게 경제적 어려움을 드러내는 '급식비 낙인(lunch shaming)'이라는 비판을 받았고, 지역 사회의 강한 반발을 일으켰습니다. 결국 교육청은 해당 정책을 철회하고, 모든 학생에게 계좌 상태와 관계없이 원하는 점심을 제공하기로 결정했습니다.

4. Vera, 2019

Vera, (2019, July 22). Don't Have Lunch Money? A Pennsylvania School District Threatens Foster Care. NPR News.

2019년, 미국 펜실베이니아주의 와이오밍 밸리 웨스트 교육청(Wyoming Valley West School District)은 급식비를 미납한 학부모들에게 자녀가 위탁가정(foster care)에 보내질 수 있다는 경고가 담긴 편지를 발송했습니다. 이 편지에는 "귀하의 자녀가 매일 돈 없이 등교하고 있으며, 아침이나 점심을 제공받지 못하고 있습니다. 이는 자녀에게 적절한 영양을 제공하지 못한 것으로 간주되며, 아동의 식사 권리를 방치한 것으로 간주되어 의존법원(Dependency Court)에 회부될 수 있습니다. 그 결과, 자녀가 귀하의 가정에서 분리되어 위탁가정에 배치될 수 있습니다"라는 내용이 포함되어 있었습니다.

5. Gorner, P., & Tribune Science Reporter, 2006

6. Bowen & Kisida, 2019

Bowen, D. H., & Kisida, B. (2019). Investigating Causal Effects of Arts Education Experiences: Experimental Evidence from Houston's Arts Access Initiative. Research Report for the Houston Independent School District. Volume 7, Issue 4. Houston Education Research Consortium.

보웬(Bowen)과 키시다(Kisida)의 연구는 예술 교육이 학생들의 학업 성취와 사회적 발달에 미치는 영향을 실증적으로 분석한 대규모 무작위 통제 실험입니다. 이들은 휴스턴의 42개 학교에서 3학년부터 8학년까지의 학생 10,548명을 대상으로 예술 교육 프로그램을 시행하고 그 효과를 측정하였습니다.

연구 결과, 예술 교육을 받은 학생들은 다음과 같은 긍정적인 변화를 보였습니다.

- 징계 처분 비율이 3.6%p 감소
- 쓰기 성취도 향상(표준편차의 0.13)
- 타인에 대한 공감 능력 증가(표준편차의 0.08)

특히 초등학생, 영어 비원어민, 영재 학생들에게서 더 뚜렷한 긍정적 효과가 나타났습니다. 이 연구는 예술 교육이 학생들의 사회적, 정서적 발달뿐만 아니라 학업 성취에도 기여할 수 있음을 보여주는 중요한 근거로 활용됩니다.

10장 수감

1. Prison Policy Initiative, 2003

Wagner, P. (2003, April). The Prison Index: Taking the Pulse of the Crime Control Industry. Prison Policy Initiative. (Published as a collaborative report between the Prison Policy Initiative and the Western Prison Project.)

Prison Policy Initiative[PPI]는 미국의 형사 사법 제도와 수감 정책에 대한 구조적 문제를 조사하고, 공공 정책 개선을 위한 데이터를 제공하는 비영리 연구 단체입니다. 이 단체는 인종 간 수감률 격차, 민영 교도소 문제, 교도소 내 경제적 착취 등 다양한 사안에 대해 분석 보고서를 발간하며, 형평성 있는 사법 개혁을 지지하고 있습니다.

2. The Sentencing Project, n.d.

The Sentencing Project. (n.d.). Trends in U.S. Corrections [Fact sheet]. (Also includes related reports such as "Racial Disparity in the U.S. Criminal Justice System".)

The Sentencing Project는 미국 형사 사법 제도의 개혁을 위해 활동하는 비영리 연구 단체입니다. 해당 인용은 발행 연도가 명시되지 않은(n.d.) 「Trends in U.S. Corrections」 또는 「Racial Disparity in the U.S. Criminal Justice System」과 같은 보고서에서 온 것으로 추정됩니다. 이 보고서는 미국 형사 사법 시스템의 인종적 불평등에 대한 연구를 담고 있습니다.

3. Anderson & Tuerkheimer, 2022

Anderson, M. J., & Tuerkheimer, D. (2022, May 16). "The thinking about consent has evolved drastically. This code may turn the clock back." https://www.nytimes.com/2022/05/16/opinion/metoo-sexual-assault-consent.html.

이 기고문의 핵심 주장은 최근 제안된 모델 형법 개정이 성적 동의(Consent) 개념을 과거로 되돌릴 위험이 있다는 것입니다. 즉, 사회적으로 합의에 대한 인식이 이미 진보했음에도 불구하고, 법적 개정이 오히려 피해자 중심적인 '적극적 동의' 개념을 약화시켜 성폭력 피해자 보호를 후퇴시킬 수 있다고 저자들은 비판합니다. 이 기고문의 전체 메시지는 '법적 동의 기준의 후퇴가 사회적 진보를 저해하고 피해자 보호를 약화할 수 있으므로, 법 개정 방향을 신중하게 점검해야 한다'는 것입니다.

4. Porges & Peper, 2015

Porges, S. W., & Peper, E. (2015). When not saying no does not mean yes: Psychophysiological factors involved in date rape. Biofeedback, 43(1), 45-48.

이 논문에서 포지스(Porges)와 페퍼(Peper)는 다미주 이론(Polyvagal Theory)을 기반으로, 극도의 위협 상황에서 인간의 신경계가 '싸움-도주(fight or flight)' 반응뿐만 아니라 '동결(freeze)' 반응을 보일 수 있음을 설명합니다. 즉, 피해자가 저항하거나 '아니오'라고 말하지 않는 것은 동의를 의미하는 것이 아니라, 생리학적 방어 메커니즘으로 인해 몸이 마비된 상태일 수 있다는 것입니다.

이러한 관점은 성적 동의에 대한 사회적 이해를 재고하게 하며, 단순히 명시적인 거부의 부재를 동의로 간주하는 기존의 법적 해석에 문제를 제기합니다. 논문은 또한 캘리포니아주에서 통과된 '적극적 동의법(Senate Bill 967)'을 지지하며, 성적 행위에 앞서 명확하고 자발적인 동의를 요구하는 정책의 필요성을 강조합니다. 이 연구는 성폭력 피해자에 대한 이해를 넓히고, 법적 · 사회적 시스템이 피해자의 신경생리학적 반응을 고려하여, 보다 공정하고 효과적인 보호를 제공해야 함을 시사합니다.

5. Flynn et al., 2019

Flynn, E., Combs, K. M., Gandenberger, J., Tedeschi, P., & Morris, K. N. (2020). Measuring the psychological impacts of prison-based dog training programs and in-prison outcomes for inmates. The prison journal, 100(2), 224-239.

이 연구는 워싱턴주 교정국(Washington State Department of Corrections) 산하 10개 교도소에서 실시된 반려견 훈련 프로그램의 효과를 분석한 것입니다. 연구진은 프로그램 참가자와 비참가자 간의 공감 능력, 자기 효능감, 불안 수준을 비교하였으며, 참가자의 교도소 내 규율 위반율도 함께 조사하였고, 그 결과 불안 수준 감소, 규율 위반율 감소 등이 나타났습니다.

이러한 결과는 반려견 훈련 프로그램이 수감자의 심리적 복지 향상과 교도소 내 긍정적 행동 변화에 기여할 수 있음을 시사합니다.

6. Beck, 2015

Beck, A. J. (2015, October 23). Use of Restrictive Housing in U.S. Prisons and Jails, 2011–12. Washington, DC: Bureau of Justice Statistics.

이 보고서는 미국 전역의 233개 교도소와 357개 구치소에서 수감 중인 91,177명의 성인 수감자를 대상으로 실시한 '전국 수감자 조사(National Inmate Survey, NIS)'의 데이터를 기반으로 작성되었습니다.

「Bureau of Justice Statistics」 보고서에 따르면, 2011~2012년 동안 전체 교도소 수감자의 약 10%와 구치소 수감자의 약 5%가 최소 30일 이상 제한적 수용 상태에 있었던 것으로 나타났습니다. 제한적 수용은 징벌적 또는 행정적 격리, 독방 수감 등을 포함하며, 수감자를 일반 수감자와 분리하여 수용하는 형태를 말합니다.

이러한 장기적인 격리 수감은 수감자의 정신 건강에 부정적인 영향을 미칠 수 있으며, 국제 인권 기준에서도 문제로 지적되고 있습니다. 예를 들어, 유엔은 15일을 초과하는 장기 독방 수감을 고문에 해당할 수 있다고 경고한 바 있습니다.

7. Grippo et al., 2007

Grippo, A. J., Lamb, D. G., Carter, C. S., & Porges, S. W. (2007). Social isolation disrupts autonomic regulation of the heart and influences negative affective behaviors. Biological Psychiatry, 62(10), 1162-1170.

프레리 볼(프레리 들쥐)을 4주간 사회적 고립 상태로 두었을 때, 심박수 증가, 심박 변이도 감소, 스트레스 상황에서의 과도한 심박 반응과 같은 자율신경계의 이상 반응이 나타났습니다. 또한, 불안 및 우울과 유사한 행동 변화도 관찰되었습니다. 이는 사회적 고립이 심리적, 생리적 건강에 부정적인 영향을 미칠 수 있음을 시사합니다.

8. Grippo et al., 2009

Grippo, A. J., Trahanas, D. M., Zimmerman II, R. R., Porges, S. W., & Carter, C. S. (2009). Oxytocin protects against negative behavioral and autonomic consequences of long-term social isolation. Psychoneuroendocrinology, 34(10), 1542-1553.

이 연구에서 사회적 고립 상태의 프레리 볼(프레리 들쥐)에게 옥시토신을 투여한 결과, 자율신경계의 이상 반응과 부정적 행동 변화가 완화되었습니다. 이는 옥시토신이 사회적 유대의 결핍으로 인한 스트레스 반응을 조절하는 데 중요한 역할을 할 수 있음을 보여줍니다.

용어집

1. "A Sigh of Relief," September 2021, https://www.psychologytoday.com/us/articles/202109/sigh-relief

Stephen W. Porges. (2021, September). A Sigh of Relief. Psychology Today.

포지스는 불안을 단순히 '머릿속에서 일어나는 생각이나 감정'이 아니라, 자율신경계가 위협 상태에 있다고 해석할 때 생기는 생리적 반응이라고 설명합니다.

그는 특히 배쪽미주신경이 불안 상태의 핵심 조절자로 작용한다고 강조하며, 깊은숨 내쉬기, 노래하기, 얼굴 근육의 움직임 등 사회 참여 체계를 자극하는 활동이 신경계 상태를 방어에서 회복으로 전환시키는 핵심 열쇠라고 제시합니다.

불안은 위협 상태에 고착된 신경계가 만들어 내는 감정이며, 언어 이전에 신체 감각을 통해 먼저 안정감을 회복해야 비로소 인지적 변화(예: CBT)가 효과를 낼 수 있다는 것이라 말하고 있습니다.

우리는 불안을 감염시키고 있는가

초판 1쇄 인쇄 2025년 9월 8일
초판 1쇄 발행 2025년 9월 15일

지은이 | 스티븐 W. 포지스, 세스 포지스
옮긴이 | 서주희
펴낸이 | 소정영

펴낸곳 | 도서출판 하나의학사
출판신고 | 1988년 4월 1일 제2022-000082호

주소 | 서울특별시 송파구 동남로 159, 302호(한홍빌딩)
전화 | 02-730-2555, 2556 **팩스** | 02-730-2557
이메일 | hanampc1@naver.com
홈페이지 | www.hanampc.co.kr

ISBN 979-11-91658-62-0 03180